너 자신의 이유로 살라

숨어 있는 욕망을 찾아 새로운 기회를 만드는 힘

WANTING

너 자신의 이유로 살라

루크 버기스 지음 | **최지희** 옮김

TORNADO
토 네 이 도

인간은 어릴 때부터 자연스럽게 모방을 한다.
다른 동물과 비교했을 때 인간은
세상에서 가장 모방적인 존재이다.
_아리스토텔레스

욕망을 보는 새로운 관점과 획기적인 통찰. 실제로 무엇이 당신의 욕망을 주도하며 어떻게 이 욕망을 통제할 수 있는지를 알려준다.

〈파이낸셜타임스〉

많은 생각이 들게 하는 책이자 매우 도덕적인 책이다. 실리콘밸리의 기업가들처럼 버기스는 더 나은 세상을 만들고 싶어 한다. 이 책에 담긴 그의 아이디어와 조언은 우리에게 매우 현실적인 희망을 준다.

〈선데이타임스〉

놀랍도록 매혹적이다. 루크 버기스는 사람이 어떻게 그리고 왜 서로를 모방하는지를 쉽고 명확하게 풀어준다. 사람과 조직을 이끄는 리더라면 반드시 이 책을 펼쳐라.

_조너선 하이트, 뉴욕대 스턴경영대학원 교수, 《바른 마음》 저자

루크 버기스는 우리의 목표 중 상당 부분이 다른 사람들이 원하는 것을 반영한 데에 불과하다는 놀라운 주장을 펼친다. 그의 논리는 당신의 마음을 단번에 사로잡을 것이며, 몇 달 혹은 몇 년 후에 당신의 동기를 다시 생각하게 만들 것이다.

_애덤 그랜트, 펜실베이니아대 와튼스쿨 조직심리학 교수, 《오리지널스》 저자

우리가 전혀 알아차리지 못했던 인간 행동에 미치는 욕망의 힘을 생생하게 보여준다. 욕망을 지닌 사람, 다시 말해 모든 사람들에게 이 책이 꼭 필요하다.

_로리 서덜랜드, 오길비 그룹 부회장

행복의 비결은 우리가 가진 것과 원하는 것 사이의 균형을 이루는 법을 배우는 데 있다. 루크 버기스는 어떻게 욕망을 이해하고 관리할 수 있는지를 완벽하게 보여준다.

_아서 브룩스, 하버드대 케네디스쿨 교수

모방 욕망은 실리콘밸리에서 자주 논의되는 이슈다. 모방 욕망이 정확하게 무엇이고, 왜 그것이 이토록 중요한 것일까? 이 책은 이에 대한 실제적인 답을 내놓는다.

_타일러 코웬, 조지메이슨대학교 경제학 교수

내가 사랑하는 책!

_라이언 홀리데이, 《에고라는 적》 저자

루크 버기스는 복잡하고 미묘한 이론을 생생한 경험들과 연결해 즉시 실천할 수 있는 전술 목록처럼 제시한다. 인간 욕망에 대한 매혹적인 이 책을 강력히 추천한다.

_제임스 오쇼너시, 오쇼너시자산운용 회장, 《월가의 퀀트 투자 바이블》 저자

내가 지난 30년 동안 쓰고 싶었던 책이다.

_폴 뉴엑터라인, 신학자

인간 내면의 욕망을 다루는 이 책은 근본적 행복 추구와 비즈니스의 성공을 위한 실제적인 조언을 건넨다. 인간을 움직이는 동인이 무엇인지, 어떤 사람이 당신과 다른 사람들의 모델이 되는지 궁금하다면 이 책을 읽어보라. 그동안 몰랐던 세계가 펼쳐질 것이다.

_앤드류 멜초프, 워싱턴대학교 학습 및 뇌과학연구소 공동 책임자

소셜 미디어의 밈, 상업적 경쟁, 늘어나는 편파적 희생양과 폭력의 시대에 작용하는 숨겨진 욕망의 역학을 탐구한 책이다. 모방 욕망의 파괴적 힘을 이해하도록 도와줌으로써 우리 자신과 공동체가 더 가치 있는 세상을 만들어 나갈 길을 제시해준다.

_스티븐 핸슬먼, 《데일리 필로소피》 공동 저자

르네 지라르의 사상을 기반으로 한 이 책은 모방이 가장 진실된 형태의 아첨에 불과한 것이 아니라 우리 모두가 다다를 수 있는 진정한 혁신에 가까움을 보여준다. 그러니 나를 따라 이 책을 읽기 바란다.

_더글라스 러시코프, 뉴욕대 퀸스칼리지 미디어이론과 디지털경제학 교수

루크 버기스는 우리 시대의 위대한 학자 르네 지라르의 사상을 일상의 언어와 실제적인 방식으로 풀어냄으로써 당신의 삶에서 작용하는 욕망의 힘을 새롭고 독특한 목소리로 조명해냈다.

_신시아 L. 헤이븐,
《욕망의 진화:르네 지라르의 삶Evolution of Desire: A Life of René Girard》저자

인간의 정신세계를 깊이 탐구해나가는 이 책은 욕망의 렌즈를 통해 독자들을 개인적이면서도 역사적인 여정으로 인도한다. 끝까지 읽고 나면 당신이 과거에 내린 결정들이 이전과는 다르게 다가올 것이다.

_줄리 웨인라이트, 더 리얼리얼 창립자이자 CEO

모방 욕망은 스타워즈에 나오는 포스와 비슷하다. 그것은 모든 것을 얽어매지만 평범한 일상 속에 감추어져 있다. 루크 버기스는 이러한 현상을 바라보는 명확한 관점을 제공한다. 그는 우리를 공허한 일반화나 무모한 철학적 논증으로 이끌지 않는다. 책을 읽다 보면 그가 이 주제에 대해 얼마나 철저하게 연구했고 또 이를 얼마나 지적으로 풀어냈는지 알 수 있다. 한번 잡으면 내려놓을 수 없는 책이다.

_지미 소니, 〈옵서버〉 편집자

차례

Part 1
무엇이 인간의 마음을 움직이는가

Part 2
너 자신의
이유로 살라

독자에게 드리는 글

이 책은 자신이 원하는 것을 왜 원하게 되었는지에 관한 글이다. 우리는 모두 태어난 순간부터 죽는 순간까지 무엇인가를 원하며 살아간다. 심지어 잠자는 순간에도 원하는 것이 있다. 하지만 우리 가운데 자신이 원하는 것을 처음에 어떻게 갈망하게 되었는지 이해하고자 애쓰는 사람은 거의 없다. 우리가 태어날 때부터 욕망을 다스리는 능력을 가지고 있었던 건 아니다. 그것은 우리가 얻어내야 할 자유다. 하지만 쉬운 일만은 아니다.

나는 실리콘밸리가 심어준 기업가의 꿈을 좇으며 20대를 보냈다. 그때 나는 경제적 자유와 그에 따른 인정을 구하고 있다고 생각했다. 그런데 이상한 일이 일어났다. 내가 창업한 회사 중 한 곳을 떠나게 되었을 때 비로소 깊은 안도감을 느낀 것이다. 아무것도 가진 게 없음을 깨달았을 때였다. 이전의 성공은 실패처럼 여겨졌고, 지금의 실패는 성공처럼 느껴졌다. 그렇다면 그동안 나를 열심히 달리도록 이끌었던 숨겨진 힘은 무엇이었을까?

나는 이 의미를 찾고자 도서관과 술집에서 많은 시간을 보냈다. 또 미친 듯이 운동을 했고, 태국과 타히티섬을 여행하기도 했다. 하지만 이 모든 것은 일시적인 효과만 줄 뿐 근본적인 해결책을 주지 못했다. 나는 선택에 대해 좀 더 진지하게 고민하게 됐지만 애당초 그런 선택을 하게 이끈 욕망, 즉 내 야망 뒤에 숨겨진 내비게이션 시스템을 이해하는 데는 큰 도움이 되지 않았다.

어느 날, 나의 멘토가 내가 왜 원하는 그것을 원하게 되었는지, 그리고 욕망이 어떻게 나를 열정의 사이클에 가둔 뒤 환멸을 느끼게 했는지 그 이유를 생각해보라고 제안했다. 이러한 아이디어는 프랑스 문학평론가이자 철학자 르네 지라르René Girard*에서 비롯된 것이었다. 지라르는 '인문학계의 다윈'이라고 불릴 만큼 높이 평가받는 학자로 최고의 지성으로 꼽히는 아카데미 프랑세즈의 종신회원이기도 했다. 그는 1981년 이후 스탠퍼드대에서 교수로 재직하며 제자들에게 많은 영감을 주었는데, 그들 중 몇몇은 지라르의 아이디어가 21세기를 이해하는 열쇠가 될 것이며, 21세기 역사가 쓰일 2100년대가 되

---

* 프랑스 아비뇽에서 태어난 르네 지라르는 1947년 파리 국립고문서학교를 졸업하고 미국으로 건너가 반평생 넘게 살았다. 인디애나대에서 역사학 전공으로 박사 학위를 받고 브린모대학, 존스홉킨스대학, 뉴욕주립대학 등에서 철학, 문학, 종교학, 역사 등 다양한 분야를 가르쳤으며, 1981년 스탠퍼드대학 불문과 교수로 임용되었다. 2015년 11월 4일 91세의 나이로 세상을 떠나기 전까지 '인간의 욕망과 폭력'을 평생의 연구 주제로 삼았다.

면 그가 가장 중요한 사상가로 자리매김할 것으로 믿었다.[1]

르네 지라르의 사고방식은 모든 면에서 사람들을 매료시켰다. 우선 그는 불가사의한 인간의 행동을 어떻게 설명할 수 있는지를 알아차렸다. 그는 셜록 홈즈처럼 다른 사람들이 간과하기 쉬운 단서들에 주목했다. 지라르는 다른 학자들과 다른 방식으로 게임을 했다. 예를 들면, 포커 테이블에서 다른 이들이 우승 확률을 계산하는 동안 그는 사람들의 얼굴을 응시하는 사람이었다. 그는 경쟁자가 눈을 몇 번 깜박이는지, 그리고 왼쪽 집게손가락을 어떻게 움직이는지 지켜봤다.

지라르는 겉보기에는 연관성이 없어 보이는 욕망에 대한 근본적인 사실을 발견했다. 주식 시장의 변동성을 성경 이야기와 연결하고, 고대 문명의 붕괴를 직장의 기능 상실, 직업의 변화를 다이어트 트렌드와 연결시켰다. 그는 페이스북과 인스타그램, 그리고 거기서 파생된 것들이 모습을 드러내기 전부터 그것들이 왜 엄청난 인기를 끌고 사람들에게 물건과 꿈을 파는 데에 효과적인지를 설명했다.

지라르는 우리가 욕망하는 것 대부분이 모방적이라는 사실을 발견했다. 인간은 모방을 통해 다른 사람이 원하는 것을 똑같이 원하는 법을 배운다. 이는 사람들이 같은 언어를 배우고 같은 문화적 규범을 배우는 것과 마찬가지다. 모방은 사람들이 인정하는 것보다 훨씬 더 우리 사회에 만연해 있다. 인간은 가장 모방적인 동물이다. 그렇기 때문에 우리는 정교한 문화와 기술을 발전시켜왔다. 한편 모방은 어두운 이면을 갖고 있다. 모방은 사람들이 처음에는 바람직해 보이지만 궁극적으로 성취되지 않을 것을 추구하게 만든다. 그로 인해 사람들은 욕망과 경쟁의 사이클에 갇히게 된다.

하지만 지라르는 학생들에게 희망을 주었다. 좌절된 욕망 사이클을 초월할 수 있는 가능성을 보여준 것이다. 우리는 우리가 원하는 삶을 만들어가며 더 많은 대리인들을 만날 수 있다.

지라르에 대해 알아가면서 나의 두려움은 감탄으로 바뀌었다. 그가 강조하는 '모방 이론'을 통해 사람들의 행동과 현재 상황이 어떤 패턴을 보이는지 이해할 수 있었다. 그건 비교적 쉬웠다. 나중에 내 삶을 제외한 모든 곳에서 모방 욕망을 본 후에야 젠장맞을, 나 자신 역시 모방 욕망에 사로잡혔음을 보았다. 모방 이론은 결과적으로 내 안의 더러운 욕망의 세계를 발견하고 드러내는 데에 도움을 주었다. 물론 그 과정이 쉽지만은 않았다.

이제 나는 모방 욕망을 이해하는 것이 비즈니스, 정치, 경제, 스포츠, 예술, 심지어 사랑까지 깊이 이해할 수 있는 열쇠라고 확신한다. 또한 당신이 진정으로 원하는 것을 중년이 되어서야(혹은 더 늦게) 깨닫지 않도록 도울 수 있다.

모방 이론은 무엇이 경제적, 정치적, 개인적 긴장을 유발하는지 조명하고 또 그것으로부터 벗어나는 길을 보여준다. 그것은 창의적인 사람들이 자신의 역량을 단순히 부를 얻기 위해서가 아니라 더 나은 가치를 창출할 프로젝트에 쏟아붓도록 이끌어준다.

나는 모방 욕망을 극복하는 것이 가능하다거나 더 나아가 바람직하다고 주장하는 것이 아니다. 이 책은 모방 욕망의 존재를 잘 탐색하고 또 그 존재를 잘 인식하는 데 방점을 두었다. 모방 욕망은 중력과 같다. 그저 존재할 뿐이다. 우리의 근육이 중력에 맞춰 진화된 것처럼 우리가 사회적, 감정적 근육을 건강하게 키워나간다면 모방 욕망은 긍정적 변화를 일으키는 힘이 된다.

요즘 나는 예비 창업자들을 멘토링하는 데 많은 시간을 보내고 있다. 더 나은 세상을 만들고 충만하고 의미 있는 삶을 살고자 하는 그들의 꿈이 나를 일깨운다. 하지만 한편으로 욕망이 어떻게 작용하는지 이해하지 못했을 때 그들이 실망하게 될까 봐 우려가 앞선다.

기업가가 되겠다는 생각은 모방 가치가 높다. 내가 만난 거의 모든 신예 기업가들은 어느 정도 자유로운 삶을 살고 싶다는 생각에서 사업을 시작했다. 하지만 자기 회사를 운영한다고 해서 자동으로 더 많은 자유를 누리게 되는 것은 아니다. 오히려 그 반대일 수 있다. 우리는 기업가가 9시 출근 5시 퇴근을 반복하는 샐러리맨의 쳇바퀴 도는 인생으로부터 벗어난 사람이라고 생각한다. 그러나 상사가 없는 대신 모방 욕망이 당신 삶의 폭군으로 활약할 수 있다. 나는 학생들에게 더 깊이 들여다보라고 강조한다.

내가 학생들의 성공을 보장해줄 수는 없지만 그들이 내 수업을 마쳤을 무렵에는 무작정 무언가를 바라지 않게 될 것은 장담할 수 있다. 그들은 전공을 선택하고, 회사를 설립하며, 동업자를 찾고, 그들 내부에서 어떤 일이 일어나고 있는지 더욱 잘 인식하기 위해 세상을 살피며 앞으로 나아갈 것이다. 그러한 인식이 바로 변화의 첫걸음이다.

일단 그것을 들여다볼 수 있게 되면 일상의 경험 속에 통찰력이 스며들 것이다. 그중 하나가 모방 욕망에 대한 이해다. 일단 모방 욕망이 어떻게 작동하는지 알게 되면 이를 통해 당신 주변의 많은 부분을 어떻게 설명할 수 있는지 보이기 시작한다. 여기에는 독특한 라이프 스타일을 지닌 가족 구성원뿐만 아니라 사내 정치나 소셜 미디어에 폭 빠져 있는 친구 또는 하버드대에 입학한 자녀 자랑에 여념이 없는 동료가 포함된다. 물론 당신 또한 마찬가지다. 당신은 자신에 대해 더 많은 것을 보게 될 것이다.

나는 무엇을 원했던 걸까

몇 달에 걸친 열렬한 구애 끝에 자포스의 CEO인 토니 셰이Tony Hsieh 와 축하주를 마시러 가는 길이었다. 자포스는 내가 세운 건강제품 전 자상거래 업체인 핏퓨얼닷컴FitFuel.com을 인수하려고 했다.

한 시간 전쯤 토니는 내게 트위터로 다이렉트 메시지를 보내 라스 베이거스 만달레이베이 호텔의 63층에 있는 바, 파운데이션룸에서 만나자고 했다. 나는 그가 그날 일찍 이사회에 참석했다는 것과 이사 회 안건 중 하나가 회사 인수라는 사실을 알고 있었다. 좋은 소식이 아니었다면 그곳으로 나를 초대하지 않았을 것이다.

나는 그 거래가 꼭 성사되길 바랐다. 당시 핏퓨얼은 현금 잡아먹는 하마였다. 지난 2년 동안 급성장했음에도 앞으로 몇 달을 버티기 힘 들어 보였다. 미 연방준비제도이사회FRB는 구제금융 모드에 돌입했고 거대 투자은행 베어스턴스의 부도를 막기 위해 긴급회의를 열었다. 주택시장이 폭락하고 있었다. 투자금을 조달해야 했지만 투자자들은 잔뜩 겁을 냈다. 그들은 모두 내게 내년에 다시 오라고 했지만, 내게는 내년이 없었다.

당시 토니와 나는 모두 2008년이 어떻게 소용돌이칠지 예상치 못했다. 그해 초 영업이익 목표를 초과 달성한 자포스는 전 직원들에게 보너스를 넉넉히 지급하기로 결정했다. 보너스가 지급된 지 고작 8개월이 지난 그해 말 자포스는 전체 직원의 8퍼센트를 해고해야 했다. 그해 여름 세쿼이아 캐피털을 중심으로 한 자포스 이사진들과 숙련된 투자자들은 이미 허리띠를 졸라매고 있었다.[1]

토니에게 초대를 받고 나는 약속 장소로 달려갔다. 내가 질러대는 안도와 흥분의 환호성이 이따금씩 선루프로 새어 나갔다. 목적지에 도착했을 무렵에는 적어도 담담한 것처럼 보일 수 있었다.

당시 자포스는 매출 10억 달러를 돌파한 9년 된 회사였다. 토니는 신입사원이 오리엔테이션을 받은 후 퇴사할 경우 2,000달러를 제공하는 등 획기적 발상을 시도했다(이 아이디어는 자포스에서 열정적으로 일할 사람과 아닌 사람을 구분하겠다는 의도에서 출발했다). 자포스의 회사 문화는 독특하기로 유명하다.

토니가 핏퓨얼에서 가장 맘에 들어 한 부분도 회사 문화였다. 토니를 비롯해 다른 임원진이 우리 사무실과 창고를 방문했을 당시 그들은 우리가 정신력이 강하고 공격적인 팀플레이를 하며(인원 부족 때문) 엉뚱하고 또 적당히 이상해서 맘에 들었다고 얘기했다.

토니는 내게 우리 회사를 자포스 내 새로운 부서처럼 운영해보면 좋겠다고 말했다. 그 말은 내게 10억 달러 매출 달성의 가능성처럼 들렸다. 게다가 인생을 바꿀 만한 돈과 자포스 주식에 이어, 인정받는 리더로서 높은 연봉을 받게 될 기회였다(당시 나는 정기적으로 월급을 받지 못했던지라 안정된 삶을 갈망했다).

회사를 매각하고 싶은 절박함에 나는 토니가 듣고 싶을 것 같은 말은 뭐든 했다. 언론에서 이야기하는 것과 다르게 나는 자포스 문화에 대해 다른 견해를 가지고 있었지만 그것을 드러내지 않았다. 나는 지난 몇 달 동안 토니에 대해 조금씩 알아갔다. 내가 토니에게 첫 메일을 보낸 후 직접 대면하는 자리를 가졌고, 이후 그는 자포스 본사 근처에서 함께 점심 식사를 하자고 나를 초대했다. 나는 서로 알아가는 가벼운 자리라 생각하고 약속에 나갔다. 그런데 그곳에는 6명의 임원진이 테이블에 둘러앉아 나를 기다리고 있었다. 일종의 면접 자리였다. 바지락 차우더를 맛볼 여유가 전혀 없었다.

점심 식사를 마친 후 토니와 나는 그의 사무실로 함께 걸어갔다. 토니는 내게 말했다. "당신에게 협업하자고 요청하지 않는다면 내 일을 제대로 하지 않은 셈이에요." 난 알겠다고 답했고 이후 몇 달 동안은 소용돌이치는 약혼 기간과도 같은 시간을 보냈다. 자포스 해피 아워에 초대받았고 토니의 집에서 열린 파티에 참여했으며 이른 아침 블랙 마운틴에 오르기도 했다.

토니는 백만장자처럼 보이지 않았다. 그는 1998년 24세의 나이로 공동 창업한 첫 번째 회사 링크익스체인지를 2억 6,500만 달러에 마이크로소프트에 매각했다. 하지만 그는 평범한 청바지에 자포스 티셔츠를 입고 지저분한 마쯔다6을 몰았다. 그와 어울려 다닌 지 몇 주 되지 않아 나는 더 낡은 차를 타야 하나 고민하기 시작했다.

나는 토니를 만나기 3년 전인 2005년에 핏퓨얼을 공동 창업했다. 우리는 전 세계 모든 사람들이 더 건강한 음식을 더 쉽게 접할 수 있도록 하겠다는 거창한 사명을 발표했다. 나는 매일 조금씩 깎여가며 발전해 나갔고 성장하는 회사를 이끄는 법을 배웠다. 그러나 매출이 증가하고 칭찬이 쏟아졌음에도 나는 사무실에 출근하고 싶은 마음이 점점 더 줄어들었다.

마치 고층 빌딩 꼭대기에서 거대한 트램펄린으로 떨어져 튕겨 올라간 후 다시 아래로 곤두박질치는 기분이었다. 나는 매일 달라지길 원했다. 더 많은 사람이 날 존경하지만 책임은 줄어들길, 자본금은 늘어나지만 투자자는 줄어들길, 대중 연설의 기회는 늘어나지만 사생활은 더 보호받기를 바랐다. 돈에 대한 강렬한 욕망 뒤에 사회적이라는 단어를 포함한 극단적 덕목의 신호들이 뒤따랐다.

내가 가장 괴로웠던 점은 회사를 시작하고 설립하려고 했던 욕망이 사라졌다는 것이다. 어디로 갔을까? 처음에 어디서 시작된 것일까? 내 욕망은 로맨틱 코미디 속 사랑 이야기처럼 내가 선택한 것이 아니라 저절로 빠져든 것처럼 느껴졌다(그런데 당신은 세계의 거의 모든 언어권에서 사람들이 사랑에 '빠진다'는 것을 알고 있는가?[2]

그러는 사이 나와 공동 창업자 사이의 내부 갈등이 심해져 각자의 길을 가기로 합의하기에 이르렀다. 리더로서의 욕망이 사라졌던 바로 그때 회사의 유일한 리더를 맡게 된 것이다.

내가 무엇을 원하는지, 얼마나 강력하게 그것을 원했는지에 영향을 미치는 신비로운 역량이 나의 바깥쪽에 존재한다는 것이 분명했다. 그 사실을 명확히 하기까지 중대한 결정을 내릴 수 없었다. 다른 회사를 창업할 수도 없었다. 언젠가는 뭔가(또는 누군가)에 대한 욕망이 사라질 수 있다는 점을 알게 되면서, 언젠가 결혼해야겠다는 생각조차 망설일 정도였다. 어떤 힘이 작용하는지 꼭 발견해야겠다는 책임감마저 들었다.

토니와 라스베이거스 스트립에서 축하주를 마신 다음 날 나는 신이 나서 친구를 데리고 자포스 본사를 견학했다. 몽키로(자포스 용어로 임원들이 앉는 곳)를 지나가는데, 임원들이 마치 귀신을 본 듯한 표정을 지었다. 우리는 어색하게 인사를 주고받았다. 폭풍 전야 같은 불길한 기분이 들었다.

친구와 나는 그날 밤 늦게 저녁을 먹으러 나갔다. 파스타를 먹던 중 자포스 최고운영책임자 알프레드 린Alfred Lin에게 전화 한 통이 걸려 왔다. 알프레드는 침울한 목소리로 말했다. 공식 이사회가 끝난 후 자포스 이사회는 샌프란시스코로 돌아가는 비행기에서 2차 회의를 열었고 일단 계획을 모두 보류하기로 결정했다는 것이다. 그는 "이사회에서 마음을 바꿨습니다"라고 말했다.

내가 물었다. "마음을 바꿨다고요?"

"네. 무슨 말을 더 해야 할지 모르겠네요. 미안합니다."

"그들이 마음을 바꿨다고요?" 내가 계속 똑같은 질문을 했고 알프레드는 똑같은 대답을 계속했다. 전화를 끊은 후에도 나는 그 말을 계속 되뇌었다. 그러나 이번엔 질문이 아니라 독백이었다. "그들이 마음을… 바꿨구나." 나는 테이블로 돌아와 다시 자리에 앉아 맛없는 스파게티를 푹 찔러 휘휘 감아 한 입 먹고 다시 그 행동을 무한 반복했다.

인생을 바꿀 만한 출구도, 뜻밖의 횡재도, 시칠리아에서의 세컨하우스도 이제 없을 것이다. 설상가상으로 회사는 파탄에 빠졌다. 자포스와 계약하지 못한다면 6개월 안에 파산할 것이다. 내 인생의 모든 것이 나락에 빠지려던 때 나는 키안티 와인을 마셨다. 그때 무언가 달라졌다. 그리고 안도감이 찾아들었다.

서론

피터 틸이 말하는
욕망의 메커니즘

저 멀리 벽에는 22인치 액자가 걸려 있다. 그 액자에는 밖을 내다보는 컵받침보다 작은 크기의 검은 눈동자 하나가 담겨 있다. 나는 선셋 스트립 위쪽에 자리한 피터 틸Peter Thiel의 집에 앉아 있다. 페이팔의 공동 창업자인 틸은 페이스북의 첫 외부 투자가이자 고커 미디어를 무너뜨리고 구글에 도전장을 내민 억만장자로 알려졌다. 그러나 그날 나는 틸에게 그런 얘기를 하러 온 게 아니었다.

몇 분 후 나를 안내해줬던 비서가 다시 모습을 드러냈다. "곧 오실 겁니다. 더 필요한 거 없으세요? 커피 더 드릴까요?"

"아! 괜찮습니다". 사실 나는 커피를 다 마셔서 좀 당황한 상태였다. 그는 웃으며 방을 나갔다.

2층 거실은 세계적인 건축 잡지 〈아키텍처 다이제스트Architectural

Diges)에 나올 법했다. 바닥에서 천장까지 연결된 창문은 선셋대로가 내려다보이는 인피니트풀 쪽으로 활짝 열리는데, 그 너머는 편안해 보이면서도 웅장했다.

널찍한 방에는 흑백 사진, 진남색 판화, 회색 동판화 등 시원한 색조의 예술 작품이 걸린 갤러리 월이 있었고, 함께 설치된 홈바가 시선을 사로잡았다. 그중에는 분자 기하학처럼 보이는 추상적인 원들과 막대들로 이뤄진 커다란 사진, 얼어붙은 산정호수에 허리까지 잠긴 한 남자의 모습이 담긴 세폭 제단화 등도 걸려 있었다.

방 다른 쪽에 배치된 부드러운 벨벳 소파와 안락의자가 눈에 확 들어왔다. 내 앞에 놓인 6인치 두께의 원목 티테이블 중앙에는 은빛 눈물방울 모양의 금속 조각이 그 끝에서 아슬아슬하게 균형을 잡고 있었다. (성당에 있을 법한) 20피트 높이의 이중문을 열면 다른 방으로 연결된다. 문 옆에는 체스 테이블이 도전자를 기다리고 있다(나는 아닐 것이다). 망원경은 그리스 흉상 옆 창문을 향하고 있다. 모든 것이 완벽하게 자리 잡고 있었다.

방 저쪽의 뻥 뚫린 2층 통로에서 한 남자가 나타났다. 피터 틸이 말했다. "바로 내려가겠습니다."

그는 손을 흔들고 미소를 지으며 문으로 사라졌다. 흐르는 물소리가 들렸다. 10분 후 그는 야구 티셔츠에 반바지, 운동화를 신고 다시 나타났다. 나선형 계단을 내려온 그는 "안녕하십니까, 피터입니다"라고 말하며 손을 내밀었다. "그러니까 지라르에 관해 이야기하러 오신 거죠?"

르네 지라르와 피터 틸

스탠퍼드대에서 문학사를 가르치던 르네 지라르는 1950년대 후반에 욕망의 본질에 대한 첫 통찰을 얻었다. 그 깨달음은 그의 인생을 바꾸었다. 그리고 30년 후 피터 틸이 스탠퍼드대학 철학과에 재학했을 당시 지라르 교수는 틸의 삶을 바꾸었다.

1950년대 지라르의 삶과 1980년대 틸의 삶(그리고 2000년대 나의 삶)을 변화시켰던 그 발견은 바로 모방 욕망이다. 그것이 나를 틸의 집으로 이끌었다. 내가 모방 이론에 끌린 이유는 매우 단순하다. 내가 바로 모방자이기 때문이다. 사실 우리 모두가 그렇다.

모방 이론은 저 멀리서 공부할 수 있는 물리학 법칙을 배우는 것과 다르다. 모방 이론은 당신의 지난 시간에 대해 새로운 사실을 배우는 것을 의미한다. 과거의 시간은 당신의 정체성이 어떻게 형성되었는지, 그리고 왜 특정 사람과 사물이 다른 사람 또는 사물보다 당신에게 더 많은 영향을 끼쳤는지를 설명해준다. 그것은 인간관계, 즉 지금 이 순간에도 당신이 참여한 관계에 스며든 힘을 온전히 이해한다는 뜻이다. 당신은 결코 모방 욕망의 중립적 관찰자가 될 수 없다.

나는 틸에게 그의 유명한 저서 《제로 투 원》에 지라르로부터 배운 통찰력을 담았음에도 왜 그것을 언급하지 않았는지 물었다.[1] 틸은 "지라르의 아이디어에는 위험한 부분이 있다"고 말했다. "나는 사람들이 이런 것들에 대해 자기 방어기제를 가지고 있다고 생각한다." 그는 사람들에게 지라르가 깨달은 진실과 그 진실이 우리 주변에 미치는 일들에 대해 알려주길 원했지만, 독자들을 '거울 나라의 앨리스'의 길로 이끌고 싶지 않았다는 것이다.

미국 대학에서 지라르는 자신이 아직까지 읽어본 적 없는 고전 문학을 다루는 강의를 맡아달라는 요청을 받았다. 거절하기 어려웠던 지라르는 이를 수락했다. 그는 수업 준비를 위해 강의 계획서에 적힌 세르반테스, 스탕달, 플로베르, 도스토옙스키, 프루스트 등의 책들을 읽어야 했다. 책을 빠르게 읽어야 했던 그는 텍스트에서 패턴을 찾기 시작했다. 그러자 복잡다단한 어떤 것이 발견됐는데, 그것은 그가 읽은 대부분의 소설에서 나타났다. 이 소설들에 등장하는 인물들은 자발적으로 어떤 것을 욕망하지 않았다. 대신 그들의 욕망은 그들의 목표나 행동, 무엇보다 그들의 욕망을 변화시키는 다른 등장인물과의 상호작용을 통해 형성된다.

지라르의 발견은 물체의 움직임을 지배하는 힘은 관계적 맥락에서만 이해될 수 있다는 것으로 물리학에서 뉴턴의 혁명과도 같다. 욕망은 중력처럼 어떤 사물이나 사람에게 자율적으로 존재하지 않는다. 그것은 그들 사이의 공간에서 살아간다.[2]

지라르가 가르친 소설들은 주로 줄거리나 등장인물 위주로 흘러가지 않았다. 소설을 이끌어나가는 것은 바로 욕망이었다. 한 등장인물의 행동은 그들의 욕망을 반영한 것으로, 그 욕망은 타인의 욕망과 관련해 형성된 것이었다. 누가 누구와 모방 관계를 맺고 그들의 욕망이 어떻게 상호 작용하고 또 발생하느냐에 따라 줄거리가 전개됐다. 두 명의 등장인물이 그런 관계를 맺기 위해 꼭 만나야 할 필요는 없다.

돈키호테는 홀로 방에서 《아마디스 데 가울라Amadís de Gaula》를 읽고, 아마디스를 본받아 자신도 방랑의 기사가 되어야겠다는 강한 열망에 불타올랐다.

지라르가 가르친 모든 소설에서는 지극히 현실적인 인물들이 나오는데, 그들은 자신만의 비밀스러운 모델을 통해 무언가를 원한다. 다른 독자들은 그것을 눈치채지 못했거나 간과해왔지만 지라르는 주제와 일정 거리를 두고 통찰력을 발휘하여 그 패턴을 인식했다.

필요와 욕망

지라르는 우리가 생물학적 욕구나 자기 주권에 따른 결정이 아닌, 모방을 통해 많은 것을 욕망하게 된다는 사실을 발견했다. 나도 처음 그 아이디어를 들었을 때에는 거부감이 들었다. 그렇다면 우리 모두가 모방 기계라는 얘기인가? 그렇지 않다. 모방 욕망은 인간생태학의 포괄적 관점 중 하나이며 자유와 인간성에 대한 관계적 이해를 내포하는 것이다. 욕망을 모방하는 것은 타인의 내적 세계를 매우 열린 마음으로 대하는 것과 관련이 있다. 바로 이 점이 우리가 인간으로서 차별화되는 부분이다.

지라르가 사용했던 단어인 욕망desire은 음식이나 섹스, 쉼과 안전에 대한 욕구를 의미하지 않는다. 태어날 때부터 본능적으로 발생하는 이러한 것들은 '필요'라 부르는 것이 더 적합하다. 생리적 필요는 모방

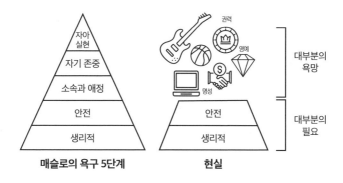

매슬로의 욕구 5단계   현실

에 의존하지 않는다. 사막에서 목이 말라 죽어가고 있을 경우 물이 필요하다는 것을 보여줄 사람 따위는 필요치 않다. 그러나 기본적인 필요가 충족되면 우리는 '욕망'이라는 세계로 들어가게 된다. 무엇을 원하는지 아는 것은 무엇을 필요로 하는지 아는 것보다 훨씬 더 어렵다.

지라르는 본능적인 욕구가 아닌 경우 우리가 어떻게 그것을 원하게 되었는지에 관심이 있었다. 친구에서 직장, 생활방식에 이르기까지 수십억 개의 잠재적 욕망의 대상 중에서 사람들은 어떻게 타인보다 더 욕망하게 되는 것일까? 그리고 왜 우리 욕망의 대상과 강도는 안정감 없이 계속 변동하는 것처럼 보일까?

욕망의 세계에는 명확한 위계질서가 없다. 사람들은 겨울에 코트를 입는 식으로 욕망의 대상을 선택하지 않는다. 생물학적 내부 신호 대신 이러한 선택에 동기를 부여해주는 다른 종류의 외부 신호가 있다. 그것은 바로 '모델'이다. 모델은 우리에게 원할 만큼 가치 있는 것이 무엇인지 보여주는 사람이나 사물이다. 우리의 욕망을 형성하는 것은 객관적 분석이나 중추신경계가 아니라 바로 모델이다. 사람들은 이런 모델들을 통해 지라르가 미메시스mimesis*라고 부른 비밀스럽고 정교한 형태의 모방하기로 들어간다.

인간이 진화함에 따라 사람들은 생존을 걱정하는 데 쓰는 시간, 즉 필요의 세계에 할애하는 시간이 적어지고 욕망의 세계에 소비하는 시간이 더 늘어났다. 물마저도 필요의 세계에서 욕망의 세계로 이전했다. 만약 당신이 다른 행성에서 왔다고 상상해보자. 내가 당신에게 아쿠아피나, 보스, 산펠레그리노 중 어떤 생수를 선호하는지 물었다. 어떤 것을 고르겠는가? 물론 각각의 미네랄 함유량이나 pH 농도 등을 알려줄 수 있다. 그렇다고 이 정보들을 통해 당신이 선택을 내릴 수 있을까? 내가 당신에게 나는 산펠레그리노를 마신다고 말한다. 당신이 나처럼 모방하는 생명체였다면 또는 내가 당신보다 더 발달된 존재라고 생각한다면 당신은 산펠레그리노를 선택하게 될 것이다.

자세히 살펴보면 개인적 스타일, 말투, 집의 외관이나 인테리어 등 거의 모든 것에 대해 모델(또는 모델 세트)을 찾을 수 있다. 그러나 우리 대부분이 간과하는 모델은 바로 '욕망의 모델'이다. 당신이 왜 특정 물건을 샀는지, 당신이 왜 특정 성취를 갈망하는지 이해하는 것은 매우 어렵다. 그렇기 때문에 감히 물어보는 사람도 없다.

모방 욕망은 사람들을 무언가로 이끈다. 지라르 장학생인 제임스

---

* 미메시스는 '모방하기'라는 뜻의 그리스어 미메스타이(mimesthai)에서 가져왔다.

앨리슨James Alison은 "여기서 이끈다는 것, 즉 이 움직임은… 모방이다. 물리학에 중력이 있다면, 심리학에는 모방이 있다"라고 말한다.[3] 중력은 물리적으로 사람들을 땅에 떨어지게 한다. 모방 욕망은 사람들이 사랑이나 우정 또는 사업적 파트너십에 빠지거나 또는 벗어나게 한다. 또는 사람들을 환경의 산물이라는 굴욕적인 노예가 되도록할 수 있다.

피터 틸의 투자 철학

틸은 자신이 다른 사람들보다 모방 행동을 더 많이 한다고 내게 말했다. 많은 사람들은 그를 역발상 투자가로 알고 있지만 그가 항상 그랬던 것은 아니다. 다른 고등학생처럼 그 역시 처음엔 왜 가고 싶은지 생각해보지 않은 채 그저 명문 대학에 입학하기 위해 애썼다. 학벌 좋은 다른 사람들이 그랬듯 말이다. 그 후 학점, 인턴십, 기타 다른 성공의 대명사들을 얻기 위한 분투는 계속되었다. 그는 신입생들에게 꽤 다양한 목표가 있다는 사실을 알아차렸다. 하지만 몇 년이 지나면 그들의 목표는 금융, 법, 의학 또는 컨설팅 쪽으로 쏠리게 된다. 틸은 뭔가 잘못됐다고 느꼈다.

틸은 한 모임을 통해 지라르 교수에 대해 알게 되면서 그 문제에 대해 몇 가지 통찰력을 얻게 된다. 3학년 때 그는 지라르 교수와 함께 하는 점심 식사 모임에 참석하기 시작했다. 지라르는 학생들에게 현재의 사건 이면에 있는 방법과 원인을 이해하도록 요구했다. 그는 켜켜이 쌓인 의미층을 보여주고 또 때때로 셰익스피어의 문장 전체를 인용해 그의 요점을 설명하면서 인간 역사를 체계적으로 훑었다.

지라르 교수가 날카로운 통찰력으로 고대 문헌과 고전 문학을 풀어 설명할 때면 학생들은 마치 새로운 우주에 발을 들여놓은 것처럼 아드레날린이 솟구치는 기분이 들었다. 지라르 교수의 초기 제자인 퍼듀대학 산도르 굿하르트Sandor Goodhart 교수는 지라르가 '문학, 신화, 그리고 예언' 수업 첫 시간에 한 말을 아직도 기억한다. "인간은 다르기 때문이 아니라 똑같기 때문에 싸우는 것이며, 스스로를 구별하려는 시도 때문에 서로를 향한 폭력 속에서 적과 같은 쌍둥이, 짝패doubles가 되었다."[4] '좋습니다. 수업에 온 것을 환영합니다. 이제 강의계획서를 함께 살펴봅시다' 식의 전형적인 첫 수업과는 사뭇 다른 모습이었다.

지라르는 구세계의 카리스마를 풍겼다. 오랫동안 스탠퍼드대와 인연을 맺어온 작가이자 학자인 신시아 헤이븐Cynthia Haven은 지라르의 전기 《욕망의 진화: 르네 지라르의 삶》을 집필했다. 그는 "지라르가 영화감독이 플라톤이나 코페르니쿠스 등 위대한 사상가로 캐스팅할 만한 그런 얼굴을 가졌다"[5]라고 말한다.

지라르는 다양한 장르를 독학으로 공부했다. 그는 인류학, 철학, 신학, 문학 등을 두루두루 공부하며 독창적이면서 정교한 세계관을 이루었다. 그는 모방 욕망이 폭력, 특히 희생의 개념과 밀접한 관련이 있음을 발견했다. 카인과 아벨에 대한 성경 이야기는 카인이 자신이 바친 제물보다 동생인 아벨의 것을 신이 더 기쁘게 여기자 아벨을 죽인 사건을 말한다. 형제는 모두 신의 인정을 원했고, 이는 충돌을 이끌었다. 지라르가 보기에 대부분 폭력의 뿌리는 모방 욕망이었다.

›› ‹‹

피터 틸이 지라르 사상의 세례를 받았다고 해서 그간의 기조가 바로 바뀐 것은 아니었다. 그는 금융 관련 분야로 직업을 구했고 로스쿨에 진학했다. 하지만 길을 잃은 기분이 들었다. 틸은 "내가 추구하던 이 모든 맹목적 경쟁이 사회적으로 부정적 원인에 기인한다는 사실을 깨달았을 때 삶의 기반이 흔들리는 위기를 겪었다"라고 말했다. "그 위기를 극복하는 데 상당 시간이 걸렸다." 일단 모방 욕망을 알게 된 틸은 자신을 제외한 모든 사람에게서 그것을 보고 식별할 수 있게 됐다. 그러나 졸업 후에도 고군분투는 계속됐다. 지라르가 말했던 바로 모방 욕망에 자신이 어디까지 휩쓸리게 될지 몰랐기 때문이다. "실존적 차원에서 내 삶에 스며들기까지 시간이 좀 걸렸다."

틸은 기업 세계를 떠나 1998년 맥스 레브친Max Levchin과 컨피니티Confinity를 공동 설립했다. 그는 사업과 삶을 경영하는 데 모방 이론에 대한 지식을 활용하기 시작했다. 회사 내에서 경쟁이 치열해지면, 그는 명확하게 독립된 업무를 각 직원들에게 부여해 동일한 임무를 놓고 서로 경쟁하지 않도록 했다. 이는 역할이 유동적인 스타트업 회사 환경에서 중요한 부분이다. 상대적 성과가 아니라 명확한 실적 목표에 따라 사람을 평가하는 회사는 모방 경쟁을 최소화시킨다.

경쟁사인 일론 머스크Elon Musk의 엑스닷컴X.com과 전면전이 펼쳐질 상황에서 틸은 기업을 합병해 페이팔을 설립했다. 그는 지라르를 통해 두 사람(또는 두 기업)이 서로를 모방 모델로 삼을 때 끝장을 볼 때까지 끝없는 경쟁에 돌입하게 된다는 것을 알았다.[6]

틸은 투자 결정을 내릴 때도 미메시스를 고려했다. 링크드인LinkedIn 설립자인 리드 호프먼Reid Hoffman이 그를 마크 저커버그Mark Zuckerberg에게 소개해줬다. 틸은 페이스북이 그저 또 다른 마이스페이스MySpace나 소셜넷이 아니라는 걸 분명히 알았다. 페이스북은 정체성, 즉 욕망을 바탕으로 만들어졌다. 그것은 사람들이 무엇을 갖고 무엇을 원하는지 볼 수 있도록 도왔다. 페이스북은 모델을 찾고 따르며 스스로를 차별하기 위한 플랫폼이었다.

욕망의 모델들은 페이스북을 강력한 마약으로 만들었다. 페이스북이 출현하기 전에 사람들의 모델은 친구, 가족, 직장, 잡지, 그리고 어쩌면 TV 같은 소규모 집단에서 나왔다. 그러나 페이스북의 등장으로 전 세계 모든 사람이 잠재적 모델이 됐다.

페이스북은 어떤 종류의 모델로 채워져 있지 않다. 우리가 팔로우하는 대부분의 사람들은 영화배우나 운동선수, 연예인이 아니다. 페이스북은 우리 세계에 속한 모델들로 가득 차 있다. 그들은 우리와 서로 비교할 수 있을 만큼 우리 가까이에 있었다. 그들 모두는 가장 영향력 있는 모델로 수십억 명에 달한다.

틸은 페이스북의 잠재력을 바로 알아보고 최초의 외부 투자자가 됐다. 그는 내게 "미메시스에 베팅했다"라고 말했다. 결과적으로 그는 50만 달러를 투자해 10억 달러 이상을 벌어들였다.

무엇을 선택할 것인가

모방 욕망은 사회적이기 때문에 사람과 사람 사이에서, 그리고 문화를 통해 확산된다. 그것은 욕망의 두 가지 다른 움직임, 즉 두 번의 순환을 낳는다. 첫 번째 순환은 경쟁 욕구가 변덕스러운 방식으로 상호작용하면서 관계를 파괴하고 불안정과 혼란을 야기해 긴장, 갈등, 그리고 불안으로 이어진다. 이는 인류 역사상 가장 보편적인 순환으로 오늘날 점차 빨라지고 있다. 그렇지만 그 기본 순환을 뛰어넘는 것이 가능하다. 에너지를 긍정적인 방향으로 더 창조적이고 생산적인 추구로 전환하는 다른 순환을 시작하는 것이 가능하다. 이 책에서는 앞으로 이 두 가지 순환에 대해 더 자세히 알아볼 예정이다.

이 책을 다 읽은 당신은 자신이 무엇을 원하는지, 타인이 무엇을 원하는지, 그리고 앞으로 어떻게 살아갈지 등 욕망에 대해 새로운 이해를 갖게 될 것이다. 당신이 그곳에 도달하는 것을 돕기 위해 이 책은 2부로 구성되어 있다.

1부에서는 사람들이 왜 어떤 것을 원하게 되는지에 영향을 주는 숨겨진 힘에 대해 다룬다. 이것은 모방 이론에 대한 이야기다. 1장에서는 모방 욕망이 유아기에 어떻게 시작되는지 설명하고 또 성인이 되었을 때 그 모방이 정교한 형태로 어떻게 진화되어 가는지를 보여준다. 2장에서는 모방 욕망이 한 사람과 모델과의 관계에 따라 어떻게 다르게 작용하는지를 다룬다. 3장은 가장 복잡한 사회적 갈등을 이해하는 데 핵심인 모방 욕망이 집단에서 어떻게 작용하는지를 설명한다. 4장은 모방 갈등의 정점인 희생양 메커니즘에 도달한다. 이 책의 전반부는 파괴적이거나 이행되지 않는 욕망의 순환에 집중되어 있다.

2부는 욕망의 순환에서 벗어나기 위한 과정을 간략하게 설명한다. 이 책의 후반부는 욕망의 순환과 대조되는 창조적 순환을 움직일 자유를 어떻게 가졌는지 보여준다. 5장에서는 나고 자란 욕망 체계에서 벗어나 창조할 자유를 되찾은 세 명의 미쉐린 스타 셰프를 만나본다. 6장은 파괴적 공감대가 우리 대부분이 행복한 삶을 만들어가는 데 필요한 두터운 욕망을 어떻게 깨뜨리는지 보여준다. 7장에서는 욕망의 법칙을 리더십에 적용한다. 마지막으로 8장에서는 욕망의 미래를 다룬다.

1부는 내리막길처럼 느껴진다. 지옥의 영주권자가 되지 않으려면 그곳을 방문해야만 한다. 2부는 출구다.

이 책에서 나는 모방 욕구를 긍정적으로 대하기 위해 개발한 15가지 전술을 강조할 것이다. 그것들을 공유하는 이유는 당신이 이러한 개념들을 실질적으로 생각해보고 궁극적으로 나와 전혀 다른 자신만의 전술을 개발하도록 돕기 위해서다.

모방 욕망은 인간 조건의 일부다. 그것은 인정받지 못한 리더처럼 활동하며 우리의 표면적 삶 아래 숨어 있을 수 있다. 하지만 그것을 인식하고 직면하며 보다 만족스러운(그것을 인지하지 못한 채 모방 욕망에 의해 사로잡혀 사는 것보다 훨씬 더 나은) 삶으로 이끌어줄 선택을 할 수 있는 방법들이 있다.

이 책을 다 읽으면 욕망이 당신의 삶과 우리 문화에서 어떻게 작용하는지 이해할 간단한 틀을 가지게 될 것이다. 당신은 무엇을 모방하고 어떻게 모방하는지 더 잘 알게 될 것이다. 당신이 특정한 상황과 관계에서 하는 모방에 대해 아는 것은 자아 통달로 나아가는 중요한 단계다.

세계의 시스템이 얼마나 취약한지, 그리고 어떻게 상호 연결되었는지에 대한 인식이 점차 커지고 있다. 한때 안정적으로 보였던 정치체제나 경제체제가 휘청거렸다. 아무리 좋은 정책이라도 다른 것을 원하는 집단들과 씨름해야 하기 때문에 공중 보건이 흔들리고 있다. 엄청난 부와 함께 빈곤이 계속되고 있다는 것은 부끄러운 일이다. 이 모든 것들은 욕망의 근본적 체계를 기반으로 하고 있다. 신체에 순환계가 있는 것처럼 세계에는 이러한 욕망의 체계가 존재한다. 심혈관계가 제대로 작동하지 않으면 장기가 고통받다가 결국 멈추는 것처럼 욕망도 마찬가지다.

우리가 욕망의 모방적 본질을 이해한다면 더 나은 세상을 만드는

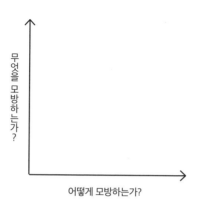

데 일익을 담당할 수 있다. 역사상 가장 위대한 발전은 누군가 아직 존재하지 않았던 어떤 것을 원했을 때, 그리고 다른 사람들이 생각했던 것보다 훨씬 더 바람직한 것들을 원하도록 도왔을 때 얻어진 결과다.

당신이 모방 욕망에 대해 새로운 깨달음을 얻었거나 더 깊이 알게 되었다면 세상을 보는 눈이 달라질 것이다. 이제 당신이 무엇을 선택할지는 바로 당신 자신에게 달려 있다.

1부

무엇이
인간의 마음을
움직이는가

WANTING

chapter 1

이것이 정말 내가 원하는 것인가

사람이 무엇을 희구해야만 하는가를 안다는 것은 절대 불가능하다.
왜냐하면 사람은 한 번밖에 살지 못하고 전생과 현생을 비교할 수도
없으며 현생과 비교하여 후생을 바로잡을 수도 없기 때문이다.
_밀란 쿤데라

사람들은 원하는 것을 낭만적인 거짓의 형태로 버무려 말하곤 한다.
예를 들면 이런 식이다.

　　"마라톤을 해보고 싶다는 걸 이제 알았어요."
　　"나는 영화 속 그레이 같은 사람을 원해요. 이건 분명한 사실이죠."

　　고대 로마의 정치가 율리우스 카이사르는 탁월한 낭만적 거짓말쟁
이였다. 젤라 전투에서 승리한 그는 "왔노라, 보았노라, 이겼노라Veni,
vidi, vici"라고 선포했는데, 사람들은 오늘날까지 이 말을 수천 번 넘게

인용해오고 있다. 하지만 신학 연구가 제임스 워렌James Warren은 카이사르의 말을 욕망의 언어로 재구성하여 그가 실제로 주장하는 바가 무엇인지 살펴보자고 제안한다.[1]

자신을 높이 평가했던 카이사르는 자신이 어떠한 대상을 보면 그것이 옳은 것임을 바로 분별하는 존재라고 사람들이 생각해주길 바랐다. 하지만 진실은 그보다 더 복잡하다. 먼저 카이사르는 마케도니아의 군사적 천재 알렉산더 대왕을 존경했다. 둘째, 젤라 전투에서 카이사르의 라이벌인 파르나케스 2세가 먼저 카이사르를 공격했다. 카이사르는 그냥 와서 그곳을 본 것이 아니었다. 그는 자신의 롤 모델이었던 알렉산더처럼 오랫동안 정복을 갈망했고, 그의 라이벌 파르나케스에게 반응했던 것이다.

낭만적 거짓은 사람들이 왜 그런 선택을 했는지에 대한 이야기로 자기 자신을 속이는 것이다. 개인적 취향이나 대상의 특성 때문에 혹은 그저 보고 나서 원하게 되었다는 것이다. 사람들은 자신과 자신들이 원하는 것 사이에는 일직선이 있다고 믿는다. 하지만 이는 거짓이다. 사실 그 선은 항상 구부러져 있다.

우선 우리 마음속 깊은 곳에는 우리가 어떤 것을 원하는 동기가 된 사람이나 사물이 도사리고 있다. 즉 어떠한 모델이 있어야 욕망할 수 있는 것이다. 모델은 우리 눈앞에서 사물을 더 아름답게 변모시킨다. 친구랑 중고가게에 갔다고 가정해보자. 셔츠 수백 벌이 진열되어 있지만 어느 것도 눈에 들어오지 않는다. 그런데 친구가 셔츠 하나를 집어 드는 순간, 그 셔츠는 더 이상 수백 벌의 옷과 같은 옷이 아니다.

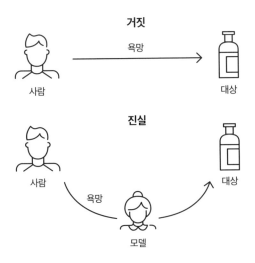

친구가 그 셔츠를 눈여겨보는 순간 차별화가 시작되는 것이다.

"세상에나! 다른 사람의 눈으로 사랑을 선택하다니!" 셰익스피어의 《한여름밤의 꿈》에서 주인공 헤르미아가 한 말이다. 우리가 다른 사람의 눈으로 어떤 것을 선택했다는 사실을 깨닫게 되면 그것은 지옥이다. 하지만 우리는 항상 그렇게 한다. 우리는 다른 사람을 통해 브랜드, 학교, 식당의 메뉴를 선택하며 살아간다. 욕망의 모델이 언제나존재한다. 그렇다면 당신은 궁금할 것이다. 만일 욕망이 모델에 의해생겨나게 된다면 모델들은 어디서 그런 욕망을 품었던 것일까. 친구, 부모, 조부모, 증조부모를 거쳐 그리스인을 본받았던 로마인에 이르기까지 욕망의 진화를 거슬러 올라가다 보면 모델을 계속 찾을 수 있을 것이다.

성경에는 인류가 시작되었을 무렵 낭만적 거짓에 대한 이야기가 담겨 있다. 뱀이 선악과를 보여주기 전까지 이브는 원래 선악과를 먹고 싶은 생각이 없었다. 뱀은 이브에게 욕망을 제안했다. 모델이 하는 일이 바로 그것이다. 지금까지 특정 욕망을 불러일으키지 못했던 어떤 열매가 갑자기 세상에서 가장 탐나는 열매가 됐다. 순간적으로 말이다. 그 열매는 금지된 선물로 모델화되었기 때문에, 바로 그때부터 거부할 수 없는 것처럼 보였다.[2]

흥미롭지 않은가? 우리는 쉽게 소유할 수 있거나 얻을 수 있는 것들을 원하지 않는다. 욕망은 현재 우리가 있는 곳 그 이상의 세계로 우리를 인도한다. 모델은 저 모퉁이 너머에 있는 것을 볼 수 있는, 한 100미터 앞에 서 있는 사람들 같다. 모델이 어떤 것을 묘사하거나 제안하는 방식으로 모든 것이 달라진다. 우리는 자신이 원하는 것을 직접적으로 볼 수 없고, 굴절된 빛처럼 간접적으로 본다. 사물이 매력적인 방식으로 모델화될 때 우리는 사물에 매력을 느낀다. 우리의 욕망은 모델에 따라 크고 작은 세계를 구축한다.

모델에 의존하는 것이 꼭 나쁜 일은 아니다. 모델이 없었다면 우리 중 어느 누구도 같은 언어를 구사하지 못했을 것이고 또 현 상태 이상의 것을 꿈꾸지도 못했을 것이다. 코미디의 대부 조지 칼린이 1962년 레니 브루스의 공연을 보지 못했더라면 우리는 50년 내내 날씨에 관한 농담만 했을지도 모른다. 브루스가 새로운 형식의 코미디를 보여줬고, 칼린은 자신의 틀을 깨고 나와 그 모델을 차용했다.

모델 자체를 인식하지 못할 경우 위험할 수 있다. 그들을 인식하지 못했을 때 우리는 그들과 건강한 관계를 맺기 어렵다. 그들은 우리에게 엄청난 영향력을 행사하기 시작하고, 우리는 종종 자신도 모르게 그들에게 집착한다. 모델은 많은 경우 한 사람의 비밀스러운 우상이 된다.

르네 지라르의 친구 길 베일리Gil Bailie는 "지라르는 다른 사람의 눈에서 우상을 제거할 수 있었다"라고 말했다. 모방 이론은 우리의 모델을 노출시키고 그들과의 관계를 재정립한다. 그 첫 번째 단계는 그들의 존재를 드러내는 것이다.

이번 장에서 우리는 20세기 초 'PR의 아버지'라 불리던 에드워드 버네이스Edward Bernays가 한 세대의 소비자를 조종하기 위해 어떻게 숨겨진 모델을 활용했는지를 살펴볼 것이다. 이어서 모방 효과가 금융 시장에 어떤 영향을 미치는지, 그리고 숨겨진 모델을 찾아 이름을 붙이는 것이 왜 필요한지 알아보겠다. 먼저 드러내놓고 모델링이 이뤄지는 아기들의 삶에서부터 시작해보자.

아기들의 모방 능력

아이들은 타고난 모방꾼으로, 태어난 지 몇 초 만에 다른 인간을 모방하기 시작한다. 신생아 때부터 가장 발달한 유인원을 능가할 정도로 모방을 잘한다.[3]

뷔르츠부르크대학의 카틀렌 베름케Kathleen Wermke 박사는 신생아들은 다양한 소리를 흉내 내는데, 이 소리들은 특히 자궁에서 들었던 운율에 따라 만들어진다"라는 새로운 연구 결과를 발표했다. 즉, 아기의 모방력이 태어나기 전부터 발달하기 시작한다는 것이다. 임신 5개월쯤 되면 태아는 엄마의 목소리를 들을 수 있다. 이 연구에 따르면 출생 직후 중국어(억양이 높은 언어)를 구사하는 엄마에게 태어난 아기들의 울음에는 독일어나 스웨덴어를 구사하는 엄마에게서 태어난 아기들보다 더 다양한 억양이 담겨 있었다.[4]

이러한 발견들은 영아기 사회적 발달이론에 도전장을 내민다. 프로이트, 스키너, 그리고 피아제는 신생아를 부화하지 않은 병아리로 비유하며 아기들은 어른들이 사회화시키기 전까지 외부 현실 세계와 단절되어 있다고 주장했다. 심지어 프로이트는 육체적 출생과 심리적 혹은 대인 관계적 기능을 구분해야 한다고 주장하면서, 한 아기가 사회화되기 전까지 완전한 사람이 될 수 없음을 암시했다.[5] 그러나 신생아를 품에 안아본 엄마라면 그 말이 틀렸다는 사실을 알 수 있다. 아기들은 사교적으로 태어난다.

1977년에 워싱턴대학교 심리학과 교수이자 아동발달과 심리의 대가 앤드류 멜초프Andrew Meltzoff가 공동 연구원인 키스 무어M. Keith Moore와 함께 진행한 유명한 실험이 있다. 멜초프는 시애틀 병원에서 신생아들에게 혀를 내밀었다. 이 연구에서 신생아들의 평균 연령은 32시간이었는데 그중 태어난 지 42분밖에 되지 않은 아기가 놀라울 정도로 정확하게 그의 표정들을 흉내 냈다. 한 아기는 태어나서 처음으로 혀를 내밀거나 우스꽝스러운 표정을 지었는데 아마도 자신이 앞에 있는 이 생명체와 '닮았다'는 사실을 깨달은 것 같다.[6]

나는 워싱턴대 학습 및 뇌과학 연구소에 있는 멜초프의 연구실을 방문했다. 멜초프는 내게 "아기들은 흉내 낼 능력을 자궁에서부터 갖고 태어나는 것 같다"라고 강조했다. 사람은 모방하는 법을 따로 배우지 않아도 되는 타고난 모방자라는 것이다.

우리는 이를 통해 인간의 모방 본성을 이해할 수 있다. 멜초프는 다음과 같이 말했다. "아기들은 수천 년 동안 숨겨져 온 인간 정신에 대한 비밀을 간직하고 있다. 아기들은 자신의 발전을 이끄는 우리를 이해하려는 원시적 욕구를 가지고 있다. 우리에게는 사회과학과 철학을 이끌어내는 아기들을 이해하려는 욕구가 있다. 아이들의 정신과 마음을 살펴봄으로써 우리 자신을 이해하게 된다."[7]

또한 멜초프는 이렇게 설명한다. "엄마가 무언가를 바라본다. 아기는 그것을 엄마가 그 대상을 원한다거나 또는 중요하기 때문에 적어도 그것에 관심을 기울이고 있다는 신호로 받아들인다. 아기는 엄마의 얼굴을 바라본 다음 대상을 바라본다. 엄마와 그 대상과의 관계를 이해하려고 노력한다. 머지않아 아기는 엄마의 눈뿐만 아니라 엄마의 행동 뒤에 숨겨진 의도까지 이해할 수 있게 된다."

이 아이디어를 검증하기 위해 멜초프는 18개월 된 아기들 앞에서 연기를 했다. 실험에서 한 성인이 둥근 튜브에서 덤벨 모양의 장난감을 떼어내려고 하는 시늉을 했다. 그가 장난감을 떼어내려고 안간힘을 쓰지만 손이 한쪽 끝에서 미끄러졌다. 다시 시도하자 이번에는 다른 쪽에서 손이 미끄러졌다. 그의 의도는 분명했다. 그는 장난감을 떼어내고 싶었다. 하지만 분명히 실패했다. 그가 행동을 마치자 연구자는 아기들에게 그 대상을 보여주고 그들의 행동을 관찰했다. 아기들은 덤벨을 집어 들고 즉시 떼어냈는데, 50번의 실험에서 40번을 그렇게 했다. 아기들은 어른이 한 행동을 따라 한 것이 아니라 어른이 하고 싶어 한다고 생각했던 것을 모방했다. 그들은 표면적 행동 이면에 있는 것을 읽은 것이다.[8]

실험 대상이 된 아기들은 전언어적pre-linguistic 단계에 있었다. 그들은 타인의 욕망을 묘사하는 말을 이해하거나 언어를 습득하기 전에 그 욕구를 추적하고 있었다. 아기들은 다른 사람들이 왜 무언가를 원하는지 알아차리거나 신경 쓰지 않았다. 아기들은 그저 그들이 원하는 것만 알아차렸을 뿐이다.

욕망은 우리의 최우선 관심사다. 사람들은 무언가를 왜 원하는지 표현할 수 있기 훨씬 전부터 그것을 원하기 시작한다. 리더십 전문가 사이먼 시넥Simon Sinek은 왜라는 질문에서부터 시작하고 다른 무엇보다 자신의 목적을 찾고 그것을 잘 표현하라고 조언한다. 하지만 그렇게 하는 것은 보통 우리가 앞서 원했던 것이 무엇이든 간에 나중에 합리화시킨 것이다. '욕망'은 시작하기에 더 좋은 장소이다.

2020년 멜초프와 그의 동료들은 19개월 된 아이가 한 어른이 손에 닿지 않은 과일 조각을 줍도록 돕는 것을 관찰했다. 실험에 참가한 아이들은 실험 시간의 절반 이상을 타인이 그의 욕구를 충족하도록 선뜻, 반복적으로, 그리고 재빨리 도왔다(심지어 배고플 때 남은 음식 한 조각을 어른에게 건네주기도 했다).[9]

반면에 다른 사람이 원하는 것에 대한 아이들의 자연스럽고 건강한 관심은 성인이 되면 변하는 듯하다. 다른 사람이 원하는 것을 얻도록 돕기보다는 모방 욕구가 생겨나 자신이 소유하기 위해 그들과 몰래 경쟁하는 것이다.

멜초프에게 모방에 대해 좀 더 묻자 그는 의자에서 벌떡 일어나 나를 200만 달러짜리 뇌자도MEG라는 기계가 있는 특별한 방으로 데리고 갔다. 뇌가 활성화될 때 머리 내부와 주변으로 자기장이 생성되는데, MEG는 주변 사물을 인지하고 원하며 느끼고 사고함으로써 자연스럽게 생성되는 자기장의 변화를 감지한다. 특별히 멜초프의 MEG에는 유아의 학습 및 뇌 활동을 분석하기 위해 설계된 소프트웨어 등이 탑재되어 있다. 거인용 헤어드라이어처럼 생긴 기계에는 알록달록한 수중 생물 스티커가 덕지덕지 붙어 있었다.

2018년 연구에서 멜초프와 그의 팀은 한 아이의 뇌가 주변 세계에서 볼 수 있는 행동들을 지도화한다는 사실을 발견했다. "MEG에 있는 한 아이가 성인이 어떤 물체를 만지는 것을 보았을 때 마치 자신이 직접 만지는 것처럼 뇌의 동일한 부분이 활성화된 것이다."[10] 이는 1990년대에 신경심리학자 자코모 리촐라티Giacomo Rizzolatti 연구팀이 우연히 발견한 '거울 뉴런'과 비슷할 수 있다. 연구팀은 마카크 원숭이 뇌의 특정 부위가 성인이 땅콩을 줍는 것을 볼 때 활성화되는 것을 발견했는데, 이는 그 원숭이가 직접 땅콩을 집을 때 밝아지는 것과 같은 부위였다. 로스앤젤레스 캘리포니아대학의 신경과학자 마르코 야코보니Marco Iacoboni는 "거울 뉴런이라고 부르는 것은 이러한 행동이 원숭이가 거울에 비친 자신의 행동을 보고 있는 것과 거의 유사하기 때문"이라고 설명한다.[11]

멜초프에 따르면, 거울 뉴런은 모방을 위한 신경학적 근거를 일부 제시할 수는 있지만 모든 것을 설명해주지는 못한다. "아기들이 하는 일은 거울 뉴런만으로 설명할 수 없는 더욱 복잡한 현상이다."

동물들은 소리, 표정, 몸짓, 공격성, 그리고 다른 행동들을 흉내 낸다. 반면에 인간은 은퇴 계획, 낭만적 이상, 성적 판타지, 음식 준비, 사회적 규범, 예배, 의례적 선물 주고받기, 직업적인 예의, 그리고 밈 등 더욱 많은 것들을 모방한다.

우리는 모방에 매우 민감해서 용인할 수 있는 모방의 범주에서 조금만 벗어나도 바로 알아차린다. 이메일이나 문자메시지를 보냈는데 뭔가 어긋난 느낌의 회신을 받는다면 소소한 위기에 봉착할 수 있다 (나를 싫어하나? 나보다 낫다고 생각하는 건가? 내가 뭘 잘못했나?). 실제로 의사소통은 모방mimesis을 통해 이뤄진다. 2008년 〈실험 사회심리학 저널〉에 실린 한 연구에서는 62명의 학생에게 다른 학생들과 협상하는 일을 맡겼다. 그 결과 타인의 말과 태도를 그대로 반영한 학생 가운데 67퍼센트가 합의에 도달했지만, 그렇지 않은 학생들의 성공률은 12.5퍼센트에 그쳤다.[12]

나는 왜 마티니를 주문했는가

내가 바에서 맥주를 주문하려는데, 함께 온 친구가 마티니를 주문한다면? 그 순간 갑자기 나도 마티니를 마시고 싶다는 사실을 '깨닫는다'. 솔직히 문을 열고 들어올 때는 마티니를 마실 생각이 없었다. 차가운 맥주 한 잔이 더 당겼다. 그렇다면 무엇이 동인이 되었을까? 친구가 마티니에 대해 갖고 있었던 내면의 갈망을 떠올리게 한 건 아니었다. 다만 그는 내게 새로운 욕망을 주었다. 친구가 먼저 원했기 때문에 나도 원하게 된 것이다.

마티니는 해롭지 않다(보통은 그렇다). 그러나 바에서 술을 홀짝홀짝 마시며 배가 불러오자 친구가 곧 승진할 거라고 말했다고 가정해보자. 그는 봉급이 2만 달러 인상되고 상무이사에 오르게 될 것이다. 휴가도 더 많아진다.

난 웃으며 친구에게 정말 잘됐다고 말하지만 불안해지기 시작한다. 나도 2만 달러를 더 벌어야 하는 거 아닐까? 그의 휴가 일수가 나보다 2배가 더 많은데 계속 나와 함께 휴가를 계획할 수 있을까? 그리고 또, 이런 빌어먹… 우린 같은 대학을 졸업했고 학교 다닐 때나 그 이후로 내가 친구보다 더 열심히 살았다. 내가 왜 뒤처진 걸까? 나는 삶의 방향을 제대로 잡고 있는 걸까? 친구가 하는 일을 나는 절대로 할 수 없다고 말하곤 했지만 이젠 스스로를 비난하고 있다.

친구는 내게 욕망의 모델이 되었다. 우리는 절대로 그것을 대놓고 이야기하진 않을 것이다. 그러나 만약 내 안에서 활성화된 내적 힘을 그대로 방치한다면 갈등을 일으킬 것이다. 나는 그 친구가 원하는 것을 좇아 결정을 내리게 될 것이다. 그가 어떤 동네로 이사하면 내가 사는 곳을 놓고 평가하기 시작할 것이다. 그가 델타 스카이마일 플래티넘 등급에 도달한다면 나는 골드 등급으로 만족하지 못할 것이다.

가끔은 거울에 비친 것처럼 그 사람이 하는 것과 정반대로 해보기도 한다. 만약 그가 테슬라를 산다면 나는 테슬라를 원하지 않을 것이다. 내가 한발 늦는다는 걸 상기시키고 싶지 않다. 나는 다르다. 나는 클래식 모델인 포드 머스탱을 구입하고 길에서 만난 테슬라 운전자를 보고 눈살을 찌푸릴 것이다. 그 이유에 대해서는 전혀 알아차리지 못한 채 말이다.

그러다 그가 실직하게 되면 고소하다는 생각이 든다. 다시 일자리를 찾으면 또 부러움을 느낀다. 그리고 지금 마티니 잔 바닥을 보니 그의 잔엔 올리브가 하나 더 있는 게 들어온다.

유년기에서 성인기로 넘어가면서 대놓고 모방하는 방식에서 남몰래 따라 하는 방식으로 변화가 일어난다. 우리는 어떤 모델이 필요하다는 것을 부인함과 동시에 한편으론 남몰래 모델을 찾고 있다. 모방 욕망은 어둠 속에서 작동된다.

PR의 아버지, 버네이스의 전략

1917년 4월 6일, 미국이 독일에 선전포고를 했던 바로 그날 25세의 에드워드 버네이스Edward Bernays가 미군에 지원했다. 지그문트 프로이트의 조카였던 그는 오스트리아 출신 유대인으로 자신을 받아준 나라를 사랑했으며, 또 지키고 싶었다. 하지만 평발과 나쁜 시력이 결격 사유가 되어 그는 입대하지 못했다.[13]

4년 전 21세였던 버네이스는 소규모 의학 잡지의 편집자로 일했다. 당시 그는 한 가지 홍보 전략을 짰는데 그것은 유진 브리외의 연극을 지원하는 것이었다. 그 연극은 매독에 걸린 남자가 아내에게 병을 옮기고 아내는 매독에 걸린 아이를 낳는다는 내용이었다. 당시에는 성병에 대한 논의가 금기시되던 때라서 그 연극은 대부분의 장소에서 상영이 금지된 논란의 작품이었다. 버네이스는 존 D. 록펠러, 앤 해리먼 밴더빌트, 엘리노어 루스벨트 등 의학 전문가와 대중의 롤 모델들을 영입하고 고상한 척하는 것에 맞서 싸우는 식의 프레임을 짜서 그 연극을 지지했다. 엇갈린 평에도 불구하고 그의 캠페인 덕분에 연극은 엄청난 성공을 거두었고, 버네이스는 영리한 전술가로서 명성을 높일 수 있었다.

버네이스는 이러한 자신의 재능을 입대를 거부당한 후에도 발휘하였다. 당시 전쟁 발발의 위협은 나라를 깊은 분열로 이끌었다. 1917년 1월 우드로 윌슨 대통령은 의회에서 미국이 중립을 지켜야 한다고 말했다. 하지만 1월 말에서 2월 사이 독일 잠수함들이 공격해오기 시작했고 심지어 미국 함선 몇 척이 침몰하기도 했다. 윌슨은 선전포고를 요청하기 위해 다시 의회를 찾았다. 하지만 그곳에 모인 사람들의 의견은 제각기 달랐다.

버네이스는 전쟁 지지를 위해 새로 설립한 독립 기관인 연방공보위원회에 즉시 합류하여 전쟁의 당위성을 세계에 알리는 데에 앞장섰다. 그는 카네기홀에서 폴란드, 체코슬로바키아 등을 비롯해 여러 국가에서 온 자유 투사들과 함께 집회를 열었으며, 포드사를 비롯한 미국 기업들이 해외 사무처에 주전론 홍보 책자를 배포하도록 만들었다. 또한 국내외 인기 저널에 미국 선전 기사를 실었다. 버네이스는 "우리는 '민주주의를 위해 세상을 안전하게 만들고자' 노력했고, 이것이 우리의 주요 슬로건이었다"[14]라고 강조했다. 그의 목적은 윌슨 대통령을 위대한 해방자이자 민주적 자유의 수호자로 포지셔닝하는 것이었다.

그 후 버네이스는 40년 동안 버네이스는 수많은 홍보를 성공적으로 이끌었다. 돼지고기 판매회사들이 베이컨 소비량을 늘리기 위해 버네이스에게 홍보를 의뢰하자 그는 의사인 친구에게 아침(베이컨과 달걀)을 든든히 먹는 것이 건강에 좋다는 서한을 5천 명의 의사들에게 보내 동의를 구해달라고 요청했다. 그 결과 베이컨과 달걀은 미국의 아침 식탁을 대표하는 음식이 되었다. 또한 그는 프록터 앤드 갬블이 물에 뜨는 아이보리 비누의 홍보를 요청하자 공립학교에 비누 조각 대회를 개최해 아이들이 비누와 친숙해지도록 만들었다. 1940년대 말에는 상용차 제조사 맥트럭스를 위한 업무의 일환으로 66번 도로를 건설하도록 미 정부를 설득하기도 했다. 고속도로가 늘어날수록 트럭의 수요도 늘어나기 때문이다.

버네이스는 모델이 욕망에 영향을 미치는 것을 이해했다. 의사들은 베이컨과 달걀을 추천하는 전문가 모델이었다. 교사는 비누 조각의 모델이 되었다. 그리고 맥트럭스가 철도 운송으로 약화되어가는 회사를 위해 자신을 고용하자 더 많은 고속도로 건설을 지지하도록 운전 동호회 회원부터 우유 배달 기사, 타이어업계 노동자에 이르기까지 수많은 운전자들을 결집시켰다.

어떻게 하면 여자도 담배를 피울까?

그의 가장 눈부신 활약 중 하나는 여성 흡연과 관련 있다. 1929년 아메리칸 타바코 컴퍼니의 최고경영자 조지 힐은 버네이스에게 흥미로운 이야기를 한다. 만약 여성이 공공장소에서 흡연하는 것을 터부시하는 분위기를 타파한다면 매년 수천만 달러의 추가 매출을 달성할 수 있다는 얘기였다. 힐은 이미 버네이스에게 당시로서는 상당한 금액인 2만 5,000달러(오늘날 돈으로 환산하면 약 37만 9,000달러)의 보수를 지급하고 있었다. 만약 캠페인이 성공해 더 많은 여성이 담배를 피우게 된다면 회사의 수익 중 일부는 버네이스에게 돌아갈 예정이었다.

이 회사의 대표 브랜드인 럭키 스트라이크의 매출은 폭발적인 성장세를 보였다. 전쟁 기간 동안 군인들의 배급품에는 담배가 포함되어 있었다. 전쟁이 끝나고 몇 년 동안 흡연 인구는 급증했는데, 전쟁의 공포를 직면했을 당시 위안의 수단으로 처음 담배를 피웠던 젊은 세대가 이제는 담배에 중독된 것이다.

반면에 여성들은 그 유행을 따르지 못했다. 여성이 공공장소에서 흡연하는 것을 터부시했을 뿐만 아니라 남자들은 사적인 공간에서 담배를 피우는 여성을 폄하하기도 했다. 1919년 〈뉴욕타임스〉에 실린 한 남성 호텔 매니저의 말은 당시 시대상을 말해준다.

"나는 담배 피우는 여자들이 보기 싫습니다. 도덕적 이유 때문이 아니라 여자들이 담배를 제대로 피울 줄 모르기 때문입니다. 한 여자가 담배 한 대를 피우며 내뿜는 연기가 한 테이블에 모인 남자들이 피우는 것보다 더 많은 것 같습니다. 여자들은 담배 연기를 어떻게 해야 할지 모르죠. 담배를 제대로 잡을 줄도 모를뿐더러 모든 것이 엉망진창입니다."

조지 힐은 여성 흡연을 터부시하는 분위기가 수익에 마이너스 효과를 낸다는 것을 알고 있었다. 그는 버네이스에게 이렇게 말했다. "만일 그 시장에 진출할 수 있다면 그건 마치 우리 집 앞마당에 있는 새로운 금광을 캐는 것과 마찬가지일 거야."[15] 이 일을 성사시키기 위해서는 성차별적 금기를 깰 정도로 강한 지각 변동이 미국 문화에서 일어나야 했다.

버네이스는 우선 프로이트의 제자이자 미국을 대표하는 정신분석학자인 브릴A. A. Brill을 찾아갔다. 브릴은 버네이스에게 담배가 남근을 상징한다고 말했다. 버네이스는 여성의 흡연이 남성 권력에 도전하는 것처럼 보이게 해야 했다. 브릴의 말을 빌리자면, 담배는 '자유의 횃불'이 되어야 했던 것이다. 이를 위해 버네이스는 여성에게 모델을 제시해야 했다.

1920년대는 여성 해방 운동이 한창이던 때였다. 1920년 8월에 비준된 19차 헌법개정안은 여성들에게 투표권을 부여했다. 여성들은 전쟁 동안 일자리가 생겨 그 어느 때보다 높은 임금을 받고 있었다.

신여성들은 새로 찾은 자유를 기념하며 코튼 클럽에서 듀크 엘링턴의 음악을 들으며 프렌치 75 칵테일을 마셨다. 자유에 호소하기 좋은 시기가 무르익었던 것이다.

버네이스는 계획을 짰다. 1929년 3월 그는 뉴욕시 부활절 퍼레이드가 담배를 '자유의 횃불'로 만들 최상의 기회라고 생각했다. 퍼레이드에서는 하이패션의 장관이 연출됐고 언론은 이에 열광했으며 부유한 뉴요커들이 5번가를 활보하며 이 광경을 구경하곤 했다.

5번가의 부활절 행렬은 1870년대 초부터 시작됐다. 그 당시 소매 매출에서는 부활절이 지금의 크리스마스만큼이나 중요한 비중을 차지했다. 행사가 의식화되고 퍼레이드로 바뀌면서 여성들은 가장 좋은 모자와 화려한 부활절 드레스를 갖춰 입었다. 사람들은 5번가를 따라 늘어선 교회에서 나와 거리를 런웨이 삼아 걷는 상류층 여성들에게 찬탄을 보내며 보조를 맞춰 걸었다.

버네이스는 고심 끝에 선택한 이 여성 집단이 세계 최대 무대인 퍼레이드에서 도전적으로 럭키 스트라이크 담배를 피우도록 설득할 계획이었다. 오늘날로 따지면 인플루언서가 역대급 홍보를 하는 것과 마찬가지인 셈이다. 비욘세가 슈퍼볼 하프타임 공연에서 노래를 부르던 도중에 전자담배 줄Juul을 뽑아 뻐끔뻐끔 피우면 카메라가 그 브랜드와 향을 클로즈업하는 장면을 한번 상상해보라.

버네이스는 〈보그〉지의 한 친구를 택했는데, 그는 버네이스를 도와 뉴욕 사교계에서 영향력 있는 30인 명단을 뽑아 주었다. 그다음 그는 선도적 페미니스트였던 자신의 친구 루스 헤일Ruth Hale을 내세워 뉴욕시 신문을 통해 상류층 여성들에게 어필했다.

그의 사무실에서는 행사를 위한 구체적인 메시지를 작성했다. "여성 흡연자들과 그들을 에스코트해주는 남성들은 11시 30분부터 1시 사이에 48거리에서 5번가의 58거리까지 거닐 예정이다." 버네이스는 퍼레이드에 참석한 10명의 여성이 담배를 피우는 모습을 부각할 계획이었다. 그는 어떤 여성이 필요한지 정확히 잘 알고 있었다. 그 메시지에는 "예쁘지만 모델처럼 보여서는 안 된다"고 적혀 있었다.

"마치 연출된 연극처럼 일이 진행되어야 한다. 예를 들면, 한 여성이 다른 흡연자를 보고 지갑을 열어 담배를 찾는다. 하지만 성냥이 없자 다른 사람에게 불을 빌려 달라고 한다. 이 여자들 중 적어도 몇 명은 남자와 함께 있어야 한다."

플래퍼 햇을 쓰고 모피가 달린 코트를 입은 모델들은 약속된 시간이 되자 버네이스의 지시대로 럭키 스트라이크를 획 꺼낸 후 보란 듯이 거리를 활보하며 담배를 피웠다.

버네이스는 그저 운에 맡긴 채 가만히 있지 않았다. 그는 전문 사진 작가와 기자들이 그 순간을 포착하도록 했다. 심지어 그들에게 그가 선택한 '자유의 횃불' 문구를 사용해 그 현장을 묘사하도록 지시했다. 그는 이 사건이 논쟁을 불러일으킬 것을 알고 있었지만 전후 세계에서 자유의 편에 서지 않을 사람이 누가 있겠는가?

여성들이 '자유의 횃불'을 피우는 사진은 다음 날 〈뉴욕타임스〉부터 뉴멕시코 주의 일간지 〈앨버커키〉에 이르기까지 미국 주요 신문 1면에 실렸다. 유나이티드 프레스 인터내셔널은 성 패트릭 대성당 앞에 군집한 사람들을 헤치고 나가 선봉에 선 베르다 헌트Bertha Hunt를 "여성의 자유를 위해 또다시 맞서 싸운" 여성으로 소개했다. 헌트는 "우리가 뭔가를 시작하기를, 그리고 특정 브랜드를 내세우지 않는 이 자유의 횃불이 여성 흡연에 대한 차별적 금기를 무너뜨리기를, 또 우리의 성이 모든 차별을 타파하기를 바란다"[16]고 기자들에게 말했다. 그가 인터뷰할 때 빠뜨린 내용은 바로 자신이 버네이스의 비서였고 신중하게 작성된 문장을 외웠다는 사실이다.

버네이스는 여성들이 자발적으로 담배를 피우기 시작한 것처럼 보이게 하기 위해 부활절 이벤트 전체를 계획했고, 또 헌트 자신이 자발적으로 대성당 앞의 군중들을 뚫고 나가고 싶게 만들었다. 그는 사람들에게 낭만적 거짓을 사용했다.

그는 자주성에 대한 환상을 심어주었다. 사람들은 자주성 때문에 욕망이 작용한다고 생각했기 때문이다. 모델은 숨겨졌을 때 가장 강력하게 작용한다. 누군가 어떤 일에 열정적이도록 만들고 싶다면 그들이 그 욕망이 자신의 것이라 믿게 만들어야 한다. 이후 며칠 만에 여성들은 미 전역 거리로 나와 자신의 '자유의 횃불'에 불을 붙였다. 다음 부활절까지 럭키 스트라이크의 매출은 3배나 증가했다.

전술 1 모델의 이름을 지어보기

감정이나 문제, 재능 등 어느 것이든 이름을 지어보면 그것을 더 잘 통제할 수 있게 된다. 모델도 마찬가지다. 회사에서 당신의 모델은 누구인가? 집에서는? 상품 구매, 진로, 정치에 영향을 주는 사람은 누구인가?

어떤 모델들은 이름을 짓기 쉽다. 이들은 일반적으로 우리가 '역할 모델'이라고 생각하는, 긍정적인 방법으로 모방하고 싶은 모범적인 사람들이나 집단이다. 우리는 그들을 인정하는 것이 부끄럽지 않다.

반면에 우리가 모델이라고 생각하지 않은 다른 것들도 있다. 피트니스 센터를 생각해보자. 개인 트레이너는 코치 그 이상이다. 그는 욕망의 모델이다. 그는 당신이 스스로 해야겠다는 생각이 아직 들지 않은 어떤 일을 하기 원한다. 직업적 역할을 넘어 욕망의 인플루언서로의 역할을 하는 사람을 보면서 중요한 변화가 일어난다. 이는 자녀의 선생님, 당신의 동료, 친구에게도 적용된다.

우리 세계 내부에서 온 사람들, 그리고 경쟁적이거나 건강하지 못한 행동을 모델링하는 사람들의 이름을 붙이는 것은 쉬운 일이 아니다. 우리가 인식하지 못한 채로 그들 주변을 맴돌기 때문에 그들은 우리가 원하는 것에 영향을 끼친다. 2장에서는 이렇게 잘 알려지지 않았지만 우리의 세계를 지배하는 모델에 대해 살펴볼 것이다. 그들을 식별하는 방법이 있다. 우리가 성공하기를 바라지 않는 사람이 누구인지 진지하게 생각해보는 것이다.

모방 게임에 사로잡힐 때

사람들은 모방된 욕망이 어떻게 작용하는지에 대한 암묵적 지식을 가지고 있기 때문에 이를 활용한 모방 게임을 즐긴다. 이 게임들이 연애, 비즈니스 등에서 어떻게 진행되는지 간략히 살펴보자.

연애

르네 지라르는 프랑스에서 대학을 다니던 20대 초반에 모방 욕망을 잠깐이나마 경험하게 됐다. 당시 사귀던 여자와 욕망의 롤러코스터를 탄 것이다. 여자가 그에게 결혼 이야기를 꺼내자 둘 사이의 관계에 전환점이 발생했다. 그는 욕망이 바로 사그라드는 것을 경험하고 재빨리 뒤로 물러났다. 그리고 그들은 각자의 길로 갔다.

그런데 얼마 후 지라르는 그녀에게 다시 돌아가고 싶었다. 지라르는 그녀에게 다시 구애했지만 여자는 그를 거절했다. 아마도 그때 다른 남자를 사귀기 시작한 것 같다. 여자가 거절할수록 지라르는 그녀를 더욱 원했다. 지라르는 "그녀가 내 욕망을 부정함으로써 욕망에 영향을 주었다"[17]고 말했다.

그를 원하지 않는 그녀의 모습이 지라르의 욕망에 불을 더 붙인 것 같았다. 게다가 다른 남자가 그녀에게 보낸 관심이 그에게 영향을 주었다. 그것은 여자의 호감을 모델링해서 그에게 보여줬다. 여자가 그를 떠날 때 그녀 역시 그것을 모델링하고 있었다. 지라르는 "그녀가 내게 있어 대상이자 중재자, 일종의 모델이라는 사실을 갑자기 깨달았다"라고 기억했다.

사람들은 제3자 또는 대상만 모델링하는 것이 아니라 그들 자신의 욕망을 모델링하기도 한다. 밀당은 사람을 미치게 만드는 검증된 방법이지만 그 이유를 묻는 사람은 거의 없다. 모방 욕망은 단서를 제공한다. 우리가 모델들에게 매료되는 이유는 모델들이 영향력은 물론 손이 닿지 않는 저 너머의 가치 있는 것들을 보여주기 때문이다.

표도르 도스토옙스키의 책《영원한 남편》에서는 모방 연애의 희극과 비극을 보여준다. 홀아비가 된 남자는 죽은 아내의 옛 애인, 즉 아내가 바람을 피운 상대를 찾는다. 잠재의식 속에서 이 남자를 낭만적이고 성적으로 우월한 상대로 보기 때문이다. 이 홀아비는 결혼하고 싶은 여자를 만났지만 아내의 전 애인 역시 그녀를 원한다는 확신 없이는 그렇게 할 수 없다. 그는 자신을 아내의 전 애인과 끊임없이 비교하며 괴롭힌다. 아마도 자신의 연애 생활에 미치는 전 애인의 영향력을 깨닫지 못하는 한 그는 계속해서 경쟁자의 발밑에서 자신을 고문할 것이다.

《영원한 남편》은 모방이 관계에 미치는 영향에 대한 극단적인 예로, 보통 그렇게 확실하지는 않다. 누군가를 만난 지 얼마 안 돼서 사랑에 빠졌지만 그 관계에 자신이 없는 남자가 있다고 가정해보자. 그가 가장 먼저 하는 일은 친구들에게 여자친구를 소개하는 것이다. 친구들의 인정이 절실하게 필요하기 때문이다. 적어도 그들 중 한 명은 자신의 여자친구를 원한다는 암시를 찾는다. 만약 아무도 관심을 보이지 않으면 자신이 옳은 선택을 했는지 의심하기 시작한다. 그는 소설 속 남편처럼 그의 모델들로부터 자신의 선택에 대한 확인을 받고 싶어 한다.

아니면 인스타그램 피드에 한 여고생의 사진이 올라왔다고 해보자. 그녀는 초밥집에서 남자친구 옆에 앉아 환하게 웃고 있다. 바로 몇 주 전에 그녀와 헤어진 전 남자친구는 자신의 결정에 자신만만해했고, 그녀는 그 이후로 그의 소식을 듣지 못했다. 이제 전 남자친구는 그녀에게 사랑을 고백하며 문자를 보낸다. 그녀는 그에게 "넌 네가 뭘 원하는지 몰라"라고 말한다. 그녀의 말이 옳았다. 그는 그 사진을 보기 전까지는 자신이 뭘 원하는지 몰랐다. 그녀는 그런 그에게 다른 남자, 그것도 그가 부러워하는 모든 특징을 다 가진 남자가 자신을 원한다는 사실을 보여주고 싶었던 것이다.

지라르의 친구이자 동료인 신경정신의학자 장 미셸 우구를리앙은 그를 찾아와 배우자가 더 이상 자신에게 관심이 없는 것 같다고 불평하는 사람들에게 충격적인 방법을 알려줬다. 그것은 배우자의 경쟁심을 불태우게 할 누군가를 찾으라는 것이었다. 다른 누군가가 배우자의 시간을 두고 자신과 경쟁하고 있을지 모른다는 작은 의심도 욕망을 자극하고 키우기에 충분할 수 있다(나는 누군가 의도적으로 배우자를 질투하게 만들라고 제안하는 것이 아니다. 물론 많은 사람들이 이미, 상당히 자연스럽게 사용하는 전술처럼 보이지만 말이다). 연애는 모방 욕망이 움직이는 방식과 같기 때문에 롤러코스터처럼 느껴질 수 있다.

위험한 비즈니스

와튼 스쿨의 애덤 그랜트Adam Grant 교수는 저서 《기브 앤 테이크》에서 잘나가는 사업가 대니 셰이더의 이야기를 들려준다. 대니 셰이더는 창업한 두 군데의 회사를 모두 성공적으로 이끌었으며, 다음 벤처 회사를 설립하기 위해 자금을 모으고 있었다.

딸의 축구 경기를 보기 위해 실리콘밸리를 찾은 셰이더는 그곳에서 유명한 벤처캐피탈리스트인 데이비드 호닉을 우연히 만나 자신의 사업 계획을 들려주었고, 며칠 뒤에는 호닉의 사무실에 가서 그에게 사업 아이디어를 제안했다. 호닉은 잠재력 있는 회사임을 바로 알아차렸고 일주일 만에 셰이더에게 투자 제안서를 건넸다.

대부분의 벤처캐피탈리스트들은 창업자가 자신과의 거래를 수락하도록 최대한 압박하기 위해 일정 시간이 지나면 만료되는 익스플로딩 오퍼exploding offer를 내놓는다. 반면 창업자들은 벤처캐피탈리스트들끼리 입찰 경쟁을 시키기 위해 가능한 한 모든 투자 제안서를 받아 고르는 것을 좋아한다. 하지만 호닉은 다른 벤처캐피탈리스트들과 달랐다. 그는 제안에 제한을 두지 않았다. 또한 셰이더에게 투자자로서 명망 있는 40명의 추천 명단을 제공하기도 했다. 호닉은 셰이더가 단순히 투자 때문이 아니라 최고의 파트너로 자신을 선택하길 원했다.

반면에 셰이더는 모방 가치 게임에 사로잡혀 있었다. 다른 투자자들은 여러 요구 조건으로 그렇지 않았던 바로 그 투자자보다 그의 마음에 더 큰 가치를 부여했다. 몇 주가 지나고 셰이더는 호닉에게 전화를 걸어서 "내 가슴은 당신과 함께 하길 원했지만 머리는 그들과 가길 원했다"고 말했다.[18]

호닉은 다른 벤처캐피탈리스트들이 좋아하는 게임을 하지 않았다. 그는 마치 미인대회식의 행위를 통해 자신에게 부여된 가치가 아니라 그가 제공할 수 있는 진짜 가치를 인정해주는 창업자와 일하고 싶었다.

셰이더와 호닉의 이야기는 모방 평가를 하지 않도록 경계심을 심어준다. 바로 중요성의 역설이다. 때때로 우리 삶에서 가장 중요한 것들은 선물처럼 쉽게 다가온다. 돌아보면 별로 중요하지 않은 수많은 것들이 우리가 가장 열심히 구하고자 했던 것들이다.

주식 시장을 움직이는 심리

2020년 2월 3~4일 사이에 전기차 회사인 테슬라의 주가가 포물선을 그리며 50퍼센트 이상 급등했다. 테슬라는 4개월 동안 주가가 이미 2배나 치솟은 상태였다. 이제 막 IPO를 한 회사였다면 그러한 가격 변동이 그렇게 이례적으로 다가오진 않았을 것이다. 하지만 테슬라는 상장한 지 거의 10년이 되어가는 회사였다. 과연 어떤 뉴스가 주가를 움직인 것일까?

특별한 건 없었다. 테슬라는 3, 4분기에 실적 예상치를 초과 달성했고, 중국 공장에서도 좋은 소식이 들렸다. 그러나 무엇이 그렇게 거센 돌풍을 일으키고 있는지는 알 수 없었다.

2019년 10월 전까지만 해도 테슬라는 벼랑 끝에 선 것처럼 보였다. CEO인 일론 머스크는 변덕스러운 행보로 시장을 혼란에 빠뜨렸다. 투자자들은 이 회사가 어떻게 12개월 사이에 35억 달러의 현금을 쏟아붓는데도 적자가 나지 않는지 그 이유를 궁금해했다. 테슬라는 2019년 상반기에 10억 달러의 손실을 보았다고 발표했다. 그리고 이후 주가가 갑자기 폭등했다.

전문 애널리스트들은 당황했다. 자동차 업계에서 경영진으로 일해 온 밥 루츠Bob Lutz는 BBC 비즈니스 데일리 팟캐스트에서 "세계 최고의 투자가라고 불리는 골드만 삭스 사람들과 이야기했는데, 그들이 도리어 테슬라 주가에 도대체 무슨 일이 일어나고 있는지 내게 물었다"고 말했다. 아무도 주가의 움직임이 '현실'과 일치한다고 믿지 않았다.[19]

금융계의 낭만적 거짓의 한 가지 버전은 ('합리적 기대'라는 다른 가설과 밀접한 관련이 있는) '효율적 시장' 가설이다. 효율적 시장 이론은 자산 가격이 모든 이용 가능한 정보의 함수라고 믿는 것이다. 회사 소식, 투자자 기대, 시사적 이슈, 정치 뉴스, 그리고 기업의 가치 평가에 영향을 주는 모든 것이 주가에 완벽하게 반영된다고 가정한다. 새로운 정보가 이용되면서 가격은 시간의 함수로 변화한다. 그러나 정보보다 시장과 사람을 이해하는 것이 더 중요하다.

여러 통계에서 테슬라 주식 투자자들에게 정보 이상의 것이 주가를 이끌고 있다는 사실을 경고했음에 틀림없다. 랠리 이틀째인 2월 4일 당시 역사상 최대 규모인 550억 달러 이상의 테슬라 주식이 거래됐다. 같은 날 사람들이 "과연Should I"으로 구글 검색을 시작하면 "과연 테슬라 주식을 사야 할까?Should I buy Tesla stock?"로 질문이 자동 완성되었다.

많은 사람들은 다른 사람들이 테슬라를 사고 싶어 하는지를 구글로 검색한 후 자신이 테슬라를 살지 말지 결정하려고 한다. 내 생각에 이것은 단순한 정보가 아니라 바로 모방 욕망이다. 욕망은 통계의 함수가 아니라 타인의 욕망의 함수다. 증권시장 애널리스트가 '집단 정신병mass psychosis'이라고 부르는 것은 정신병과 거리가 멀다. 이것은 지라르가 50여 년 전에 발견한 모방 욕망 현상이다.

버블 발생과 버블 붕괴 상황 모두에서 모델은 증폭적으로 늘어난다. 욕망이 너무나 빠른 속도로 퍼져나가 이성적으로 대처하는 게 불가능해진다. 이때 좀 더 인간적인 다른 관점을 가져보는 것은 어떨까?

제이슨 츠바이크Jason Zweig는 〈월스트리트저널〉에서 이렇게 말했다. "순응은 회의론자가 예상하는 것보다 중력에 대응하는 힘이 훨씬 더 강하다. 버블은 합리적이지도 비합리적이지도 않다. 버블은 매우 인간적인 것으로 언제나 우리와 함께할 것이다."[20]

모방 욕망은 매우 인간적인 것으로 언제나 우리와 함께할 것이다. 이는 '저 밖에서' 기술적으로 조작하거나 삶을 무너뜨릴 수 있는 그런

것이 아니다. 그것은 우리 눈으로 직접 볼 수 있는 것보다 더 가까이에서 또 우리 안에서 시끄럽게 살아가고 있다.

아이들은 여름 캠프에 갔어
그리고는 대학으로 갔지
그들이 상자에 들어가고선
그들은 모두 똑같아져서 나왔어

_말비나 레이놀즈

chapter 2

우리가 따라 하는 모델들의 특징

현대인들은 무슨 일이 일어나고 있는지 알 길이 없기 때문에, 만약 안
내자가 없다면 광대하고 복잡한 세상에서 길을 잃게 될 것이다.

_르네 지라르

1973년 리드 칼리지의 신입생이었던 스티브 잡스는 같은 학교에 다
니는 로버트 프리들랜드Robert Friedland에게 구형 IBM 셀렉트릭 타자
기를 팔고자 했다. 이때는 개인용 컴퓨터가 도입되기 몇 년 전이었다.
잡스보다 네 살 위였던 프리들랜드는 강력한 환각제 LSD를 소지한
혐의로 보든 칼리지에서 퇴학을 당하고 징역 2년을 선고받았었다. 가
석방된 후 리드 칼리지에 입학한 그는 힌두교 구루를 만나기 위해 인
도로 떠날 계획이었다. 하지만 그전에 타자기가 필요했다.

스티브 잡스는 자신의 구매자, 프리들랜드에 대해 어떤 정보도 없
었다. 거래를 위해 그의 방문을 두드렸지만 아무런 반응이 없었다. 손

잡이를 돌려보니 문은 열려 있었다. 잡스는 수고를 덜기 위해 먼저 타자기를 전달하고 돈은 나중에 받기로 했다. 그러나 문을 열고 방으로 들어서자마자 그는 몹시 당황할 수밖에 없었다. 프리들랜드가 여자친구와 침대에서 섹스를 하고 있었기 때문이다. 잡스는 방에서 나가려고 했지만, 그는 자기 일이 끝날 때까지 앉아서 기다리라고 했다. 잡스는 그것이 매우 파격적이라고 생각했다.[1]

사회적으로 금기되는 것에 대해 아무렇지도 않아 하는 이 사람은 도대체 누구일까? 애플의 초기 멤버였던 대니얼 콧키Daniel Kottke는 나중에 프리들랜드가 잡스에게 미친 영향에 대해 언급했다. "프리들랜드는 변덕스럽고 자신감에 차 있었으며 다소 독단적이었는데, 잡스는 그 점에 감탄하며 그와 많은 시간을 보냈다."[2]

애플을 시작했을 당시 잡스는 기이한 행동으로 유명했다. 맨발로 사무실을 돌아다니고, 샤워를 거의 하지 않았으며, 변기에 발을 담그는 것을 즐겼다. 콧키는 다음과 같이 말했다. "스티브를 처음 만났을 때 그는 수줍음을 많이 타고 잘 나서지 않았지만 자존심이 강한 친구였다. 내 생각에 프리들랜드가 스티브에게 판매하는 법, 자신의 껍질을 깨고 나오는 법, 마음을 여는 법, 상황을 다스리는 법 등 많은 것을 가르쳐준 것 같다."

잡스는 깨닫지 못했지만 그가 프리들랜드 방에 들어서는 그 순간 프리들랜드는 잡스의 모델이 되었다. 잡스는 나중에 프리들랜드가 어떤 사람인지 간파했지만 어쨌든 그가 젊은 잡스에게 미쳤던 즉각적 영향은 지배적이었다. 그는 잡스에게 이상하거나 충격적인 행동이 사람들을 매료시킨다고 가르쳤다. 사람들은 다른 규칙을 따르는 사람에게 끌린다.

잡스가 실제로 이런 행동을 하고 다니자 동료들은 그가 '현실 왜곡장reality distortion field'에 빠졌다고 표현했다. 잡스는 자신의 영향권 아래에 놓인 사람들을 모두 그의 뜻, 즉 그의 욕망에 따라 움직일 수 있는 것처럼 생각했다. 현실 왜곡장은 그와 가까운 사람이면 누구든 적용됐다. 잡스는 똑똑했지만 그렇기 때문에 매혹적인 존재가 된 것은 아니다. 계몽주의 철학자 임마누엘 칸트 역시 똑똑했지만 그의 삶은 너무나 평범하고 규칙적이어서 마을 사람들은 그가 산책하는 걸 보고 몇 시인지 알 정도였다. 잡스가 매력적이었던 이유는 그가 남다르길 원했기 때문이다.

우리는 종종 한 사람의 매력이 그가 말하는 태도, 지능, 끈기, 재치 또는 자신감 등 어떤 객관적 자질에서 온다고 생각한다. 물론 그러한 것들이 도움이 되긴 하지만 그보다 더 중요한 것이 있다. 우리는 일반적으로 욕망, 현실 또는 인식과 남다른 관계를 맺고 있는 사람들에게 매료된다. 다른 사람들이 무엇을 원하는지 신경 쓰지 않는 것처럼 보이거나 같은 것을 원하지 않는 사람들을 보면 딴 세상에 살고 있는 것처럼 보인다. 그들은 미메시스, 그리고 반미메시스에 영향을 받지 않는 것처럼 보인다.

두 가지 모델

아무도 자신이 모방하고 있다고 생각하지 않는다. 사람들은 독창성과 혁신을 높이 사며, 이단아에게 매력을 느낀다. 그러나 누구나, 심지어 스티브 잡스조차도 숨겨진 모델을 갖고 있다.

이번 장에서는 다양한 방식으로 우리에게 영향을 주는 두 가지 모델을 살펴보겠다. 하나는 우리 주변 세상 밖에 있는 모델이고, 다른 하나는 그 안에 있는 모델이다. 로버트 프리들랜드는 어떤 세계에 속했을까? 이번 장을 다 읽으면 그 답을 내리는 것이 결코 쉽지 않음을 알게 될 것이다.

모방과 우리 인간의 관계에는 뭔가 이상한 점이 있다. 아리스토텔레스는 약 2500년 전에 인간이 새로운 것을 창조할 수 있는 고급 모방 능력을 가지고 있음을 인식했다. 우리에게 복잡한 모방 능력이 있기 때문에 언어, 레시피, 음악을 소유하게 된 것이다.[3]

그렇다면 보통 사람들은 모방을 보면 왜 눈살을 찌푸리는 것일까? 왜 인간의 가장 큰 강점 중 하나인 모방이 부정적인 것으로 비춰지는 것일까? 물론 부모들은 자녀들에게 롤 모델을 제시하고, 대부분의 예술가들은 거장을 모방하는 일에 대해 긍정적이다. 그러나 모방은 다른 상황에서 완전히 금기시된다. 만약 두 친구가 사교 모임에 옷을 맞춰 입고 나타난다면, 선물을 받은 사람이 항상 같은 선물로 답례를 한다면, 누군가 동료의 억양이나 버릇을 계속 따라 한다면 어떨까? 이런 행동들에 짜증이 나거나 이상하고 무례하다고 여길 것이다. 자신의 헤어스타일과 똑같은 친구가 있다면 좀 불편하지 않겠는가.

　조직에서 모방이 장려됨과 동시에 금기시되는 것 때문에 문제는 더욱 복잡해진다. 원하는 위치에 있는 누군가처럼 옷을 입고 싶지만 너무 똑같이 해서는 안 된다. 문화적 규범을 모방하되 당신 존재가 가려져서는 안 된다. 조직 내 핵심 리더들을 따르지만 아첨하는 것처럼 보여서는 안 된다.

　지금은 없어진 바이오회사 테라노스Theranos의 전 CEO인 엘리자베스 홈즈Elizabeth Holmes는 공공연하게 스티브 잡스를 따라 했다. 홈즈는 검은색 터틀넥을 입고 전 애플 디자이너들을 고용했다. 하지만 테라노스의 말단 직원이 검은 터틀넥을 입고 파란색 콘택트렌즈를 끼며 심지어 낮고 건조한 말투까지 흉내 냈다고 상상해보라. 어떤 일이 일어날까?

　이번 장은 이 책에서 가장 기술적인 파트로, 모방 이론의 핵심 의미를 이해하기 위한 토대를 마련하는 작업이 진행된다. 먼저 우리는 욕망이 우리와 사회적 거리가 먼 사람들(유명 인사, 가상의 인물, 역사적 인물, 회사 대표까지)과 가까운 사람들(동료, 친구, 소셜 미디어에서 만난 사람, 이웃, 모임에서 만난 사람들)에게 어떠한 영향을 받는지 살펴보겠다.

　지위상의 차이가 큰 첫 번째 상황에서 모델들은 이제부터 '셀레브리스탄Celebristan'이라고 부르는 곳에 살고 있다. 내 입장에서 셀레브리스탄에 거주하는 사람으로는 브래드 피트, 르브론 제임스, 킴 카다시안, 그리고 유니콘(10억 달러 가치를 지닌 스타트업) 창업자 등이다. 이 사람들은 다른 우주에 살고 있다고 생각하는 게 좋겠다. 그들의 욕망과 내 욕망이 맞닿을 가능성은 희박하다. 여기에는 서로를 갈라놓는 사회적 또는 실존적 장벽이 높게 세워져 있다.

이처럼 극명한 차이가 항상 분명하게 나타나는 것은 아니다. 애널리스트에게 투자은행 전무, 평신도에게 성직자, 코러스 가수에게 록 스타, 세미나 참석자에게 토니 로빈스는 셀레브리스탄에 사는 존재다. 셀레브리스탄은 우리의 사회적 영역 너머의 어딘가에서 우리의 욕망을 중재하거나 변화를 가져오는 모델들이 살고 있는 곳으로, 같은 배경 아래에 우리가 서로 경쟁할 가능성은 없다.

우리는 우리와 같은 것을 원하지 않는 사람들보다 원하는 사람들에게 더 위협감을 느낀다. 스스로에게 솔직하게 물어보라. 누구에게 더 질투를 느끼는가? 세계 최대 부자인 제프 베조스? 아니면 같은 사무실에서 당신과 함께 일하지만 당신보다 지위가 더 높고 연간 1만 달러를 더 버는 사람? 아마 후자일 것이다.

이러한 이유는 경쟁은 거리에 좌우되기 때문이다. 사람들이 시간, 공간, 돈이나 지위 등에서 우리와 충분한 거리를 두고 있을 때에는 동일한 기회를 놓고 그들과 진지하게 경쟁할 것처럼 보이지 않는다. 셀레브리스탄에 거주한 모델들은 위협적으로 느껴지지 않는다. 그들은 우리의 욕망을 자신들의 욕망으로 받아들일 만큼 우리를 신경 쓰지 않기 때문이다.

하지만 우리들 대부분이 살아가는 또 다른 세계가 있다. 그것을 '프레시매니스탄Freshmanistan'이라고 부르자. 이곳에서는 사람들이 밀접하게 접촉하면서 무언의 경쟁을 벌이는 것이 일상이다. 프레시매니스탄에 사는 모델들은 그들을 모방하는 사람들과 같은 사회적 공간을 차지하고 있다. 우리는 프레시매니스탄에 사는 다른 사람들의 말이나 행동 또는 욕구에 의해 쉽게 영향을 받는다. 고등학교 1학년 때 자리 싸움을 한 적이 있는가? 비슷한 상황에 있는 사람들과는 경쟁이 가능할 뿐만 아니라 그것이 규범이다. 또한 경쟁자들 사이의 유사성은 경쟁을 기이한 형태로 발전시킨다.

이번 장은 '모방이 어디에서 일어나느냐'에 따른 차이를 살펴볼 것이다. 사람들이 특정 모델의 영향을 받는 방식, 모델들이 현실을 왜곡하는 방법, 모방 욕망이 프레시매니스탄에서 위험한 이유 등을 살펴보겠다.

셀레브리스탄에 사는 모델

르네 지라르는 셀레브리스탄에 사는 모델을 '욕망의 외부 중재자'라고 부른다. 그들은 한 사람의 밀접한 세계 바깥에서 온 욕망에 영향을 준다. 모방자의 관점에서 이 모델들은 특별한 존재로 살아간다.

꿈꾸는 데이트 상대는 당신이 접촉할 수 없는 사회적 영역인 셀레브리스탄에서 살고 있다. 고등학교 졸업파티에 참석한 한 유명 여자 연예인이 다른 이들의 남자친구를 빼앗아 가지 않으리라는 사실을 모두가 알고 있다. '그들만의 리그'라는 말은 성취할 수 없는 세계를 암시한다.

셀레브리스탄에는 모델들과 그들의 모방자를 구분하는 장벽이 항상 세워져 있다.[4] 그들은 시간(사망했기 때문에), 공간(다른 나라에 살거나 소셜 미디어에 있지 않기 때문에) 또는 사회적 지위(억만장자, 록스타, 특권층)로 인해 우리와 구별된다. 요리사 줄리아 차일드Julia Child는 수많은 주부들의 모델이었고 에이브러햄 링컨Abraham Lincoln은 정치가들의 모델이다. 둘 다 사망했기 때문에 셀레브리스탄에 영원히 거주하게 됐다. 그들은 우리 세계로 들어와 경쟁자가 될 가능성이 없다. 이것은 우리에게 셀레브리스탄 모델의 중요한 특징을 말해준다. 즉, 갈등의 위협이 없기 때문에 보통 그들을 공공연하게 마음껏 모방할 수 있다.

1206년 부유한 이탈리아 상인 집안 출신의 한 젊은 남자가 마을 중앙 광장에서 입고 있던 좋은 옷을 벗어 아버지에게 넘겨주고 거리로 나섰다. 그는 그렇게 자신의 세습권을 포기했다. 그가 바로 아시시의 성 프란치스코로 그 후 800년 동안 수십만 명의 사람들이 그의 길을 따랐다. 그들은 청빈한 삶이라는 급진적 맹세를 했고, 프란치스코의 헌신을 모방했으며, 같은 스타일의 갈색 로브를 입었다. 이 글을 쓸 당시 전 세계에 약 3만 명의 프란치스코가 있었다. 그리고 2013년 부에노스아이레스의 전 추기경이었던 호르헤 마리오 베르골리오가 266대 교황이 되면서 교황명을 프란치스코로 선언했다. 이는 가난한 사람들을 위해 살아갔던 아시시의 성 프란치스코의 삶을 따르겠다는 하나의 신호였다.

성인들은 죽은 후에야 많은 사람들이 따르고자 선언하는 셀레브리스탄의 모델이 된다. 살아 있는 동안 공식적으로 성인의 반열에 오른 사람은 거의 없다. 프로 스포츠 명예의 전당에서도 비슷한 프로토콜이 적용된다. 경기를 뛰는 동안에는 명예의 전당에 입성할 수 없다. 은퇴하거나 사망했을 때에만 다른 실존적 공간에 들어갔기에 진정한 전설이 될 수 있다.

어떤 모델들은 셀레브리스탄 시민권의 가치를 높이기 위해 다른 전략을 쓰기도 한다. 그들은 우리의 호기심을 자아내기 위해 자신의 신분을 확실히 숨긴다. 뱅크시, 제롬 데이비드 샐린저, 스탠리 큐브릭, 엘레나 페란테, 테렌스 맬릭, 다프트 펑크 등은 모두 다른 평면에 존재하는 것처럼 보이게끔 자신들을 숨겼다.

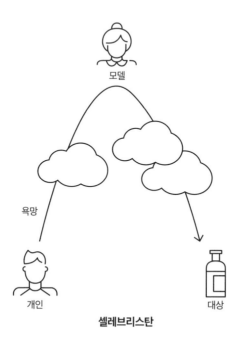

셀레브리스탄

비트코인 창시자로 알려진 사토시 나카모토는 자신의 정체를 숨기는 것으로 유명한데, 그는 이러한 익명성을 통해 자신의 모방 가치를 셀레브리스타의 상위까지 끌어올렸다. 그는 아무도 자신과 경쟁할 수 없는 상태를 만들었다. 토비아스 후버와 번 호바트는 이렇게 말했다. "당신이 사토시가 될 수는 없지만 그보다 더 카리스마 넘칠 수 있다. 그보다 편집증이 더 심할 수도 있고, 진취적인 사고를 할 수도 있다. 왜냐하면 아직 그를 만났다고 확신할 수 있는 사람이 아무도 없기 때문이다."[5]

기업의 계층구조는 일부 사람들이 동일한 역할과 포상을 위해 다른 이들과 경쟁하는 것을 사실상 불가능하게 만들었다. 위계질서가 강한 회사의 경우 콜센터 직원의 관점에서 경영진은 다른 행성에 사는 사람들이다. 그는 그들을 만날 일이 없다. 그들은 자신과 고객서비스 상담직 자리를 놓고 경쟁할 대상이 되지 않는다.

CEO와 직원, 교사와 학생, 프로와 아마추어 등에서도 마찬가지다. 셀레브리스탄에 사는 사람들은 모방자와 경쟁하지 않는다. 그들은 모방자가 존재하는지조차 모를 수 있다. 그 결과 비교적 평화로운 곳이 된다. 그러나 프레시매니스탄에서는 두 사람 사이에 언제든지 치열한 경쟁이 벌어질 수 있다.

프레시매니스탄에 사는 모델

프레시매니스탄은 우리 세계 내부에서 욕망을 매개하는 모델들의 세계로, 지라르는 이것을 '욕망의 내부 매개자'라고 불렀다. 이곳에는 동일한 것을 놓고 서로 경쟁하는 것을 막을 장벽이 없다.

셰익스피어의 희극 〈베로나의 두 신사〉는 이 세상에서의 욕망이 얼마나 쉽게 얽힐 수 있는지 보여준다. 프로테우스는 어릴 적부터 친구였던 발렌타인과 밀라노에서 재회하는데 발렌타인은 프로테우스에게 자신이 요즘 관심을 갖는 여성, 실비아에 대해 이야기를 늘어놓았다. 프로테우스도 친구의 찬사를 계속 듣다 보니 어느새 실비아에게 빠져들고 말았다. 바로 전날 줄리아에게 영원한 사랑을 맹세한 그가 이젠 실비아를 원하게 된 것이다.

셰익스피어는 희극에서 모방 욕망을 종종 그려냈는데, 이렇게 하면 사람들의 흥미를 더 쉽게 자아낼 수 있었다. 사람들은 자신들의 모방에 대해서는 생각하지 않은 채 다른 사람들의 우스꽝스러운 행동을

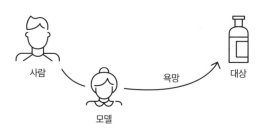

프레시매니스탄

비웃었다.

　모방 욕망은 수많은 우정을 이어주는 윤활제이자 한편으론 골칫거리로 작용한다. 일반적인 사례를 들어보자. 한 친구가 다른 친구에게 제빵에 대해 알려줬다. 두 친구 모두 제빵사가 되겠다는 욕망을 공유했고, 이는 그들이 더 많은 시간을 제빵에 할애하도록 이끌었다. 하지만 우정이 모방 경쟁으로 바뀌면 그들은 관계, 직업적 성공, 적합성 등으로 확장되는 줄다리기식 무한 경쟁으로 치닫게 된다. 차별화를 시도하면서 그들을 끌어당긴 동일한 힘인 모방 욕망이 이제는 그들을 갈라놓게 되었다.

　고등학교 신입생 때를 기억해보자. 각기 다른 배경의 사람들이 같은 건물, 같은 복도, 같은 교실로 몰려든다. 그곳에는 모범생들과 운

셀레브리스탄 (외부 중재자)	프레시매니스탄 (내부 중재자)
시간이나 공간 또는 사회적 지위에서 거리가 있는 모델	동시간대나 같은 공간을 살아가거나 또는 사회적 지위가 유사한 모델
다름	유사함
모델을 식별하기 쉬움	모델을 식별하기 어려움
공공연하게 모방함	비밀리에 모방함
승인된 모델	인식하지 못한 모델
상대적으로 안정적이며 고정된 모델	불안정하며 지속적으로 변화하는 모델
모델과 모방자 사이의 갈등이 빚어질 가능성이 없음	모델과 모방자 사이에 보편적으로 갈등이 빚어짐
긍정적 미메시스가 가능함	부정적 미메시스가 규범이 됨

동선수, 가수 지망생 등이 한 공간에 앉아 있다. 이때 모범생 집단에게 운동선수들은 마치 다른 세상에 존재하는 것처럼 보이지 않을까? 하지만 실제로 다른 점보다 유사한 점이 훨씬 더 많다. 무엇보다 그들은 나이가 같다. 모두가 신체 호르몬이 왕성하게 분비되는 청소년기 시절을 보내고 있다. 그들은 같은 수업을 듣고 같은 식당에서 점심을 먹는다. 그들은 누구라도 학교에서 서로 만날 수 있다. 반면에 그들은 모두 다른 사람들을 흉내 내고 있지만 그것을 알아차린 사람은 아무도 없다. 각자가 다른 사람을 상대로 끊임없이 정체성을 찾으려고 노력할 때 무언의 차별화 전쟁이 발생한다.

세 가지 현실 왜곡

신입생은 혼란과 불안감으로 가득 차 있다. 프레시매니스탄의 삶 역시 그렇다. 현실은 다양한 방식으로 왜곡되어 있는데, 몇 가지 예를 들어 살펴보자.

왜곡 1 : 경이로움의 남용

사람들은 프레시매니스탄이든 셀레브리스탄이든 모델들의 자질을 끊임없이 과장한다. 모델이 셀레브리스탄 출신일 때 사람들은 대놓고 그를 처다보며 선망한다. 가장 대표적인 예로 연예인 사인을 받으려는 사람들을 들 수 있다. 그보다 좀 덜 노골적인 사례는 교수가 다른 대학

학과장을 공공연하게 존경하는 방식이다. 그러나 학과장 교수가 같은 대학 같은 학과로 옮겨오는 순간 역학관계는 바로 달라진다. 그들은 이제 같은 세계에서 같은 것을 놓고 경쟁해야 하는 것이다.

반면에 프레시매니스탄에서 사람들은 모델들과 한 공간에 머무르기 때문에 그들을 보며 남몰래 조용히 경탄해야만 한다. 사람들은 이웃, 동료 혹은 친구를 닮아가고 싶다는 당혹스러운 진실을 결코 인정할 수 없다. 프레시매니스탄에는 묵계가 있다. 스티브 잡스는 로버트 프리들랜드라는 마법에 걸렸다. 잡스는 어떤 면에서 프리들랜드를 더 닮아가고 싶었다.

지라르는 이를 특별한 것이 아니라 새로운 삶의 방식이나 형이상학적 욕망metaphysical desire을 위한 노력이라고 칭했다.[6] 그리스어로 메타meta는 '~후에'를 의미한다. 아리스토텔레스는 물질계에 대한 배움을 마친 이후, "이제 어떡하지?"라고 물었다고 한다. 그는 나중에 형이상학metaphysics이라고 불렀던, 즉 문자 그대로 '물질계 이후'에 대한 학문에 전념했다.

지라르는 모든 진정한 욕망, 즉 본능 이후의 욕망은 다 형이상학적인 것으로 생각했다. 사람들은 항상 물질계 이상의 무언가를 찾고 있다. 만약 누군가가 핸드백에 대한 욕망을 매개하는 어떤 모델의 영향을 받는다면 그들이 추구하는 것은 핸드백이 아니다. 그들은 상상 속 새로운 존재가 무언가를 가져올 것으로 기대한다. 지라르는 말한다. "욕망은 이 세계의 것이 아니다… 그것은 누군가 욕망하는 다른 세계로 침투하기 위한 것이며, 급진적인 이국적 존재가 되기 위한 것이다."[7]

욕망의 형이상학적 성격은 우리가 타인을 보는 시각을 이상하게 왜곡시킨다. 지라르는 비극적인 거식증과 폭식증의 사례에서 이런 일이 일어난다고 했다. 이상적인 신체 조건을 지닌 모델처럼 되고 싶은 욕망이 기본적 섭식에 대한 욕구보다 강한 것이다. 이는 분명 심리적 질병이지만 지라르는 병인학에서 모방 욕망의 역할을 제대로 설명하지 못하고 있다고 여겼다. 그는 이것이 신체적 욕구를 압도하는 형이상학적 욕망의 사례라고 주장한다.[8]

우리는 각자 자신만의 방식으로 이 문제를 겪고 있다. 우리 모두는 어떤 면에서 비물질적 굶주림과 형이상학적 욕망을 충족시킬 수 있는 모델을 찾는 거식증을 앓고 있는 것이다.

고양이 숭배

욕망으로 고통받지 않는 것처럼 보이는 사람이 있다면 우리는 그를 모델로 삼을 가능성이 높다. 고양이를 생각해보자. 그들의 매력은 어디서 나오는 것일까? 이집트인들은 왜 고양이를 숭배했을까?

그 이유는 복잡하지만 모방 이론에서 힌트를 발견할 수 있다. 고양이는 우리처럼 궁핍해 보이지 않는다. 그들은 우리가 하는 것처럼 무언가를 원하지 않는다. 이집트인들은 욕망이 없는 것처럼 보이는 고양이의 태도를 여러 신들과 연결시켰을지 모른다. 신보다 더 부유한 자가 누구겠는가?

물론 어떤 고양이는 먹이를 줄 때까지 야옹거리기도 한다. 어떤 고양이들은 계속 사람 품을 파고들기도 한다. 그러나 고양이는 변덕스럽다. 그들은 당신의 의견에 관심이 없어 보인다. 스티브 잡스가 다른 사람들은 신경 쓰지 않은 채 자신의 발을 변기에 담그곤 한 것처럼 말이다.

내가 우리 집 소파를 물어뜯어 놓은 저먼 셰퍼드에게 야단을 치면 강아지는 눈을 내리깔고 슬그머니 저쪽으로 몸을 피한다. 반대로 내가 외출했을 때 소파를 찢어 놓은 고양이에게 소리를 지르면 그 녀석은 오히려 내 얼굴에 엉덩이를 들이민 후 살랑살랑 방을 빠져나간다. 가까이 오게 하려고 별짓을 다 해도 고양이는 앉아서 자기 발만 핥을 뿐이다.

그러니 전 하버드대 심리학과 조던 피터슨Jordan Peterson 교수가 충고했듯이 길에서 고양이를 만나면 쓰다듬으려고 하지 말라. 오히려 마주쳤을 때 고양이가 사람의 손길을 바라게 만들어라. 그러면 당신은 정말 특별한 경험을 맛보게 될 것이다.

왜곡 2 : 전문가 숭배

100년 전에는 박사 학위를 가진 사람과 그렇지 않은 사람들 사이에 엄청난 지식의 격차를 보였다. 하지만 오늘날에는 누구나 쉽게 정보를 이용할 수 있기 때문에 교육을 많이 받은 사람과 그렇지 않은 사람들 사이의 지식 격차가 좁혀졌다. 또한 어떤 경우에는 박사 학위나 MBA가 취업의 문을 좁히는 역할을 하기도 한다. 가치의 반전이 목격되고 있다.

피터 틸은 대학에 진학하는 대신 사업을 시작한 유망한 기업가들에게 자금을 대주는 '틸 펠로십Thiel Fellowship'을 2011년에 설립했다. 틸은 모방 욕망을 활용하여 이 기관을 매력적으로 돋보이게 했는데, 펠로십에 들어가는 것이 하버드대에 입학하는 것보다 더 어렵게 만든 것이다(첫해 틸 펠로십 합격률은 약 4퍼센트였고, 이듬해부터는 1퍼센트대로 떨어졌다). 틸 펠로십의 후원을 받은 중퇴자 중에는 오픈소스 블록체인 이더리움의 공동 창시자인 비탈릭 부테린Vitalik Buterin이나 태양광 패널이 태양을 따라가는 기술을 발명한 이든 풀Eden Full 같은 똑똑하고 야심 찬 청소년들이 있었다. 이런 기업가들은 많은 젊은이들에게 하버드 졸업생보다 더 중요한 모델이 되었다. 그들은 다른 삶의 길을 걷는 모델이 된 것이다.

오늘날 가치는 대부분 (대학 학위처럼) 고정되고 안정적인 지점보다 누군가를 따르는 데에 집중된다. 군중들 속에서 존재감을 드러낼 수 있는 사람이면 누구든지 그 기회를 누릴 수 있다. 그것에는 긍정적, 그리고 부정적 결과가 따른다.

사람들은 오늘날과 같은 '액체 근대liquid modernity' 속에서 무언가 붙잡을 만한 것을 찾느라 필사적이다. 액체 근대는 사회학자이자 철학자인 지그문트 바우만의 표현으로 추종하기로 문화적으로 합의된 모델이나 참조할 만한 기준이 없는 혼란스러운 역사적 시기를 뜻한다. 앞이 하나도 보이지 않을 정도로 폭우가 몰아치는 바다로 우리를 몰아넣는 시기다.

동시에 세계는 갈수록 복잡해지고 있다. 세계 금융 시스템을 생각해보라. 한 사람이 사용 가능한 전체 지식의 비율은 극히 미미하다. 그래서 우리는 헤지펀드 매니저인 레이 달리오Ray Dalio 같은 모델에게 그 어느 때보다 더 많이 의존한다.

지라르는 자신의 책《지하에서의 부활: 표도르 도스토옙스키Resurrection from the Underground:Feodor Dostoevsky》에서 다음과 같이 말했다. "현대인들은 무슨 일이 일어나고 있는지 알 길이 없기 때문에, 만약 안내자가 없다면 광대하고 복잡한 세상에서 길을 잃게 될 것이다. 물론 더 이상 성직자나 철학자에게 의존하지 않지만, 사실 그 어느 때보다 사람들에게 의존해야 한다." 그렇다면 그 사람들은 누구를 말하는 것일까? 지라르는 이어 말한다. "그들은 수없이 많은 분야에서 우리보다 더 유능한 전문가다."

전문가는 욕망을 중재하는 데 도움을 주고 또 무엇이 추구할 만한 가치인지 아닌지를 말해주는 사람들이다. 팀 페리스는 금요일마다 '파이브 불렛 프라이데이5-Bullet Friday'라는 이메일을 보내 수백만 명의 사람들에게 읽을 만한 책, 볼만한 영화, 써볼 만한 앱을 소개해준다. 그는 전문가다. 심지어 그는 전문가를 따라 하는 법을 다른 사람들에게 가르쳐준다. 그는 이렇게 말한다. "신뢰도 지표를 이해한다면 4주 내 전문가의 위치에 다다를 수 있다."

케이티 팔라Katie Parla는 로마 레스토랑에 대해 알기 원하는 사람들을 위한 전문가다. 곤도 마리에는 정리정돈 전문가다. '닌자'로 더 잘 알려진 리차드 블레빈스Richard Blevins는 비디오 게임 전문가로 한 번에 65만 명 이상이 그 게임을 시청한다.⁹

'유명하기 때문에 유명한 것'으로 알려진 패리스 힐튼과 카다시안 부부처럼, 전문가 자리에 있어 전문가인 사람들로 케이블 뉴스 프로그램 빈자리를 꿰차는 이들이 있다. 배우이자 작가인 댁스 셰파드Dax Shepard는 인기 팟캐스트인 '방구석 전문가Armchair Expert'에서 다양한 분야의 초대 손님을 전문 지식이 없는 사람의 입장에서 인터뷰하는데, 마치 그 개념을 웃음거리로 삼는 것처럼 보인다. 매회가 끝날 때마다 공동 진행자인 모니카 패드만Monica Padman은 셰파드가 인터뷰 중에 했던 주장에 대해 '사실 확인'을 한다. 물론 전문가들만이 그 사실을 알고 있다.

지라르는 말한다. "현대 세계는 전문가의 것이다. 그들만이 무엇을 해야 할지 알고 있다. 모든 것은 알맞은 전문가를 선택하는 것으로 귀결된다."¹⁰ 내 친구가 세계적 사안, 도시주의, 문화, 그리고 디자인에 대해 나보다 더 잘 알고 있다면 그가 〈모노클Monocle〉을 구독하기 때문이다. 어떤 사람이 우리 삶에 있어 기술의 역할에 대해 더 나은 통찰력을 갖고 있다면 그것은 그가 관련 팟캐스트를 듣기 때문이다.

새로운 모델에 대한 수요가 너무 많기 때문에 서바이벌 프로그램 〈샤크탱크Shark Tank〉에서처럼 시장이 아닌 전문가들이 비즈니스 가치를 결정하는 방식으로 욕망의 중재자들을 참여시킨다.

우리는 자신이 그 어느 때보다 합리적이라고 생각하고, 또 이는 많은 면에서 사실이다. 그러나 우리는 전문가를 선택하는 방식에서 미메시스가 하는 강력한 역할을 과소평가한다.

당신이 어떠한 사람이 말하는 내용을 권위 있는 출처로 간주하는 근거는 무엇인가? 그 사람의 모든 자격을 확인하였기 때문인가? 〈뉴요커〉의 피터 캔비Peter Canby 팀이 사실 확인을 했기 때문일까? 아니면 그가 소셜 미디어에서 팔로우가 가장 많고 또 그의 이름 옆에 '인증Verified' 배지가 붙었기 때문인가? 권위는 우리가 믿고 싶은 것보다 더 모방적이다. 전문가가 되는 가장 빠른 방법은 몇몇 적당한 사람을 설득해 당신을 전문가라고 부르게 하는 것이다.

과거의 성인聖人 숭배는 이제 전문가 숭배로 자리 잡았다. 그렇다고 우리가 원하는 것을 알아내기 위해 모델에 의존하는 일을 그만두어야 한다는 의미는 아니다. 계몽주의 시대 이후에는 가장 많이 깨우친 사람, 즉 전문가를 모델로 선호할 때가 많다는 뜻이다.

모델은 영지주의를 연상시키는 비밀스러운 지혜를 약속한다. 영지주의는 '빛의 메신저'가 제공하는 인지적 진화를 통해 전반적인 무지에서 구원받을 수 있다는 신념을 갖고 있었다. (레귤러 커피를 마시는가? 그렇다면 당신은 데이브 아스프리Dave Asprey의 책을 읽지 않은 게 틀림없다. 아스프리는 당신이 마시는 원두가 마이코톡신을 생산하는 곰팡이로 덮여 있음을 알았다. 그러니 당신은 이것을 모르고 커피를 마시는 무지몽매한 족속에서 벗어나기 위해 방탄 커피를 사야 한다.) 모든 사람을 위한 모델도 있다. 그는 행복해지기 위한 조건, 또 자신이 비범한 사람임을 증명할 구체적 내용을 전달하고자 한다. 하지만 스스로를 이러한 전문가라고 자처하는 모델은 사기꾼이다.

그러니 누군가의 권위 뒤에 겹겹이 쌓인 모방의 층을 벗겨내고 처음에 그 지식의 원천을 어떻게 선택하게 됐는지 진지하게 생각해보는 시간이 필요하다. 우리가 좋아하는 전문가에게 가는 길은 모방의 영향력으로 포장되어 있다는 사실을 발견할 수 있다.

전술 2 가짜 전문가를 조심하라

전문가들은 우리 사회에서 갈수록 중요한 역할을 담당하고 있다. 그렇다면 이 전문가들은 어떻게 되는 것일까? 학위? 팟캐스트? 패션처럼 모방을 통해 전문가의 관을 쓰게 된 사람이 늘고 있다.

문화적 가치 더 나아가 과학 자체의 가치(기후 변화에 관한 논쟁을 생각해보라)에 대한 합의가 점점 더 줄어들었기 때문에 사람들은 주로 모방 검증mimetic validation의 산물인 전문 지식을 지닌 '전문가'를 찾고 있다. 따라서 미메시스 가능성이 낮거나 벗어난 지식의 출처를 찾는 일이 중요하다.

시간의 검증을 거친 전문가를 찾아라. 자칭, 타칭 전문가라 주장하는 사람들을 경계하라. 연구 결과를 보여줘야 하는 자연 과학(물리학, 수학, 화학)에서 전문가가 모방적으로 선택될 가능성은 적다. 그러나 단지 책 한 권을 출간했다는 이유만으로 하룻밤 사이에 '생산성' 전문가가 되는 일이 벌어지고 있다.

핵심은 얼마나 많은 사람이 그것을 믿고 싶어 하는지에 상관없이 우리가 무엇이 진실인지 알 수 있도록 지식의 원천을 조심스럽게 큐레이션하는 데에 달려 있다.

왜곡 3 : 재귀성

억만장자 투자가인 조지 소로스George Soros는 금융 시장이 재귀성 원리에 따라 운영된다고 주장한다. 소로스는 저서 《금융의 연금술The Alchemy of Finance》에서 "사고하는 참여자가 있는 가운데 참여자의 사고와 그들이 행동하는 상황 간에 쌍방향 상호작용이 이뤄진다"라고 말했다. 시장에서의 재귀성은 부분적으로 시장 붕괴와 거품을 초래한다. 투자자는 붕괴가 있을 수 있음을 인지했기 때문에 붕괴를 촉발시키는 방식으로 행동한다는 것이다.

이 원리를 이해한 소로스가 하루에 10억 달러 이상을 벌어들였다는 소문이 있다. 영국 정부가 파운드의 가치를 유지시키기 위해 엄청난 돈을 지출하던 1992년, 소로스는 그런 방식으로 파운드를 안정화할 수 없다는 데에 100억 달러를 걸었다. 소로스가 돈을 걸자 투자자들은 스마트머니가 영국 정부에 불리하게 움직인다는 신호로 받아들였고, 결국 파운드화의 추가적 약세 압박이 거세게 가해졌다. 결국 영국 정부는 굴복할 수밖에 없었고, 파운드화가 달러화에 대해 25퍼센트 평가 절하되어 소로스는 하루 만에 엄청난 수익을 올렸다.

소로스는 금융 시장에서의 재귀성 원리에 초점을 맞추고 있지만 그것은 삶의 다른 많은 영역에서도 작동한다. 사람들은 다른 사람들이 무슨 말을 하기도 전에 그들이 어떻게 생각할지에 대해 걱정한다. 그것은 그들이 말하는 것에 영향을 미친다. 다시 말해서 현실에 대한 인식이 우리가 달리 행동하도록 만듦으로써 현실이 달라지는 것이다. 이것은 자기 충족적 순환으로 이어진다.

이 원칙은 공공 및 개인 담론에 영향을 미친다. 독일의 정치학자 엘리자베스 노엘레 노이만Elisabeth Noelle-Neumann은 1974년 '침묵의 나선 이론spiral of silence'이라는 신조어를 만들어냈다. 이는 오늘날 자주 나타나는 현상으로, 자유롭게 발언하는 사람들의 의지는 그들의 의견이 얼마나 인기 있는지에 대한 무의식적인 인식에 달려 있다는 의미다. 자신의 의견이 다른 사람에게 공유되지 않는다고 믿는 사람들은 조용히 있을 가능성이 크다. 그들이 침묵함으로써 그들이 생각하는 것처럼 생각하는 사람이 없다는 느낌이 강해진다. 그 결과 고립감이 커지고 다수의 의견을 가진 사람들의 자신감은 인위적으로 증대된다.

작가 버지니아 울프는 옷도 재귀성을 지닌다고 말했다. "보잘것없어 보이는 옷들은 단순히 우리를 따뜻하게 해주는 것보다 더 중요한 지위를 가지고 있다. 그들은 세상을 보는 우리의 시각과 우리를 바라보는 세상의 시각을 바꾼다. 우리가 옷을 입는 것이 아니라 옷이 우리를 입고 있는 것이다. 즉, 우리의 팔이나 가슴의 형태대로 옷을 만드는 것이 아니라, 옷의 취향을 좇아 우리의 감정, 이성, 말이 형성된다."[11] 윈스턴 처칠은 "우리가 건물을 만든 다음에는 그것이 우리를 만든다"라고 건축물의 재귀성에 대해 언급했다.[12]

재귀성의 원리는 욕망의 영역에서 제대로 검증되지 않았다. 재귀성에 대한 소로스의 정의를 다음과 같이 재구성할 수 있다. 바람직한 참가자들이 서로 상호 작용하는 상황에서 참가자들 욕구 간의 쌍방향 상호작용이 이뤄진다. 그 상황은 마치 트램펄린 안에서 다른 사람이 바로 당신 옆에서 뛰고 있는 것과 마찬가지다. 트램펄린에서 다른 사람에게 영향을 주지 않고 홀로 점프할 수 있는 사람은 없다. 그러나 사람들은 주변 사람들에게 영향을 받은 것이 아니라 자신들이 자발적이고 합리적인 이유(낭만적 거짓)로 어떤 것을 원한다고 생각한다. 이 때문에 실제와 다르게 보이게 된다.

2003~2016년까지 투자자들은 앞서 언급한, 스티브 잡스를 따라 했던 엘리자베스 홈즈에게 7억 달러 이상을 투자했다. 그의 회사인 테라노스는 100억 달러 이상의 가치가 있는 것으로 평가됐다. 투자자금 덕분에 홈즈는 실리콘밸리에 으리으리한 본사를 짓고 유능한 전직 애플 직원들을 고용했으며 월그린스와 수익성 높은 계약을 성사시켜 홍보 자금을 마련했다. 이 모든 것들을 본 신규 투자자들은 앞다투어 투자금을 내놓았다.

욕망의 재귀성은 경쟁 관계에서 가장 두드러진다. 한 사람이 경쟁 모델이 원하는 것에 집중할 때 두 개인의 욕망은 재귀성을 띤다. 어느 쪽도 상대의 욕망에 영향을 끼치지 않은 상태에서 무언가를 바랄 수 없다. 프레시매니스탄에서 모방 경쟁은 두 사람 모두 안쪽 차선을 타

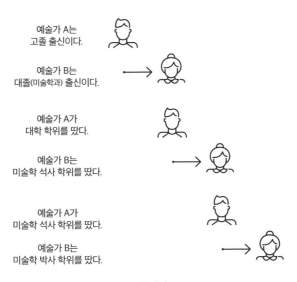

예술가 A는
고졸 출신이다.

예술가 B는
대졸(미술학과) 출신이다.

예술가 A가
대학 학위를 땄다.

예술가 B는
미술학 석사 학위를 땄다.

예술가 A가
미술학 석사 학위를 땄다.

예술가 B는
미술학 박사 학위를 땄다.

모방 경쟁

려고 경주하는 모습과 같다. 하지만 결국 아무도 앞서지 못하고 충돌하게 된다.

1990년대 미국 힙합의 이스트 코스트와 웨스트 코스트 간 경쟁은 경쟁 모방 욕망의 재귀성에 대한 대표적인 사례다.

1991년 브롱크스에서 무명의 래퍼 팀 독이 이지 이, 닥터 드레, 디제이 퀵, 아이스 큐브 등을 비롯한 웨스트 코스트 래퍼들을 공격하는 가사를 담은 앨범을 발매했다. 팀 독은 웨스트 코스트 음반사들이 이스트 코스트의 음악을 무시하는 데에 화가 났다. 노래 한 곡으로 그는 웨스트 코스트의 래퍼들을 도발해 모방 경쟁에 뛰어들게 만들었다.

1992년 말 웨스트 코스트 래퍼 닥터 드레가 데뷔 앨범인 〈더 크로

닉The Chronic)을 발표했는데, 이 앨범에서 웨스트 코스트의 떠오르는 신예 래퍼 스눕 독은 응징 차원에서 팀 독의 이름을 언급했다. 그러자 이스트 코스트도 같은 방식으로 대응했다. 1993년 숀 콤스는 자신이 새로 설립한 배드 보이 레코드에서 노토리어스 비아이지(비기 스몰스로 더 잘 알려짐)와 계약했다. 비기의 싱글 앨범 B면에 실린 노래 'Who Shot Ya?'를 들은 웨스트 코스트 젊은 래퍼 투팍 샤커는 가사의 내용을 자신을 조롱하는 것으로 해석했다. 당시 투팍은 음반사 데스 로와 계약한 상태였다.

갈등이 격화되면서 전쟁이 시작됐다. 1990년대 중반 몇 년 동안 배드 보이와 데스 로가 발표한 주요 곡들은 대부분 상대가 발표한 곡에 대한 반응처럼 보였다. 투팍과 비기 간의 모방 경쟁은 두 사람이 죽으면서 막을 내렸다.

모방이 과해지면 경쟁자들은 애초에 싸웠던 대상이 누구인지조차 잊어버린다. 대상은 언제든 전환될 수 있다. 상대가 원한다면 언제든 누구와도 경쟁이 이뤄질 수 있다. 그들은 상대의 욕망에 재귀적으로 얽매여 이러지도 저러지도 못할 딜레마에 빠지게 된다.

거울 모방

왜 힙스터들은 자신들을 하나로 인정하지 않는 것일까? 그 이유를 '거울 모방'에서 찾을 수 있다. 거울은 현실을 왜곡한다. 거울로 보면 오른손이 왼쪽에 있고 왼손이 오른쪽에 있다. 사물이 보이는 면이 뒤집어 나타나는 것이다. 이처럼 거울 모방은 경쟁자가 하는 것과 정반대의 행동을 하는 모방을 의미한다. 경쟁 모델이 하는 것과 다른 행동을 함으로써 경쟁자에게 재귀적인 반응을 일으키는 것이다.

모방 경쟁자들은 서로에게 집착하는 딜레마에 빠졌을 때 차별화를 위해 무슨 짓이든 한다. 경쟁자는 바라지 말아야 할 것의 모델이 된다. 힙스터에게 라이벌은 대중문화다. 그는 대중적인 것은 피하고 절충됐다고 생각된 것은 포용하지만 새로운 모델에 따라 그렇게 행동한다. 지라르는 이것을 "기존의 길에서 벗어나려는 노력은 모든 사람을 같은 도랑에 빠뜨린다"라고 설명한다.[13]

재귀적인 거울 모방은 이를 관람하는 사람들에겐 재미있는 일이다. 〈사인필드Seinfeld〉보다 더 모방 욕망을 잘 보여주는 TV 프로그램은 없다. '빅 샐러드' 편에서 제리 사인필드는 새 여자친구 마거릿에게 푹 빠졌다. 매력이라곤 없는 이웃 뉴먼이 그녀와 몇 번 만났다는 사실을 알기 전까지는 말이다. 특히 제리는 그 관계를 끝낸 사람이 뉴먼이라는 사실을 알고 크게 실망한다. 그는 마거릿에게서 전에 보지 못했던 단점을 찾기 시작한다. 제리가 불쾌하게 굴자 마거릿은 그와 헤어진다. 이는 제리에게 있어 실존적 위기를 안겨준다. 뉴먼이 마거릿과 헤어졌고 마거릿이 제리와 헤어졌기 때문에 뉴먼이 제리의 낭만적 우위를 점한 것처럼 보인다.

〈사인필드〉의 에피소드는 대부분 모방 이론이라는 주제를 바탕으로 전개된다. 이는 제리 사인필드가 의도했기 때문이 아니라 그가 모방 욕망에 대해 직관적으로 파악했기 때문이다. 모방 욕망은 인간관계 정수에 자리한 진실이다. 예술 작품이 실제 인간관계를 정확하게 반영할수록 더 많은 미메시스가 내포된다.

모방 경쟁은 당사자 둘 중 한쪽이 경쟁을 포기하지 않는 한 좋게 끝나는 경우가 없다. 그 이유를 이해하기 위해 경쟁의 우위를 점했다고 상상해보라. 이기는 행위는 역설적으로 패배를 가져온다. 그것은 우리가 처음부터 잘못된 모델을 선택했다는 신호를 보낸다. 그루초 막스Groucho Marx는 이를 두고 다음과 같이 말했다. "나는 나를 회원으로 받아줄 클럽에는 가입하고 싶지 않다."[14]

경쟁 관계에 있는 두 당사자 중 한쪽이 경쟁 관계를 포기하면 상대방의 욕망이 꺾이게 된다. 모방 경쟁의 경우 대상은 경쟁 상대가 그것을 원했을 때에만 가치를 지니게 된다. 만약 라이벌이 갑자기 무언가를 원하지 않는다면 우리 역시 그렇게 된다. 그리고 우리는 새로운 무언가를 찾아 나선다.

전술 3 건강하지 않은 모델 경계하기

당신이 따르는 사람들 중 건강하지 않은 욕망의 모델로 작용하는 사람들이 적어도 몇몇 있을 것이다. 지인이나 예전 직장 동료, 소셜 미디어에서 팔로우하는 사람 또는 몇 년째 알고 지낸 학교 친구일 수도 있다. 당신은 그들이 무슨 일을 하는지 알고 싶다. 그들이 하는 생각, 그들이 원하는 것을 신경 쓰게 된다.

그들이 당신에게 가하는 힘으로부터 거리를 둘 필요가 있다. 그들을 언팔로우하라. 그들에 대해 묻지 말라. 매일 그들의 일상을 확인해왔다면 일주일에 한 번 확인하는 것에서부터 시작하길 권한다.

내 친구는 샌프란시스코에 있는 스타트업 회사 창립 멤버였는데, 자신이 다른 뛰어난 동료와 지나치게 모방 관계를 맺고 있다는 사실을 알아차렸다. 당시 회사가 너무 빠르게 성장해 몇 달 동안은 매일 야근을 해야 했는데, 그 동료가 자신은 밤 10시에 퇴근할 것이라고 말하면 친구는 10시 30분까지 남아 다른 모든 사람들이 그 사실을 알게 할 정도였다. 얼마 지나지 않아 친구와 그 동료는 모두 회사에서 밤을 새우고 있었다. 해야 할 일 때문이 아니라 둘 다 그 전쟁에서 이기고 싶었기 때문이다.

자신의 라이벌이 그 회사를 떠나 자신의 이름을 건 창업자가 되자, 3개월 후 내 친구도 그렇게 했다(물론 그는 경쟁자가 창업했던 바로 그 시기에 '시장에서 기회'를 봤다). 몇 달 동안 그는 그 회사와 동료의 소셜 미디어 게시물을 매일 읽었다. 그는 자신의 일거수일투족이 상대방이 무엇을 하느냐에 달려 있다는 사실을 조금도 인정하지 않았다. 라이벌이 비트코인을 사자 그 역시 비트코인을 샀다. 얼마 후 비트코인 거품이 꺼졌지만 친구는 개의치 않았다. 다른 사람이 틀릴 수 있는 한 그 역시 틀릴 수 있었다.

각자 자기의 길을 걷기 시작한 지 8년의 시간이 흘렀다. 지난해 어느 날 나는 그 라이벌을 소개하는 기사를 발견하고 친구에게 보냈다. "야, 토니(가명)가 뭘 하는지 봐봐." 그러자 놀랍게도 친구가 정중하게 답을 보냈다. "보내줘서 고마워. 그런데 바로 삭제했어. 1년 전부터 토니가 뭘 하고 있는지 더 이상 알아보지 않고 있어. 그리고 이런 상태를 계속 유지하고 싶어. 언젠가 그와의 경쟁 관계가 산소 고갈로 종식된다 해도 개의치 않을 날이 올 테지. 현재로서는 그렇게 되길 갈망하고 있어. 그러니 부탁인데 내게 이런 거 보내지 말아 줄래?"

물론 나는 그의 말대로 했다. 그는 이전보다 더 행복해 보였다.

소셜 미디어의 엔진

우리가 흔히 '소셜 미디어'라고 부르는 것은 미디어이기보다는 매개체에 더 가깝다. 수천 명의 사람들이 무엇을 원하는지 보여줌으로써 그것들에 대한 우리의 인식에 영향을 미치게 한다.

구글의 전 디자인 윤리학자로 '인도적 기술을 위한 센터Center for Humane Technology'를 설립한 트리스탄 해리스Tristan Harris는 스마트폰이 슬롯머신과 같다고 말한다. 둘 다 간헐적인 가변 보상의 힘을 통해 작용한다는 것이다. 슬롯머신의 레버를 당기면 신경학적 중독성을 극대화하는 고도로 가변적인 보상이 제공된다. 스마트폰도 언제 흥미로운 것이 나타날지 몰라 인스타그램 피드를 아래로 내릴 때마다 동일한 기능을 수행한다.

　나는 해리스가 인간 중심의 디자인을 옹호하는 것을 존경하지만 그가 근본적인 문제를 놓치고 있다고 생각한다. 더 나은 디자인이 도움이 되겠지만 그것은 문제의 일부만 해결할 뿐이다.

　위험은 우리 주머니 속 슬롯머신에 있는 것이 아니다. 위험은 우리 주머니 속 드림머신에 있다. 스마트폰은 소셜 미디어, 구글 검색, 그리고 레스토랑 및 호텔 리뷰를 통해 수십억 명의 욕구를 우리에게 투영시킨다. 스마트폰의 신경학적 중독성은 현실이다. 그러나 스마트폰을 통해 무제한적 접근이 가능해진 타인의 욕망에 대한 우리의 중독은 형이상학적 위협이다.

　모방 욕망은 소셜 미디어의 진정한 엔진이다. 소셜 미디어는 소셜 매개체로, 거의 모든 모델들을 우리 개인적인 세계에 들어오도록 했

소셜 미디어

다. 우리는 프레시매니스탄에 살고 있다. 우리 각자는 이것이 우리 삶에서 무엇을 의미하는지, 모방 욕망이 우리가 살고 있는 환경에서 어떻게 드러나는지, 우리가 어떻게 살아야 하는지 살펴봐야 한다.

이 새로운 세계는 위협이자 기회로 작용한다. 어떤 새로운 욕망의 길이 나타날까? 어떤 새로운 기회를 잡을 수 있을까? 어떻게 해야 궁극적으로 파멸이 아닌 충족감으로 나아가는 욕망에 감염되고 또 감염시킬 수 있을까? 이것들은 우리가 개인적으로나 사회적으로 마침내 묻고 답해야 할 질문이다.

이제 집단에서 모방 욕망이 어떻게 작용하는지 살펴보도록 하자.

chapter 3

욕망의 두 가지 사이클

> 개인들이 이웃이 소유한 욕망이나 심지어 이웃들이 그저 바라는 욕
> 망 쪽으로 마음이 자연스럽게 쏠린다면 이것은 인간 사회관계의 가
> 장 중심에 경쟁이 있다는 뜻이다. 이 경쟁이 꺾이지 않는다면 조화와
> 모든 인간 공동체의 생존에까지 계속 위협을 가할 것이다.
>
> _르네 지라르

2019년 8월 캘리포니아의 한 워터파크에서 두 가족이 싸워 한 남자
가 혼수상태에 빠졌다. 현지 뉴스는 다음과 같이 보도했다. "경찰에
따르면 새크라멘토에 위치한 레이징 워터스에서 큰 소동이 벌어졌다.
40명이 서로 난투극을 벌인 이 사건은 비치타월 하나를 두고 두 사람
이 벌인 싸움에서 시작되었다."[1]

이러한 풍경은 셰익스피어의 〈로미오와 줄리엣〉에서도 볼 수 있
다. 그것은 단지 두 젊은 연인의 비극적인 이야기가 아니다. 전쟁 중
인 도시가 모방 혼돈에 빠져드는 비극이다. 연극은 "두 집안 모두 존
엄하다"로 시작한다. 그러나 이 두 집안은 서로를 증오했다.

피터 틸이 《제로 투 원》에서 지적했듯이 카를 마르크스와 셰익스피어는 사람들이 싸우는 이유에 대해 매우 상반된 의견을 가지고 있었다. 마르크스는 사람들이 다르기 때문에 갈등이 발생한다고 생각했다. 사람들은 각자 소유한 물적재material goods가 다름으로 인해 서로 다른 목표, 욕망, 그리고 이념을 가지면서 다툼이 일어난다는 것이다. 이런 틀에서는 동일한 물적재를 가진 사람들 간의 다툼이 줄어들 것을 기대하게 된다. 반면에 셰익스피어의 관점은 정반대였다. 〈로미오와 줄리엣〉에서 캐풀렛가와 몬터규가는 서로 비슷하기 때문에 싸움이 일어난다.

한 집단 내 사람들이 비슷할수록 전체에 영향을 주는 긴장 상황에 더 취약하기 쉽다. 다음 상황에서 하나의 갈등이 발생했을 때 결과를 생각해보자. 먼저 거리를 걷다가 공공장소에서 무작위로 싸움을 벌이는 두 명의 낯선 사람을 보았다고 가정해보자. 다음으로 메이저리그 야구 경기에서 타자가 투수를 공격했다면? 두 명의 낯선 사람이 싸우는 첫 번째 상황에서 선한 사마리아인 두 명은 싸움을 막으려고 할 수도 있다. 하지만 그들이 아니라면 아마 아무도 신경 쓰지 않을 것이다. 하지만 야구팬이라면 다 알고 있듯이 투수와 타자 간 싸움은 벤치 클리어링으로 이어지기 쉽다.

이 장에서는 모방 갈등의 '전염성'에 대해 살펴볼 것이다. 그것은 모든 사람이 다른 사람에 대해 모방적으로 반응하는 사회적 환경으로 이어진다. 이런 역학관계 속에서 사람들은 끝없는 갈등 사이클에 갇히고 미메시스를 통해 서로 묶인 채로 아무 데도 가지 못하게 된다.

욕망은 정보처럼 퍼지는 것이 아니라 에너지처럼 확산된다. 콘서트나 유세 현장에서 사람들 사이에 에너지가 퍼져나가듯이 욕망이 사람에서 사람으로 전해진다. 이 에너지는 긍정적인 욕망의 사이클로 이끌 수 있다. 이 안에서 건강한 욕망은 사람들을 긍정적인 방향으로 결속시키며 모멘텀을 얻고 또 다른 건강한 욕망으로 이어진다. 그러나 모방 경쟁자들이 갈등과 불화를 일으키게 되는 부정적인 욕망의 사이클이 될 수도 있다. 프레시매니스탄에서는 사람들의 근접성과 유사성 때문에 모방 욕망의 위험성이 더욱 커진다. 이 장을 비롯한 나머지 장에서 이 부분을 주로 다루고자 한다.

먼저 욕망의 긍정적인 사이클을 보여주는 대표적인 예로 트랙터 제조업체에서 슈퍼카를 만든 람보르기니를 따라 이탈리아로 가보자.

람보르기니 vs 페라리

페루치오 람보르기니Ferruccio Lamborghini는 자신의 이름을 딴 트랙터를 개발한 사람으로 유명하다. 그는 이탈리아의 수많은 농업 인구를 고려했을 때 이 일이 중요하고 고귀한 일이라고 생각했다. 그러나 엔초 페라리Enzo Ferrari를 만난 이후 모든 것이 달라졌다. 람보르기니가 이탈리아에서 가장 성공한 트랙터 제조업체가 되기까지 10년이 걸렸다. 그런데 세계에서 가장 존경받는 자동차 제조업체가 되기까지는 2년밖에 걸리지 않았다. 그 이면에는 아무에게도 들려주지 않은 이야기, 즉 욕망의 이야기가 숨겨져 있다.

1950년대 후반 북이탈리아에서 있었던 일이다. 성공한 사업가 페루치오 람보르기니는 빨간색 페라리 250 GTE 피닌파리나 쿠페를 타고 밀라노와 볼로냐 사이에 있는 아우토스트라다델솔레 고속도로 구간을 달리고 있었다. 그곳은 페라리 기술자들이 자동차 테스트를 위해 자주 오가는 곳이었다.[2] 그날 아침에도 일반 운전자들은 굉음을 내며 지나가는 빨간 페라리 열 대를 백미러로 흘깃 보았을지 모른다. 페라리를 운전하는 사람들은 세계 최고의 드라이버로 차를 기술적 한계까지 밀어붙였다.

사실 람보르기니는 이 페라리 테스트 운전자들을 기다리고 있었다. 그들을 발견한 람보르기니가 속도를 내자 그의 몸이 차 시트에 착 붙었다. 곧 그의 구형 페라리는 공장에서 갓 나온 신형 페라리 행렬에 합류했다. 페라리 운전자들은 토크를 테스트하고 신형 기계를 핸들링하며 클러치를 전문적으로 제어해가며 혼잡한 도로를 쉽게 빠져나갔다. 람보르기니는 그들 사이를 파고들었다. 1분 정도 놀아준 후 그는 무리에서 멀리 떨어졌다. 다른 운전자가 그를 뒤쫓았지만 그의 페라리는 시속 10마일의 속도를 더 올려 달려갔다.

페라리와 람보르기니의 본거지인 모데나 지역은 거주자끼리 서로 누구인지 잘 아는 곳이었다. 페라리 테스트 운전자들은 그들의 라이벌이 누구인지 알아차렸다. 그들은 나중에 시내의 단골 카페에서 람보르기니를 만나 그에게 물었다.

"람보르기니, 차에 뭘 어떻게 한 겁니까?"

"모릅니다." 그가 대답했다.

람보르기니는 페라리 테스트 드라이버들을 계속 조롱했다. 동시에 그는 자신의 페라리를 가지고 계속 씨름했다. 그는 그렇게 비싼 차에 기술적 문제가 너무 자주 발생한다고 생각했다. 심지어 클러치가 작동하는 동안 기어를 변속할 때 계속 밀리는 느낌이 들었다. 이는 보통 운전자가 변속을 잘못했거나 엔진에 연결된 디스크가 마모됐을 때 발생하는데, 그가 그런 실수를 할 사람은 아니었다. 즉, 클러치에 결함이 있거나 아니면 이 차에 맞지 않는 클러치가 문제였던 것이다.

클러치에 문제가 발생했을 때 처음 몇 번은 페라리 공장에 차를 가지고 갔다. 그렇지만 곧 문제가 재발했다. 화가 난 람보르기니는 차를 자기 공장의 정비공에게 맡겼다. 그들은 650달러짜리 트랙터에 사용하는 클러치와 동일한 모델을 8만 7,000달러짜리 고급 경주용 자동차 페라리에 사용했다. 람보르기니가 그의 공장에서 가장 좋은 트랙터용 클러치로 교체하자 문제는 완전히 해결됐다.

또한 람보르기니는 트윈 캠샤프트가 장착된 새 실린더 헤드를 사용해 엔진으로 공기 흐름을 증가시키는 등 차량 성능 개선을 위해 추가적 조치를 했다. 그러니 신형 페라리 운전자들은 이렇게 개조된 구형 페라리를 당해볼 재간이 없었던 것이다. 람보르기니는 뛰어난 핸들링과 스피드를 뽐내며 기본 페라리 차주들에게 수치심을 안겨주는 것에 즐거움을 느꼈다. 하지만 그것만으로 충분치 않았다. 그는 페라리에게 클러치에 대해 알려주고 싶었다.

1960년대 초 어느 날 엔초 페라리는 자동차 전문 기자인 지노 랜카

티에게 이렇게 털어놓았다. "오늘 여기서 멀지 않은 곳에서 트랙터 공장을 운영하는 한 남자가 날 찾아왔어. 그는 자신이 소유한 모든 차들 중에서 페라리 클러치가 가장 많이 미끄러진다고 설명했지."[3]

사실 트랙터 제조업체에게 시간을 소비할 가치가 없다고 생각한 페라리는 람보르기니가 만나자는 걸 계속 묵살해 왔었다. 마침내 만남이 성사되자 람보르기니는 페라리 자동차 성능을 어떻게 개선했는지 거들먹거리는 태도로 설명했다. 그 만남이 어떻게 끝났는지 공식적인 설명은 없었지만, 람보르기니를 아는 사람들은 엔초 페라리가 매우 불쾌했을 것이라고 전한다. 들리는 얘기에 따르면 페라리는 이렇게 말했다. "클러치 문제가 아니야. 당신이 페라리를 어떻게 운전할지 몰라서 클러치를 망가뜨린 게 문제지."[4] 이 말에는 트랙터나 열심히 만들라는 뜻이 은연중에 담겨 있었다.

무슨 일이 있었는지 정확히는 모르지만 람보르기니는 페라리보다 더 우수한 자동차를 만들기로 결심하며 그 자리를 떴다.[5] 그는 페라리가 클러치에 바가지를 씌워 비싼 값을 받는다는 것을 알았다. 그럼에도 그는 왜 동료 제조업자에게 만남을 요청했을까?

그전까지 엔초 페라리는 페루치오 람보르기니의 바깥 세계에 존재하는 외부 모델이었다. 람보르기니는 그의 위상이 성장하는 것을 지켜봤으며 아무도 그와 경쟁하려고 하지 않는다는 사실을 알고 있었다. 페라리는 셀레브리스탄 거주자였다. 그러나 이제 람보르기니는 페라리와 직접 만났다. 그들은 사실상 물리적으로나 사회적으로 서로의 뒷마당에 있었다. 람보르기니의 공장은 페라리 공장에서 17마일 떨어진 곳에 위치했다. 페라리와 마찬가지로 그 역시 매우 성공한 사업가이자 백만장자였다. 이제 람보르기니도 페라리가 원했던 것을 원하기 시작했다. 페라리의 영향을 받은 그는 갑자기 전에는 한 번도 원한 적이 없었던 것, 즉 세계에서 가장 아름답고 뛰어난 성능의 슈퍼카를 만들고 싶다는 자신을 발견했다.

변화가 일어나자 이제 람보르기니와 페라리 모두 프레시매니스탄에 살게 됐다. 프레시매니스탄은 직접적인 갈등이 일어날 수 있는 곳으로 정의된다는 점을 기억하라. 축구선수 크리스티아누 호날두와 리오넬 메시가 우리에게는 유명인사이지만 서로에게는 그렇지 않다. 페라리와 람보르기니도 마찬가지였다. 람보르기니의 성공으로 그들은 근접하게 됐고 직접 경쟁할 수 있게 되었다.

람보르기니의 도약

1963년 람보르기니는 모데나 외곽에 있는 그의 트랙터 공장에서 불과 몇 마일 떨어진 산타가타 볼로냐에 오토모빌리 람보르기니라는 회사를 새로 설립했다.

람보르기니는 이제 그 지역의 산업체와 경쟁자들로부터 최고의 엔지니어를 데려오기 위해 움직였다. 그는 그들에게 최고의 근무 조건과 혜택을 제공할 것이며, 전 세계 어디서도 볼 수 없는 자동차를 만들겠다고 약속했다. 그는 미국과 일본의 공장들을 견학하며 자동차 제조 공정을 개선시키기 위해 열심히 연구하고 자신의 첫 번째 자동차와 새 공장에 대한 꿈을 이어갔다. 람보르기니는 "나는 아무것도 발명하지 않았고 다른 사람들이 가져온 것에서 시작했다"라고 자랑했다.[6]

람보르기니는 1964년 제네바 모터쇼에서 자신의 첫 번째 자동차를 선보였다. 람보르기니 350 GT는 12기통 엔진과 더블 캠축을 장착한 역사상 최초의 로드카였다. 1966년에는 미우라 P400을 출시했다. 이 자동차는 거의 모든 면에서 페라리의 로드카를 앞섰다. 이후 1968년에는 미우라 P400의 후속 모델인 미우라 P400S를 출시했는데, 이는 람보르기니의 상징적 모델이 되었다.

페라리를 떠나 람보르기니에게 고용된 엔지니어들은 미우라 성공에 고무됐다. 그들은 자신들의 기술력이 승리를 안겨줄 것이라 확신하며 람보르기니에게 제대로 만든 경주용 자동차를 생산해 페라리와 정면 대결을 제안했다. 하지만 람보르기니는 이를 허락하지 않았다.

전술 4 모방을 통해 혁신 드라이브를 걸어라

모방과 혁신 사이에 잘못된 이분법이 존재한다. 이 둘은 발견으로 가는 동일한 과정의 일부다. 역사상 가장 창의적인 천재들 중 일부는 단순히 모델을 모방하는 것에서부터 시작했다.

나는 펜타그램의 파트너인 나레시 람찬다니Naresh Ramchandani와 이야기를 나눈 적이 있다. 펜타그램은 세계에서 가장 혁신적인 디자인 회사에 계속 이름을 올렸다. 그들은 할리-데이비슨 박물관, 데일리쇼의 세트 및 화면 그래픽, '아이에게 한 대의 노트북' 프로젝트 등의 이면에서 창의적인 역량을 발휘했다.

나레시가 말했다. "어느 단계에서나 혁신을 이룰 수 있다. 우리는 때때로 '저 너머에 무엇이 있을까? 무엇을 따라 할 수 있을까?'라는 말에서 시작한다."

누군가의 주된 목적이 혁신을 위한 혁신이라면 주로 독창성에 기초해 경쟁하기 위해 자기 분야에서 모든 사람과 모방적인 경쟁 관계에 놓이게 된다. 그들은 모든 형태의 모방을 평가절하함으로써 주목받기 위해 차별화 게임을 벌인다. 차별화를 위한 차별화는 일부 예술가나 학자들 이면의 정신이다.

겸손으로 가는 가장 빠른 길은 겸손에 대해 더 많이 생각하는 것이 아니라 자기 자신에 대해 덜 자주 생각하는 것이며, 혁신으로 가는 가장 안전한 길 또한 간접적인 길이다. 람찬다니는 이렇게 말했다. "저 너머에 훌륭한 것들이 있다. 그것들로부터 왜 배우지 못할까? 같이 따라가기보다 왜 그것을 본보기로 삼아 그 위에 무언가를 만들어 내려고 하지 않는 것일까?"

《훔쳐라, 아티스트처럼》의 저자 오스틴 클레온은 이렇게 표현했다. "우리가 완전히 독창적이 되려는 부담으로부터 벗어난다면 무에서 유를 창조하려고 노력하는 것을 그만할 수 있다. 그리고 그것으로부터 도망치는 대신 영향력을 받아들일 수 있다."[7]

언제 미메시스에 기대야 하는지 알아보라.

투우에서 얻은 교훈

페루치오 람보르기니는 평생 투우에 빠져 있었다. 투우에서 황소는 힘이 아니라 민첩성과 심리 작전에 굴복해 지시를 따른다. 그 싸움은 3막으로 이뤄진다. 1막은 투우사가 황소가 망토 사이를 몇 차례 오가게 하면서 소의 행동과 특징을 파악하는 것이다. 2막에서는 투우사와 그의 조수들이 황소를 꺾기 위해 그 어깨에 날카로운 막대기를 꽂는다. 무에르뗴(죽음)라고 불리는 3막에 이르면 투우사는 황소를 신체적, 심리적 탈진 상태로 이끈 후 그를 죽인다.

모방 경쟁 관계에 있다는 것은 투우장에 선 황소가 되는 것과 마찬가지다. 투우사는 투우에서 황소의 행동을 조종한다. 그는 붉은 망토를 흔들어 황소가 그쪽으로 돌진하게 만들지만 황소가 투우사가 죽음을 향해 가고 있다고 생각하는 바로 그 마지막 순간에 망토를 뒤로 잡아챈다.[8]

황소는 그리스 신화의 시시포스와 유사하다. 속임수와 약은 행실로 제우스의 분노를 산 시시포스는 거대한 바위를 산 위로 밀어 올리는 형벌을 받는데, 제우스는 바위에 마법을 걸어 시시포스가 정상에 오르기 직전에 바위가 미끄러져 산 아래로 굴러떨어지도록 한다. 그럼 시시포스는 다시 바닥으로 돌아가서 처음부터 시작한다. 그는 이 일을 영원히 반복해야 한다.

모방 경쟁 속에서 한 사람의 라이벌은 제우스나 투우사와 같다. 라이벌은 상대가 다음에 무엇을 원하는지, 어떤 목표를 추구하는지, 밤에 잠자리에 들었을 때 무슨 생각을 할지를 결정한다. 무슨 일이 일어나고 있는지 깨닫지 못한다면 결국 탈진 상태에 처하게 되고 어쩌면 더 나쁜 상황으로 치달을 수 있다.

페라리는 람보르기니에게 슈퍼카를 만들고 싶다는 욕망을 심어주었다. 람보르기니는 앞으로 돌진했고, 강력한 라이벌이 되었다. 그러나 끝까지 싸우기를 거부했다. 그는 그 싸움이 끝나지 않을 것을 알았던 것이다. 결국 그 경쟁은 차에 관한 것이 아니라 명예에 관한 것이었다.

람보르기니는 형이상학적 욕망에서 야기된 왜곡을 따르지 않았다. 이러한 왜곡은 사람들을 계속되는 장애물 속에서 만족을 추구하도록 이끈다. 지라르는 자신의 첫 번째 책《기만, 욕망, 그리고 소설Deceit, Desire, and the Novel》에서 이 비극을 다음과 같이 설명한다. "한 사람이 돌 아래 숨겨져 있다고 믿는 보물을 찾는 작업에 착수했다. 그는 돌을 치우고 뒤져봤지만 아무것도 찾지 못했다. 그는 이 헛된 일을 하는 데에 지쳤지만 보물을 포기할 순 없었다. 그래서 그는 들어 올리기엔 너무 무거운 돌을 찾기 시작한다. 이제 그는 자신의 모든 희망을 그 돌에 두고 남은 모든 힘을 거기에 쏟을 것이다."[9]

람보르기니는 경주용 자동차를 언급하며 이렇게 말했다. "나는 경주용 자동차를 만들자는 제안을 거절했다. 페라리와의 싸움을 피하고 싶기 때문만은 아니었다. 아버지로서 아들을 고려한 선택이었다. 내가 자동차를 만들기 시작했을 때 토니노가 열여섯 살이었다. 나는 그 아이가 경쟁에 끌릴 것이라 확신했다."

람보르기니는 기업가에게 있어 경쟁을 위험 요소로 간주했다. 어느 정도까지는 좋은 일이지만 이를 견제하지 않으면 경쟁관계에 함몰된다는 것이다. 그는 "이런 두려움 때문에 나는 나중에 회사 헌장에 (경주) 전쟁에 참여하는 것을 금지한다는 조항을 추가하게 됐다"라고 덧붙였다.[10]

람보르기니는 경쟁의 부정적인 효과를 차단하기 위해 구체적 조치를 취했다. 그것이 황소의 죽음으로부터 그를 구했다.

아들 토니노에 의하면 람보르기니는 손님들에게 사유지를 구경시켜주며 포도밭에서 평화로운 노년을 보냈다고 한다. 그는 항상 방문객들을 본관 근처에 있는 한 건물로 데려가는 것으로 투어의 마지막을 장식했다. 그 건물 정문에는 작은 나무 간판이 걸려 있었는데 거기엔 '나의 인생 40년'이라고 적혀 있었다. 건물 안쪽에는 가장 희귀한 모델들이 소장되어 있었다. 람보르기니는 방문객들과 함께 각각의 전시품 앞에 머무르면서 자신이 지나온 인생의 순간들을 걸어갔다. 그리고 이 투어의 마지막은 항상 담배 테스트를 시연하는 것으로 끝났다.

담배 테스트 시연은 다음과 같다. 람보르기니는 자동차 중 하나의 후드를 연 다음 담배에 불을 붙인 뒤 담배를 엔진 실린더 헤드 위에 직접 올려놓고 방문객들에게 이것을 계속 지켜보라고 했다. 그러고 나서 그는 운전석으로 뛰어가 엔진 회전 속도가 6000RPM이 되도록 액셀을 힘껏 밟았다. 그러자 1,000명의 흡연자가 동시에 빨아들이는 공기량에 맞먹는 엄청난 양의 공기가 흡기 밸브를 통해 흡입되었다. 차가 굉음을 내었고 엔진이 무섭게 회전했다. 담배는 빠르게 타들어 갔지만 흔들림 없었다. 흠잡을 데 없는 자동차 공학은 수천 개의 부품들이 안정적으로 균형 있게 움직이면서 조금의 흔들림도 허락하지 않았다. 람보르기니는 담배가 다 타들어 가 재가 될 때까지 그 행동을 계속하는 것을 좋아했다. 그러고 나서 차에서 뛰어 내려와 손으로 담뱃재를 쓸어 담았다.

페루치오 람보르기니는 1993년 73세의 나이로 사망했다. 그러나 오토모빌리 람보르기니는 오늘날까지 계속되고 있으며, 2019년에는 최고 판매 기록을 세우며 한 해를 마감했다. 그리고 마침내 자동차 경주 사업에 뛰어들어 미래의 리더들에게 거부할 수 없는 매력을 입증했다. 하지만 람보르기니의 시계에서는 그런 일이 일어나지 않았다. 그는 언제 브레이크를 밟아야 할지, 그리고 새로운 기회가 왔을 때 어떻게 에너지를 조절해야 할지 알고 있었다.

경쟁은 어느 정도까지는 좋은 일이다. 핵심은 그 지점이 어디인지 알고 그렇게 할 수 있는 능력을 갖추는 것이다.

밈과 모방 이론

미국에서는 팁으로 20퍼센트를 주는 것이 규범이 됐지만 유럽에서는 왜 그렇지 않을까? 왜 일본 사업가들은 악수 대신 고개를 숙여 인사할까? 어떤 조직에서는 용어를 암호화하고 다른 조직은 암호화하지 않는 것일까? 이 모든 경우에 모방이 큰 역할을 한다.

1976년 진화생물학자 리처드 도킨스Richard Dawkins는 자신의 책 《이기적인 유전자》에서 '밈meme'이라는 단어를 사용했다. 도킨스는 이념, 행동, 구절 등과 같은 비물질적인 것이 시공을 초월해 확산되는 것을 설명하고자 했는데, 이러한 것들을 밈이라고 불렀다. 즉, 밈이란 모방의 과정을 통해 사람에서 사람으로 확산되는 정보의 문화적 단위를 가리킨다.[11]

도킨스의 밈 이론과 지라르의 모방 욕망 이론은 모두 모방을 인간 행동의 근간으로 보았다. 하지만 이 두 이론은 거의 모든 면에서 다르다. 도킨스에 따르면 밈은 생물학적 유전자와 유사한 방식으로 작용한다. 밈의 생존은 가능한 한 완벽하게 전달되고 복제될 수 있는지 여부에 달려 있다. 그것들은 가끔 변이를 일으키기도 한다. 그러나 일반적으로 밈은 이산적이고 정적이며 고정되어 있다. 밈 이론에 따르면 모방을 통한 밈의 확산은 문화의 발전과 지속가능성으로 이어진다. 반면에 지라르의 모방 이론에 따르면 문화는 주로 사물이 아닌 욕망의 모방을 통해 형성된다. 그리고 욕망은 개방적이며 역동적이고 변덕스럽다.

우리 모두는 밈에 익숙하다. 밈은 음악적 선율('생일 축하합니다'), 캐

치프레이즈(섹시 가이), 패션(넥타이, 하이힐), 심지어 이념(라스베이거스의 문화)으로도 나타날 수 있다. 트위터 같은 소셜 미디어 플랫폼은 그런 밈들을 전파하기 위해 만들어진 것처럼 보인다. 어휘나 이념들이 누군가 공유하거나 리트윗할 때마다 완벽한 모방을 통해 퍼져나간다.

밈은 인간의 의도나 창의성을 통해 퍼져나가지 않는다. 다윈의 진화에서처럼 그것들은 무작위적인 돌연변이와 선택을 받게 된다(그렇다면 인터넷 밈은 도킨스가 밈이라는 용어로 표현하고자 했던 것과 다르다. 인터넷 밈은 어떤 것을 의도적으로 변화시킨 것이기 때문이다). 진정한 밈은 바이러스처럼 퍼진다. 밈을 퍼뜨리는 개인은 단지 매개체, 즉 정보를 전달하는 호스트일 뿐이다. 당신은 누가 가장 먼저 롤캣lolcat*을 시작했는지 아는가? 나 역시 모른다. 그것은 중요하지 않다.

지라르의 모방 이론에서는 이와 정반대다. 사람들은 하찮은 정보 매개체가 아니다. 그들은 매우 중요한 욕망의 모델이다. 우리는 누가 모델인지에 관심을 갖는 것과 달리 무엇이 모델링되는지에 대해서는 그다지 신경 쓰지 않는다. 우리는 모방 그 자체를 위해서가 아니라 우리 자신을 차별화하기 위해서, 다른 사람과 상대적인 정체성을 구축하기 위해 모방한다.

자신을 차별화하려는 욕구는 거울 모방 사례에서 살펴본 내용이다. MAGA** 모자에 삶이 좌지우지된다면 왜 어떤 사람들은 그 모자를

---

* 재미있는 글이 적혀 인터넷에 게시된 고양이 사진으로 lol(큰 소리로 웃다)과 cat(고양이)의 합성어이다.
** Make America Great Again의 약자로 '미국을 다시 위대하게'라는 의미다.

쓰고 어떤 사람들은 쓰지 않는 것일까? (보통) 많은 사람들이 MAGA 모자를 쓰는 데에 혐오감을 느끼는 것은 빨간색이나 모자 스타일, 이념에 대한 정치적 비판과는 관련이 없다. 이는 그 모자를 모델링한 사람, 즉 트럼프와 관련 있다.[12]

가장 중요한 점은 밈 이론이 모든 형태의 부정적 모방을 무시한다는 것이다. 밈 이론에서 모방은 최악의 경우 중립적인 것이 된다. 밈 자체의 관점에서 보았을 때 모방은 긍정적인 것이다. 모방 이론에서 모방은 종종 부정적 결과를 가져온다. 욕망의 모방은 사람들이 동일한 것을 놓고 경쟁하게 만들어 쉽게 갈등을 조장하기 때문이다.

이 장의 나머지 부분에서는 미메시스의 플라이휠 효과, 즉 문화의 흥망성쇠를 좌우하는 창조적이면서도 파괴적인 욕망의 사이클 이동에 대해 살펴보겠다. 그것들은 밈으로 포괄될 수 없는 부분이다.

플라이휠 효과

모방 욕망은 두 사이클 중 하나에서 움직이는 경향이 있다. 첫 번째 사이클은 모방 욕망이 경쟁과 갈등으로 이어지게 하는 부정적인 순환이다. 이 사이클은 우리가 가지고 있지 못한 것을 다른 사람들이 가지고 있다는, 그리고 타인의 욕망과 우리의 욕망을 둘 다 충족시킬 수 없다는 잘못된 믿음에서 작용한다. 결핍, 두려움, 분노의 사고방식에서 비롯된 것이다.

두 번째 사이클은 모방 욕망이 어떤 공익을 위한 공통된 욕망으로 사람들을 통합시키는 긍정적 순환이다. 이 사이클은 풍요와 상호 기부의 마음가짐에서 시작된다. 이런 형태의 사이클은 세상을 변화시킨다. 사람들은 전에는 상상조차 할 수 없었던 것을 꿈꾸게 되고 또 다른 사람들도 더 멀리 나아갈 수 있도록 돕는다.

짐 콜린스Jim Collins는 자신의 저서 《좋은 기업을 넘어 위대한 기업으로》에서 거대한 플라이휠을 예로 들어 어떻게 좋은 기업이 탄생해 위대한 기업으로 발전하는지를 설명했다. 콜린스는 '지름이 30피트, 두께가 2피트, 무게가 5,000파운드쯤 되는 차축 위에 수평으로 올려져 있는 육중한 금속 원판' 앞에 서 있는 모습을 상상해보라고 말한다. 여기서 우리의 목표는 '차축 위에서 플라이휠을 가능한 한 빠르고 길게 회전시키는 것'이다.[13] 몇 시간을 밀어도 원판은 꿈쩍도 하지 않는다. 중력이 당신에게 불리하게 작용하고 있기 때문이다. 세 시간 후에 당신은 한 바퀴를 굴리는 데 성공했다. 낙담하지 않고 같은 방향으로 몇 시간을 더 계속 밀었다. 어느 순간 갑자기 당신에게 유리한 방향으로 모멘텀이 발생한다. 원판의 무게가 역방향이 아닌 순방향으로 작용하기 시작한 것이다. 휠이 앞으로 나아간다. 5회전, 50회전 그리고 100회전을 한다.

콜린스는 긍정적인 자기 충족 사이클을 돌리기 시작했을 때 위대한 기업 내부에서 이러한 현상이 일어난다고 말한다. 지속적인 개선을 위한 선형 프로세스가 아니라 모멘텀이 발생해 프로세스가 스스로 작동하기 시작하는 중요한 전환점이 생겨난 것이다.

미메시스 역시 플라이휠처럼 작동한다. 긍정적인 경우와 부정적인 경우 모두 비선형적으로 가속된다.

창조적 사이클

지로 스포츠 디자인Giro Sport Design은 경쟁력 있는 사이클 선수 짐 겐츠Jim Gentes가 1985년에 설립한 회사다. 이 회사는 짐 콜린스가 자신의 후속 논문인 〈플라이휠 돌리기Turning the Flywheel〉에서 설명한 플라이휠의 대표적 사례이다.

겐츠는 스포츠 용품 회사에서 근무했을 당시 자전거 시장의 판도를 바꿀 자전거 헬멧의 시제품을 만드느라 매일 밤 차고에서 시간을 보냈다. 겐츠가 손본 헬멧은 무게가 다른 헬멧보다 두 배가량 가벼웠고 또 환기 장치를 갖췄다(사실상 헬멧에 아무런 기능이 없던 시절이었다). 그의 시제품은 당시 존재하던 그 어떤 헬멧보다 기술적으로 뛰어났다. 디자인 역시 다른 헬멧이 따라오지 못할 정도로 탁월했다. 기존 모델은 부속품이 보기 싫게 달려 있었고 폴리카보네이트와 발포 고무로 답답하게 싸여진 반구 모양이 대부분이었다.

겐츠는 롱비치에서 열린 바이크쇼에 자신의 시제품을 출시했고 10만 달러어치 선주문을 받았다. 진짜 라이더들은 보자마자 그 헬멧이 남다르다는 것을 알았다. 겐츠의 헬멧은 바이크쇼에서 고무적인 평가를 받았다. 그러나 회사를 그만두고 올인하려면 일정 주문량이 지속적으로 들어와야 했다.

나이키 사례 연구를 통해 겐츠는 스포츠 장비의 경우 사회적 영향력이 중요하다는 사실을 배웠다. 그가 괜찮은 인플루언서를 잘 활용할 수 있다면 충성 고객으로 구성된 더욱 큰 네트워크와 연결되어 고정 주문량을 확보할 수 있을 것이다.[14]

사이클 경기를 하면서 겐츠는 미국인 사이클 선수인 그렉 르몽드Greg LeMond와 친해졌다. 르몽드는 1986년 비유럽인으로는 처음으로 투르 드 프랑스에서 우승한 선수였다. 위험을 감수하는 것으로 유명한데다 잘생겨 인기가 많았던 그는 겐츠가 찾던 바로 그런 라이더였다.

르몽드는 1987년 사냥 사고로 심각한 부상을 입었고 그로 인해 이후 두 시즌을 결장하게 됐다. 〈스포츠 일러스트레이티드〉는 재활 기간이었음에도 그의 재능을 높이 평가했고, 사이클 마니아들은 그가 1989년 투르 드 프랑스에 다시 참여할 수 있기를 응원했다.

겐츠는 르몽드에게 시장에 출시한 첫 플라스틱 헬멧인 뉴 지로 헬멧을 착용할 것을 제안했다. 겐츠는 헬멧의 장점을 어필하며, 르몽드에게 후원금도 약속했다. 르몽드의 모습이 언론에 노출된다면 투자금을 충분히 회수할 수 있을 것으로 판단했기 때문이다.

결과는 이보다 좋을 수 없었다. 르몽드는 23일 동안 21일간 진행된 레이싱에서 8초 차이로 우승을 차지했다. 이는 대회 역사상 가장 박빙의 차이였다. 많은 사람들이 다른 선수들이 칙칙한 거북 등껍질 모양의 헬멧을 쓴 것과 달리 르몽드가 밝은 색상의 매끈한 통풍구가 달린 절반 크기의 헬멧을 쓰고 프랑스 알프스의 언덕을 질주하는 모습을 보았다. 지로 브랜드의 플라이휠은 막을 수 없는 모멘텀을 확보하기에 이르렀다.

콜린스에 따르면 지로의 사업적 플라이휠은 다음과 같이 작동했다. "훌륭한 제품을 발명한다 — 엘리트 선수가 그 제품을 사용한다 — 주말에 격한 운동을 즐기는 이들이 자신의 영웅을 모방하도록 영감을 준다 — 주요 고객들을 끌어들인다 — 점점 더 많은 선수들이 그 제품을 사용함에 따라 브랜드 파워가 강화된다. 그다음은 '멋진' 요소를 유지하기 위해 높은 가격대를 설정하고 이익을 차기 모델을 제작하는 데 쏟아붓는 것이다."[15]

콜린스는 플라이휠 개념을 비즈니스 성장에 적용했다. 그는 위대한 리더의 인도 아래 모멘텀을 구축하는 특정 비즈니스 모델과 프로세스가 있음을 보여준다. 루브 골드버그Rube Goldberg 기계에서처럼 긍정적인 발전이 다음번 발전을 이끌어낸다.

우리는 플라이휠 개념을 욕망의 이동에도 적용할 수 있다. 우리가 욕망의 모멘텀을 극대화시키는 식으로 우리의 삶을 세우는 것이 가능하다. 운동을 예로 들어보자. (1) 친구가 새로운 운동 프로그램을 시작했는데 좋아 보여 나도 운동을 시작하고 싶다. (2) 헬스장에서 힘들게 운동한 걸 헛수고로 만들고 싶지 않아 식단을 조절하기 시작했다. (3) 그래서 술 약속이나 버팔로윙을 먹는 자리에 가는 걸 거절하게 되었다. (4) 그 결과 나는 아침에 카페에 들르거나 팬케이크를 먹기보다 차라리 헬스장에 가고 싶다. (5) 그것은 생산적인 일을 하는 데 더 많은 시간을 보내고 싶다는 것을 의미한다. 결국 나는 쉽게 건강한 삶을 영위할 수 있도록 만들었다. 건강한 선택은 두려운 대상이 아니라 원하는 것이 되었다.

운동 플라이휠은 처음에는 돌리기가 어렵다. 헬스장에 가는 일이 너무 버겁고 변화도 잘 느껴지지 않는다. 그렇지만 계속 밀고 나가다 보면 결국 휠이 돌기 시작한다. 아침에 일어나 운동하러 가길 기다리는 날이 온다. 모멘텀이 생긴 것이다.

플라이휠 바깥쪽 가장자리에 있는 지점을 선택해 단계별 이동을 추적하다 보면 자연스럽게 고리 주변으로 끌려오게 된다. 각 단계는 순서대로 다음 단계로 이어질 뿐만 아니라 이전 단계가 있었기 때문에 나타나는 논리적 결과다. 콜린스는 플라이휠의 움직임이 어쩔 수 없는 논리에 따라 작동한다고 말한다. 즉, 어쩔 수 없이 다음 단계를 밟기 때문이라는 것이다.

지로는 이 논리를 따랐다. 만일 당신이 우수한 제품을 만들었다면 엘리트 선수는 그 제품을 사용하지 않을 수 없다. 엘리트 선수가 당신 제품을 사용하게 되면 주요 소비층의 마음을 훔칠 수밖에 없다. 주요 소비층의 관심을 끌면 브랜드 파워가 커질 수밖에 없다. 브랜드 파워가 커지면 마진이 많아질 수밖에 없다.

플라이휠 효과는 좋은 방법과 나쁜 방법 모두에서 나타난다. 농장에서도 긍정적 플라이휠이 사용된다. 양질의 땅에 농장이 만들어진다. 식물이 좋은 땅에서 잘 자라니 당신이 다양한 식물을 키우게 된다. 그럼 풀과 식물을 섭취하고 배설하는 반추동물이 더욱 건강해진다. 이제 땅이 더 비옥해진다. 이는 물과 유익한 미생물이 더 잘 보존

된다는 뜻이다. 그럼 영양소가 훨씬 더 풍부한 토양이 만들어진다. 전체 생태계의 생명력이 증대된다.

물론 부정적 플라이휠, 즉 부정적 힘이 서로 작용하여 실패로 이어지는 '악순환' 역시 가능한데, 이는 다음과 같이 작용한다. 한 전자상거래 회사가 다른 분야에 투자하기 위해 고객서비스에 소홀해진다. 이어 신용카드 해외 이용에 관한 이의제기나 부정적인 리뷰가 늘어난다. 이는 주문량과 재구매 고객 감소로 이어진다. 이는 매출과 재고회전율 감소의 원인이 된다. 이 때문에 회사는 판매업체에 대금 지불이 늦어지게 된다. 판매업체는 신용 조건을 강화하고 재고를 늘리지 않는다. 회사는 파산을 피하기에 급급해 고객서비스에 더 소홀하게 된다. 마지막 단계에서 문제가 더욱 악화되며 첫 번째 단계로 돌아가게 된다.

모든 사람은 자신만의 플라이휠을 구축해야 한다. 당신의 플라이

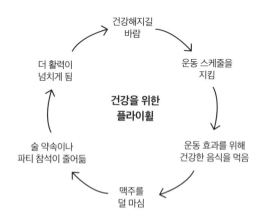

휠과 다른 사람의 플라이휠은 서로 전혀 다를 수 있다. 가장 효과적인 개인의 플라이휠은 자기 자신을 잘 아는 사람들에게서 나온다. 당신은 아마 앞으로 무엇을 하고 싶을 때 어떤 것이 증가하고 어떤 것이 감소할지에 대해 암묵적 지식을 가지고 있을 것이다. 핵심은 사이클을 명확히 한 후 실행에 옮기는 것이다.

전술 5 욕망의 긍정적 플라이휠을 시작하라

욕망은 경로를 따라 생겨난다. 오늘 우리의 선택은 내일 우리가 원하는 것에 영향을 미친다. 따라서 우리 행동이 앞으로 욕망에 대해 어떤 결과를 가져올지 최선을 다해 그려보는 것이 중요하다.

자신에게 욕망의 긍정적 사이클이 무엇인지 진지하게 고민해보는 것에서 시작해보자. 핵심 욕망부터 시작해보라. 아이들과 더 많은 시간을 보내거나 여가 활동에 더 많은 시간을 쓰거나 책을 쓰는 것일 수 있다. 그다음 핵심 욕망을 더욱 쉽게 충족시킬 수 있는 욕망 체계를 구상해보라.

이를 직접 써보길 바란다. 플라이휠의 각 단계를 '원한다'(또는 '바란다')는 단어가 들어간 한 문장으로 작성해보길 추천한다. 그다음 '그래서', '그 결과'라는 식의 연결사를 넣어 다음 단계와 연결시키는 과정을 밟으면 좋다.

고객서비스팀에 긍정적 플라이휠을 도입한 전자상거래 회사의 사례를 함께 살펴보자. 이 팀은 현실에 안주한 채 의욕을 잃은 상태다.

1. 고객서비스팀에 의사결정권이 주어지길 원한다.
2. **그래서** 고객에게 결정권을 가진 이와 말하고 있다는 인상을 주며 매니저를 찾기보다 그들과 소통하고 싶도록 만들길 원한다.
3. **그렇게 되면** 매니저는 불만을 제기한 고객을 응대하는 데 들이는 시간이 줄고 추진 중인 프로젝트를 관리하는 데 더 많은 시간을 들일 수 있어 효율성이 높아진다.
4. **그렇게 되면** 재량적으로 운용할 수 있는 보너스 한도가 생겨 매니저가 이를 관리하며 의사결정권을 가진 고객서비스팀 팀원에게 보상을 지급할 수 있다.
5. **따라서** 고객서비스팀 팀원은 더 많은 의사결정권을 원하게 된다.

당신의 경우 다섯 단계까지 필요하지 않을 수 있다. 그러나 각 단계는 필연적으로 다음 단계와 연결되어야 하고, 그 과정의 마지막 단계는 첫 번째 단계와 다시 이어져야 한다.

부정적 플라이휠은 긍정적인 플라이휠보다 훨씬 더 흔하다. 특히 사람들 간의 공통점이 많고 서로 가까이 지내며 살아가는 프레시매

니스탄의 경우 더욱 그렇다. 허리케인이 만들어지는 따뜻한 바닷물처럼 프레시매니스탄에서 증기가 더 빠르게 모아져 모방이 전염병처럼 확산된다. 모든 사람이 재귀적 환경에 살면서 모방 신호를 받기 때문이다.

나는 라스베이거스 다운타운에서 자포스의 문화를 탐색해보면서 부정적인 플라이휠에 사로잡혔다. 나는 CEO 토니 셰이가 단순명료함, 수평적 조직 구조, 남다르게 일하려는 의지 등 모델로 삼은 많은 것을 열망했다. 심지어 그는 기괴함마저 모델링하여 그것을 회사의 소중한 가치로 삼았다. 그러나 당시 나는 모방 욕망이 어떻게 작용하는지 모를 때였다. 자포스에도 역시 모방 욕망을 아는 사람이 단 한 명도 없었던 것 같다.

파괴적 사이클

토니 셰이는 모두가 행복해지길 바랐다. 어느 날 그는 내게 "행복하세요?"라고 물었다. 자포스는 당시 비즈니스 미디어 쪽에서 가장 각광받는 기사 소재였다. 모두가 그 회사 문화에 매료됐다. 사실 자포스는 그저 매년 훌륭한 고객 응대 서비스를 제공했을 뿐이며, 그 노력의 결과가 결실을 맺은 것임이 드러났다. 처음에 플라이휠의 작동 방식은 다음의 그림과 비슷했다.

1999년 자포스를 창업한 닉 스윈먼Nick Swinmurn은 단지 신발을 더

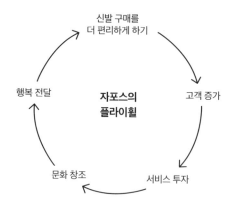

신발 구매를
더 편리하게 하기

행복 전달

**자포스의
플라이휠**

고객 증가

문화 창조

서비스 투자

쉽게 구매할 수 있길 바랐다. 그는 전자상거래 탄생으로 고통스러운 과정이 손쉬워질 수 있음을 발견했다.[16] 비즈니스 모델이 제대로 작동하기 위해서 자포스는 수익 창출의 핵심인 판매량, 고객 기반, 특히 고객 유지(재구매 고객 비율)를 높여야 했다.[17] 토니 셰이는 회사 투자자로 출발해 나중엔 CEO 자리에 올랐다. 2003년 초 토니와 초기 멤버 프레드 모슬러는 고객 서비스에 집중해야 함을 깨달았고, 이후 2004년 기업 문화에 집중해야만 서비스에 집중할 수 있다는 사실을 깨달았다.[18] 결국 그들은 회사 조직 문화 원칙을 '행복 전달'에 두기로 했다.

그 문화는 모든 주주(직원, 투자자, 판매업체 등)에게 행복을 전달하는 데 초점을 맞춘다. 사람들이 행복해지면서 플라이휠을 돌리는 것이 더욱 쉬워진다. 그 회사는 계획보다 2년 앞당겨진 2008년 10억 달러 이상의 매출을 달성했다.

이러한 성공을 거두기까지 토니의 리더십 역할이 컸다. 그는 자포스가 한 일에 매우 열정적이었다. 그는 회사를 시작하기 위해 큰 위험을 기꺼이 감수했고 자포스를 정말로 일하고 싶은 회사로 만들었다.

하지만 지금 돌이켜보면 미메시스의 부정적 영향을 인지했거나 그 부분에 대해 생각해본 사람이 없었다는 점이 문제였다. 뜨거워지는 냄비에서 뛰쳐나갈 생각을 못 하는 개구리처럼 문제가 있다고 생각한 사람은 아무도 없었다.

다시 토니와의 대화로 돌아와 보자.

나는 그에게 행복하다고 대답했다.

"그럼에도 불구하고 말이죠?" 그가 물었다.

"네. 괜찮습니다."

토니는 눈웃음을 지었다. 그는 뛰어난 포커 선수였다. 그가 어떤 패를 들고 있는지 알 수 없었다.

"그렇지만… 정말 행복한 거죠?" 그가 다시 물었다.

이제 내가 그의 품에 안겨 눈물을 터뜨려야 할 것만 같다는 생각이 들었다. 하지만 나는 두 손을 들어 올리며 말했다. "그런 것 같아요!" 이번에는 좀 더 짜증이 나고 나 자신에게 확신이 서지 않아 이렇게 물었다. "왜 그러시죠?"

토니는 내게 사회심리학자 조너선 하이트Jonathan Haidt가 쓴《행복의 가설The Happiness Hypothesis》을 읽고 있다고 말했다. 토니는 모든 사람이 언제 어디서나 추구하는 것이 행복이라는 것을 내가 알고 있는지 궁금했던 것이다.

토니의 논리는 다음과 같았다. 고객을 행복하게 해주기 위해 비즈니스가 존재해야 한다. 따라서 우리가 행복의 과학에 대해 많이 알수록 성공적인 비즈니스를 효과적으로 진행할 수 있게 된다. 최소한 이런 생각이었다.

일 년 후 토니는 자포스를 아마존에 12억 달러에 매각했다.[19] 그다음에 바로 《딜리버링 해피니스》라는 제목의 책을 출판했다. 또한 그는 라스베이거스 다운타운에 약 3억 5,000만 달러를 투자한다는 내용의 프로젝트를 발표했다. 토니는 자포스를 세우는 데 도움이 됐던 행복 문화를 가지고 도시를 살릴 계획이었다.

다운타운 프로젝트의 목표는 오피오이드 중독과 매춘으로 황폐해진 프리몬트 스트리트 북쪽 지구를 재건하는 것이었다. 그곳은 도박꾼들에게는 지구의 종말과도 같은 지역으로, 라스베이거스 다운타운의 일각인 그곳을 찾는 관광객은 아무도 없었다.

2010~2013년까지 토니 셰이와 그의 동료들은 약 9,300만 달러를 투자해 빈 호텔에서 고층 건물, 간신히 영업 중인 술집에 이르기까지 28에이커의 땅과 건물을 사들였다. 그들의 장기 목표는 그 지역에 투자해 자포스의 문화를 현지 주민들에게 전파하고 또 실리콘밸리의 능력 있는 기업가를 유치해 궁극적으로 기업 중심의 생태계를 구축하는 것이었다. 이는 '도시 창업'의 사회적 실험으로 토니는 이것을 '행복 도시'라고 칭했다.

아마존에 자포스를 매각한 후에도 토니는 여전히 자포스에 남아 리더로 활동했다. 토니는 자포스가 자율적으로 운영되도록 했다. 동시에 그는 다운타운 프로젝트를 시작했다. 이 프로젝트에 자포스 문화가 흘러 들어갔고 또 반대의 흐름도 나타났다. 자포스와 다운타운 프로젝트는 동일한 생태계에서 공존했다.

시작 단계부터 난항에 부딪혔다. 자포스 직원들은 사기가 저하됐다고 내게 말했다. 실험적인 수평 관리 구조를 채택하는 등 너무나 많은 변화가 빠르게 진행되면서 혼란을 일으켰다. 다운타운 프로젝트 역시 동일한 상황에 처했다. 넬리 바울리즈Nellie Bowles가 2014년 〈복스 Vox〉에서 폭로한 내용에 따르면 프로젝트가 시작된 지 1년도 채 되지 않아 유명 기업가 중 한 명인 조디 셔먼이 자신의 차에서 총으로 자살했다.[20] 셔먼이 죽은 지 1년이 지난 후에 다운타운 프로젝트의 핵심 멤버이자 벤처포어메리카의 라스베이거스 첫 멤버였던 오빅 배너지가 다운타운의 고층 아파트에서 투신하는 일이 발생했다.

오빅이 죽은 지 5개월도 채 지나지 않아 이 프로젝트에서 인큐베이팅한 스타트업 회사 중 하나인 볼트 바버스의 창업자 매트 버만이 자신의 방에서 목을 매 숨진 채 발견되었다.

충돌의 결과

라스베이거스 다운타운에 무슨 일이 있었던 것일까? 자포스의 새로운 수평 관리 구조(다운타운 프로젝트로의 확장)는 예상 밖의 모방적 결과를 낳았다.

〈복스Vox〉 기사를 인용한 한 소식통에 따르면 오빅 배너지는 "분명한 직업을 가진 적이 없었다." 그 소식통은 이어 "'누구도' 분명한 직업이 없었다. 토니는 사람들을 이끌며 '와서 무언가를 해라, 와서 즐겨라'라고 말했지만 막상 그곳에 가보면 갖춰진 게 없었다'라고 전했다.

신발과 고객 서비스에서 행복으로 초점이 옮겨가자 모방 모델의 수가 급증했다. 누가 행복한지 아닌지, 누구를 모방해야 할지 말아야 할지, 누가 모델인지 아닌지 명확하지 않았다. 자포스와 다운타운 프로젝트는 프레시매니스탄으로 바뀌었다.

다운타운 프로젝트팀의 일원으로 베이거스 다운타운에서 병원을 운영하던 주빈 다마니아 박사는 이 상황에 대해 다음과 같이 말했다. "기업가 중심의 사회에서는 너무나 많은 경계가 사라진다. 사람들은 사회적 안전장치로부터 멀어진다. 극도의 스트레스 사회가 되는 것이다." 또한 그는 자유의 환상(모든 기업가가 자신의 욕망의 주인이라는 생각)이 위험함을 시사했다. "설립자는 최악이다. 원하는 대로 자유를 누릴 수 있지만 연결망이 있다는 사실을 그들은 잊어버린다."

욕망은 연결망의 일부다. 사람들이 주위 사람들이 원하는 것에 영향을 받는다는 사실을 부인할 때 그들은 저항하는 것조차 모르는 불건전한 욕망의 사이클에 빠져들기 쉽다.

모방 욕망은 라이벌을 만들어내고 또 충돌과 갈등을 빚어낸다. 모방 위기에 처한 모든 공동체, 즉 차별성이 사라져 힘들어하는 공동체마다 모델과 모방자를 명확히 구별할 수 없게 되고, 부정적 플라이휠 버전을 갖게 된다. 다운타운 프로젝트는 의도적으로 사람들 간의 충

모방 욕망

파괴적 사이클　　라이벌

충돌과 갈등

돌을 조장하는 데 초점을 맞췄다. 부지불식간에 모방 경쟁 심리가 악화되고 있었다.

토니는 성공을 측정하기 위해 그가 '충돌 수익률return on collisions(투자수익률의 반대말)'이라고 부르는 핵심 지표를 즐겨 사용했다. 토니에 따르면 '충돌'은 긍정적 결과로 이어지는 두 사람 사이의 예기치 않은 우연한 만남이었다. 예를 들어, 두 사업가가 카페에서 옆자리에 앉아 일하다가 결국 파트너십을 맺거나, 투자자들이 술집에서 진토닉을 취하도록 마시다가 새로운 투자처를 발견할 수 있다. 토니의 관점에서 충돌 수익률은 문화나 공동체가 얼마나 가치 창출을 할 수 있는지를 측정할 수 있는 가장 좋은 방법이었다.

토니는 2013년 사내신문에서 이렇게 말했다. "대학 때부터 세렌디피티에 매료되기 시작했다. 대부분의 사람들은 대학에 다니는 시기가 사람들을 우연히 만날 수 있는 마지막 시절이었다고 생각한다. 나이가 들면서 차를 몰고 출근해 매일 같은 사람들을 만나고 집으로 돌아온다. 하지만 가장 좋은 일은 우연히 마주친 사람들과 생각을 공유할 때 일어난다."[21]

그는 라스베이거스 다운타운을 대학처럼 만들고 싶었다. 하나의 프레시매니스탄을 만들고 싶었던 것이다. 그러나 모든 충돌의 결과가 같지는 않다. 어떤 것은 우정, 결혼, 창업을 위한 아이디어 등 좋은 일로 이어지지만, 다른 어떤 것은 혼란과 갈등으로 이어진다.

충돌을 장려하는 토니의 전략 중 하나는 최적화된 공간 사용이다. 그는 우연한 만남의 발생이 극대화되기를 원했다. 그와 동료들은 자포스 중역들이 많이 사는 베이거스 다운타운에 있는 고층 건물 오그던에서 콘서트, 미팅, 해커톤, 해피 아워, 라이브 공연, 무료 개방 공연 등을 열었다. 분위기가 마치 언제든 활짝 열려 있어 누구든 들어갈 수 있는 대학 기숙사 같았다.

하루는 다운타운 프로젝트와 관련해 밤에 토니의 펜트하우스에서 열린 미팅에 참석했다. 당시 주제는 충돌이었다. 우리는 마룻바닥에서 천장까지 통창으로 이뤄져 프리몬트 스트리트 익스피리언스가 한눈에 내려다보이는 커다란 방에 모였다. 방에 있는 가구라고는 바퀴가 달린 수십 개의 일체형 책걸상뿐이었다. 이 책걸상은 교실에서 선생님이 아이들에게 여기저기 돌아다니며 그룹을 만들라고 할 때 흔히볼 수 있는 종류였다. 우리는 각자 책상 하나씩을 차지하고 앉았다.

토니는 방으로 들어와 주머니에 손을 넣은 채 모두 자리에 앉으라고 말했다. 그는 우리가 창업을 위한 스피드 데이팅처럼 앞으로 1시간 동안 가능한 한 많은 사람들을 만나도록 노력해야 한다고 설명했다. 우리는 방을 굴러다니며 서로 '부딪힌' 다음 대화를 시작했다. 토니 역시 책상 하나를 차지하고 앉아 우리와 함께 굴러다녔다.

나는 그날 만났던 사람이 하나도 기억나지 않는다. 그 시간이 끝나고 방을 떠날 때 자리에 앉았을 때보다 더 걱정스러운 마음이 들었던 것이 생생히 기억난다. 당시 나는 적어도 스무 명의 인사들과 나 자신을 비교하고 있었다. 그들은 대부분 같은 반경의 4블록 내에 살거나 베이거스 다운타운으로 이사 올 계획이었다. 바퀴 달린 책상은 온데간데없고, 우리 모두는 보이지 않는, 자기 주도적인 성인용 범퍼카에 앉아 있었다. 그날 충돌 속도가 더 빨라지고 또 더 힘들어졌다.

홀라크라시 이후

다운타운 프로젝트는 비교적 수평적 조직이었던 자포스의 연장선이었다. 임원과 직원들 사이에 관리상의 계층 구조가 거의 존재하지 않았다. 그러나 토니는 거기서 한 걸음 더 나아가고 싶었다.

2013년 자포스는 홀라크라시holacracy*라는 새로운 경영 철학을 시행했다. 터너리 소프트웨어Ternary Software의 설립자인 브라이언 로버트슨은 처음 이 용어를 상표로 등록했고 자신의 회사에서 시행했을 뿐만 아니라 다른 회사에서도 테스트하기 위해 노력했다. 곧 자포스

---

* 권한과 의사결정이 상위계층에 속하지 않고 조직 전체에 걸쳐 분배되어 있는 조직구조.

나 온라인 출판 플랫폼인 미디엄Medium 같은 대기업들도 홀라크라시를 채택하기에 이르렀다.

로버트슨은 자신의 책 《홀라크라시》에서 "자포스는 성장하고 있다. 직원이 1,500명에 달하는 우리는 기업가적 문화를 잃어버리거나 관료주의에 얽매이지 않은 채 규모를 확장해나갈 필요가 있다. 그래서 자포스를 도시처럼 경영할 방법을 찾고 있는 중이다."[22] 홀라크라시는 토니를 도울 수 있는 성문화된 시스템이었다.

기존의 경영 체계가 홀라크라시로 대체됐다. CEO나 COO 같은 기존의 직함은 동일한 조직의 목적을 수행하는 다양한 역할의 편의를 위해 사라졌고 다양한 사람들이 각기 다른 시점에 그 역할들을 수행할 수 있었다. 그들은 회사 규정에 따라 거버넌스 절차를 통해 이러한 역할을 수행하도록 선출됐다.

로버트슨은 이렇게 하는 이유가 조직을 위해 최선의 결정을 내리도록 하기 위해 한 사람을 하나의 역할에서 구별시킨 것이라고 설명했다. 이렇게 하면 중요한 임무의 과정에서 개인의 자아를 덜어낼 수 있다는 것이다. 그러나 사람과 역할의 분리는 때때로 숨겨진 문제점이 드러나게 했다.

새로운 시스템으로 전환해가기 위해 토니는 CEO의 자리에서 물러났다. 자포스의 이전 경영 체계도 하룻밤 사이에 모두 사라졌다. 다운타운 프로젝트도 경영 체계에서 유사한 행보를 보였다. 알다시피 모방 위기가 발생한 것이다. 유명한 비즈니스 언론에서 지적한 것처럼 경영 시스템이 실패했다기보다 시스템이 숨겨진 채 끓어 넘치는 모방 욕망으로 가는 문을 열어줬기 때문이다.

비즈니스에 대한 인간 중심의 접근 방식에는 인간 상호작용, 즉 인간 본성에 대한 혼란스러움과 투쟁하는 과정이 포함된다. 모방 욕망을 고려하지 않은 조직적 '운영체계처럼' 보완적인 것이 아니라 인간 본성과 다른 이질적인 어떤 것을 도입하는 것은 판도라의 상자를 여는 것과 마찬가지다.

자포스는 경영상의 위계질서를 철폐했지만 욕망의 네트워크와 모델과 관계를 맺어야 하는 필요성까지 없애지는 못했다. 개인의 관점에서 항상 욕망의 우선순위가 존재했다. 어떤 모델은 다른 것보다 더 따를 만한 가치가 있고 어떤 것들은 다른 모델보다 더 바랄 가치가 있었다. 우리는 우선순위에 따른 창조물이다. 우리가 리스티클listicle*과 순위를 그렇게 좋아하는 이유가 바로 여기에 있다. 우리는 일이 어떻게 쌓이고 어떻게 서로 어우러지는지 알아야만 한다. 위계구조의 외적 측면을 모조리 제거하는 것은 이런 근본적인 필요에 마이너스가 된다.

자포스가 홀라크라시로 이동하자 가시적 역할과 직함 등 지상에서 사라진 것들이 지하에서 다른 방식으로 나타났다. 〈쿼츠Quartz〉에 홀라크라시를 주제로 기사를 쓴 저널리스트 에이미 그로스Aimee Groth는 내게 이런 말을 했다. "더욱 정치적인 환경이 조성됐다. 직업 안정성

• 리스트list와 기사article를 합친 말로, 특정 주제에 번호를 매겨 순서대로 나열하는 글.

이 더 취약해지고 그들이 어떻게 해야 자신의 역할과 일자리를 지킬 수 있는지 점점 더 불분명해졌다. 또한 토니와의 친분 덕분에 무한한 권력을 지닌 몇몇 사람이 여전히 남아 있었다." 누구도 해독해내지 못했던 욕망의 그물이 숨겨져 있었던 것이다.

2010년 토니가 《딜리버링 해피니스》라는 책을 출판했을 때 이 회사의 플라이휠은 새로운 출발점에 선 것처럼 보였다. 원작에서는 '행복 전달'이 그 과정의 마지막 단계였다. 하지만 새로운 버전에서는 행복 추구가 그 과정의 처음이자 주요 단계가 됐다.

누군가 다른 사람에게, 심지어 배우자라 해도 행복을 전달할 수 있다고 생각하는 것은 주제넘은 행동이다. 그것은 우리의 몫이 아니다. 확실히 회사의 몫도 아니다.

'행복 전달' 사명은 플라이휠의 시작점인 '신발 구입을 편리하게 하

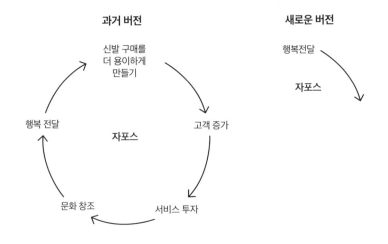

136

는' 사명과는 근본적으로 다르다. 그것은 더욱 야심 차고 의미 있지만 더욱 위험한 일이다. 대부분의 사람들이 다른 사람과 비교해 자신의 행복을 가늠한다. 플라이휠의 시작점이 고객과 기업 문화를 모두 포함해 행복 전달이라면 그 시스템은 미메시스로 가득 찬 막연한 행복에 대한 개념을 중심으로 돌아가게 된다.

행복이 무엇인지, 어떻게 성취할 수 있는지 아는 사람이 없는 공동체에서 행복이 지배적 욕망이 될 때 모든 사람은 따를 가치가 있어 보이는 욕망의 모델을 찾기 위해 좌우를 살펴보게 된다. 프레시매니스탄에 사는 모든 사람이 가까이에 있는 공평한 경쟁의 장에 거주하기 때문에 그것은 모든 사람과의 충돌로 이어진다.

나는 행복이 공식을 따름으로써 사람에서 사람으로 전해지거나 전달될 수 있는 하나의 밈처럼 취급되는 것을 보았다. 하지만 행복은 밈이 아니기 때문에 전달될 수 없다.

아메리칸드림 속에서 사는 사람이든, 실리콘밸리의 CEO든 아니면 옆집 이웃이든 모두가 항상 행복의 모델을 찾음으로써 행복을 추구한다. 하지만 외부 위계질서는 단지 더 개인적인 시스템이 눈에 보이는 것일 뿐이다. 개인적인 시스템은 우리 개개인의 내면에 존재하면서 모방 욕망을 통해 다른 사람들과 연결되는 욕망의 구조를 말한다.

C. S. 루이스는 이 보이지 않는 시스템을 내부 패거리inner ring라고 불렀다. 그것은 한 사람이 인생의 어느 순간에 있든, 얼마나 부유하거나 인기가 있든지 간에 어떤 집단 패거리엔 욕망이 있고 그 바깥쪽에 공포가 남겨져 있다는 뜻이다. 루이스는 이렇게 말했다. "[내부 패거

리에 속하려는] 욕망은 인간 행동의 주된 원인 중 하나다. 이것은 우리가 알고 있는 세상을 구성하는 요소들 중 하나다. 이 세상은 투쟁, 경쟁, 혼란, 접목, 실망, 광고로 온통 뒤죽박죽되어 있다. 당신이 욕망에 지배되는 한 당신은 결코 원하는 것을 얻지 못할 것이다."[23]

자포스는 외부 패거리의 가시적인 징후들을 모두 해체했다. 그들은 내부의 것들을 잊었다.

우선순위가 있는가

라스베이거스 다운타운을 기업 허브와 행복한 공동체로 만들겠다는 토니의 프로젝트는 원칙적으로 고귀한 것이었다. 그러나 이 프로젝트가 몰락한 것은 인간 본성을 제대로 알지 못했기 때문이다.

CEO, 교사, 정책입안자, 환경 조성자들은 결정이 다른 사람의 욕망에 어떻게 영향을 끼치는지 이해해야만 한다. 도시 계획자들이 공원, 벽화, 자전거 도로가 교통에서 범죄에 이르기까지 모든 것에 미치는 영향을 고려해야 하는 것처럼 좋은 리더 역시 그들의 결정이 인간 생태계에 미치는 영향, 즉 인간 관계망에 미치는 영향을 고려해야 한다.

나는 초기에 운영했던 회사에서 플래그 풋볼팀을 만들어 도시 리그에서 경쟁시키는 실수를 했다. 젊은 스타트업 기업들이 파벌로 나뉘는 결과를 초래했다는 것을 인지하지 못한 채 말이다. 직장 밖에서 재미있고 자유롭게 어울리는 것은 문제가 되지 않았다. 문제는 CEO

였던 내가 그 노력을 조직하고 주도했다는 것이다. 그 당시 우리 회사는(나를 포함해 10명 정도밖에 되지 않았다) 사회적 기대에 따라 상명하복식으로 운영된다는 인상을 주지 않기 위해 나보다는 다른 사람들이 아이디어를 내고 조직을 구성하도록 했다. 나의 축구 사랑이 몇몇 경쟁자들을 자극했고 훌륭한 목표보다 작은 목표에 열을 쏟는 방향으로 욕망이 쏠리게 됐다.

리더는 또한 경제적 인센티브가 언제나 경제적 그 이상의 의미를 지닌다는 것을 고려해야 한다. 만약 그 신호들이 충분히 강하게 주어진다면 욕망이 왜곡되고 사람들에게 '틀린 북쪽 방향'을 가리키는 나침판을 주게 된다. 예를 들어 역사 전공자들에게는 현금으로 1만 달러가 지급되지만 다른 전공자들에게는 그렇지 않다고 가정해보자. 그 지원금으로 인해 전공 시장에서 이례적인 상황이 빚어질 것이다. 몇몇 학생들이 자신들이 역사를 전공하고 '싶다'는 사실을 갑자기 깨닫는다고 해도 아무도 놀라지 않을 것이다. 그들은 새롭게 발견한 연구 과정이 진정한 자아의 표현이라고 스스로를 납득시킬 것이다.

또한 일부 부모들은 자녀들에게 어떤 스포츠의 경우에는 훈련비나 장비를 지원하고 다른 스포츠에는 지원하지 않는다. 또는 어떤 대학에는 학비를 지원하고 다른 곳에는 지원하지 않는다. 하지만 자녀들이 자신이 원하는 것과 편리한 것을 구분할 정도로 항상 심리적 자유와 성숙함을 지니고 있는 것은 아니다.

어떤 사람들은 20년이 지난 어느 날 잠에서 깨어 그들이 어떻게 그 직업을 갖게 되었는지, 그리고 왜 아직도 그 일을 하고 있는지 궁금해한다. 물론 금전적 인센티브가 행동에 영향을 줄 수 있지만, 경제적 인센티브만으로 사람들이 왜 어떤 모델에 매료되는지 그 이유를 다 설명할 수는 없다. 당신은 욕망을 살 수 없다. 우리가 리스크를 보조할 때 누가 무엇을 원하는지에 대한 왜곡된 시각을 갖게 된다. 때때로 그 사람이 바로 우리다.

가치의 우선순위가 명확히 확립되지 않는다면 마케팅, 돈, 그리고 모델은 사람들의 욕망을 왜곡시킨다. 이러한 현상은 내가 가르치는 경영대학원 신입생들에게서 뚜렷하게 나타난다. 인생의 기반을 형성하는 시기를 지나는 그들은 고도의 모방 단계에 놓여 있다. 나는 내가 신입생들의 모델이 될 수도 있다는 사실을 알기 때문에 적어도 그들에 대해 알기 전까지 특정 전공이나 인턴십, 직업에 대해 가치를 부여하는 일에 신중한 태도를 취하고 있다. 학생들이 나를 찾아와 이모나 삼촌, 친구 또는 직업 컨설턴트에게 회계학을 전공할 경우 안정적인 직업을 얻을 수 있다는 설교를 한참 들었다고 얘기할 때마다 좌절하곤 한다(여기서 회계학을 예로 들었지만, 어느 전공이든 다 해당되는 얘기다). 회계학에 자질이 전혀 없는 학생들조차 자신이 들어선 길에 대해 뒤늦게 후회하기 시작한다. 그런데 이것은 그들의 잘못이 아니다. 회계 관련 직업을 가진 사람이 훌륭한 모델이 되어주었을 뿐이다. 그들의 삶은 평온해 보였고 재정적으로 안정되어 보였다.

내가 물었다. "자네가 진짜로 하고 싶은 것이 회계학인가?"

학생들이 대답한다. "잘… 모르겠어요. 아마도요?"

그들은 마치 먹어본 적 없는 수백 가지 음식들로 가득 찬 외국 뷔

페에 있는 것 같다. 그들이 앞으로 할 첫 번째 행동은 자신이 뭘 하고 있는지 알고 있는 것처럼 보이는 누군가의 뒤에 줄을 서는 것이다. 우리 모두 그렇게 할 것이다.

나는 그들의 가치의 우선순위가 어떻게 보일지 그들에게 이야기한다. 그들에게 무엇이 중요한가? 그들이 살면서 지키고 싶은 5가지, 10가지 또는 12가지 규칙이 무엇인가?

그들이 내게 자신들이 관심 갖는 모든 것을 말하는 것만으로는 충분하지 않다. 그들은 어떤 식으로든 그것들의 순서를 정해야 한다. 나는 그들에게 결정을 내리고 우선순위를 정하라고 요구했다. 성 아우구스티누스는 이것을 '사랑의 질서'라고 불렀다.[24]

가치와 욕망은 같지 않다. 가치는 다이어트를 하듯 욕망을 정리하기 위해 작용한다. 고기를 좋아하는 사람이 채식주의에 대한 가치관이 생기더라도 실제로 고기를 먹지 않는 삶을 살기까지는 한참 시간이 걸릴 것이다. 어느 때가 왔을 때 그는 육즙이 줄줄 흐르는 햄버거를 앞에 두고도 먹고 싶지 않게 될 것이다.

많은 사람들은 무의식적으로 욕망을 정리하는 작업을 시작한다. 그 과정은 이렇게 간단하게 이뤄진다. 나는 먼저 가까운 가족들을 돌보고 그다음에 다른 사람들을 돌아본다. 나는 내가 아는 사람들에게 온 이메일에 먼저 답장을 보내고 요청하지 않은 판매 문의에 대해서는 나중에 답한다.

우리가 그것을 인식했든 아니든 우리의 마음은 항상 우선순위를 생각한다. 매일 해야 할 일 목록, 선거에서의 주요 이슈, 또는 식당의 메뉴 훑어보기(애피타이저, 메인 코스, 디저트) 등과 관련이 있는지와 무관하게 말이다. 욕망을 형성하고 총괄하는 가치의 우선순위가 없다면 어떤 것에 어느 정도 주의를 기울여야 할지 생각조차 할 수 없다.

대부분의 기업에는 사명 선언문이 있다. 여기에는 핵심 가치나 이에 상응하는 내용들이 포함된다. 그런데 그들 자신이나 외부 세계를 포함해 가치의 우선순위를 표방하는 곳은 찾아보기 힘들다. 이로 인해 코로나19 팬데믹 속에서 모든 직원의 안전을 보호하는 것과 기업의 운영 유지처럼 두 가지 가치가 분명하게 충돌할 때 어떻게 해야 할지 결정하는 것이 어려워졌다.

좋은 것들 사이에서 선택해야 할 때 가치의 우선순위가 특히 중요하다. 모든 가치가 동일하게 중요하거나 서로 어떻게 연관되어 있는지에 대한 명확한 이해가 없다면 미메시스가 의사 결정의 주요 동인이 된다.

대학 동기 한 명이 이런 말을 했다. "친구들과 나의 신념 모두 내겐 너무나 중요하다." 좋다. 그러나 친한 친구가 대축제일에 마이애미 사우스 비치에서 총각파티를 하자고 하면 어떻게 할 것인가? 서로 다른 두 가지가 '너무나 중요하다'라고 말하는 것은 별 도움이 되지 않는다. 우선순위가 명확하게 정립되지 않는다면 그는 주변에 영향을 받아 결정을 내릴 가능성이 높다. 그의 결정은 가치가 아니라 모방을 따르게 될 것이다.

기업은 매일 자신들의 가치에 대해 경쟁적인 주장이 제기되는 상황에 직면한다. 기업의 두 가지 핵심 가치는 '포괄성과 다양성' 그리고 '신뢰 관계 구축'일 것이다. 오래된 구성원들을 통해 안정적인 매출이 발생하는 회사의 경우, 회사 내에 포괄성과 다양성에 대한 명확한 우선순위가 없다면 젊은 여성을 영업직으로 채용해 다른 방식으로 신뢰를 구축할 기회를 어떻게 줄 수 있겠는가? 가치의 우선순위가 세워지지 않는다면 채용 담당자는 지원서의 95퍼센트가 경력직일 때 무엇을 해야 할지 모를 수 있다. 모방 인력이 영업 인력을 지배하는 상황이 계속될 것이다.

회사의 자본 구조에는 항상 회삿돈에 대한 권리를 주장하는 우선순위가 존재한다. 스타트업 기업의 캡테이블(누가 무엇을 소유하고 누가 무엇을 언제 지급받는지에 대한 우선순위 목록)에는 담보 채권자, 무담보 채권자, 우선주 보유자, 보통주A 보유자, 보통주B 소유자, 설립자 지분 등 권리 우선순위에 따라 사람들의 명단이 쭉 나열되어 있다. 누가 가장 먼저 돈을 받는가를 놓고 이처럼 명확한 우선순위가 필요하다면 최소한 우리는 가치에 대한 유사한 우선순위(우리가 먼저 바라야 할 것을 시사)를 제시해야 한다.

전술 6 가치의 우선순위를 명확히 하고 이를 전달하라

가치의 우선순위는 모방적 순응에 대한 해독제다. 만일 모든 가치가 동등하게 취급된다면, 특히 위기 상황에서는 가장 모방적인 것이 우세하게 된다(코로나19 발발 초기 휴지 사재기가 발생했다. 공급에는 문제가 없었고 미메시스에 문제가 있었다. 사람들이 공익을 위하기보다 그 순간 자신에게 가장 중요한 것이라면 무엇이든 사재기하는 경향을 보이는 것처럼 문화적 가치는 종종 비합리성의 영향을 받는다).

가치라고 이름을 붙이는 것만으로는 불충분하다. 순위를 매겨야 한다. 모든 가치가 동일할 때 어떤 가치도 제대로 평가되지 못한다. 그것은 책에 나온 모든 단어 하나하나에 밑줄을 긋는 것과 마찬가지다.

가치의 우선순위(또는 관계를 맺고 있는 사람 사이에서 당신이 고유한 가치)에 대한 정신적 모델을 구축하는 것이 좋다. 종이에 그것을 그려 보라. 회사 역시 동일한 작업을 수행해볼 것을 권한다. 그러한 우선순위는 시간이 지남에 따라 달라질 수 있다. 하지만 가치를 계층화함으로써 복잡한 상황에서 결정을 내려야 할 때 여러 선택사항의 경중을 따질 수 있을 것이다.

갈등은 차이에서가 아니라 동일성에서 비롯된다는 사실을 기억하라. 만일 모든 것이 똑같이 좋거나 중요하다면 갈등은 더욱 커진다. 상대주의의 횡포에 한몫해서는 안 된다. 지금 너무나 많은 폭군들이 존재한다.

많은 기업에서 명확한 가치의 우선순위를 제정하지 않아 미메시스가 기업의 사회적 책임CSR이라는 개념을 도용해 허술한 마케팅 술책으로 출현하고 있다. CSR 프로그램이 지지하는 가치가 중요하지 않다는 뜻이 아니다. 하지만 '사회적 책임'에서 책임보다는 '사회적'에 더 방점이 찍힌 느낌이다. 당신의 가치와 그들의 상대적 중요성 모두

확고히 하고 전달함으로써 그런 상황을 피하라.

일부 가치는 절대적이다. 그것을 인식하고 이름을 붙이며 옹호하라. 그것들은 피라미드의 바닥이나 동심원의 중심을 구성한다(당신이 우선순위를 표현하는 방법에 따라 달라진다).

욕망의 붕괴

우선순위가 명확하게 잡힌 가치 체계는 우선순위가 정해지지 않은 가치 체계보다 위기 발생 시 더 효과적이다.

페루치오 람보르기니는 그러한 우선순위를 갖고 있었다. 아들을 경쟁적인 삶에 따른 위험으로부터 보호하는 것은 그 어떤 희생을 치러 경기에서 이기는 것보다 훨씬 중요했다. 모방이 미친 듯이 확산되는 단계에서 람보르기니는 많은 사람들이 할 수 없는 일을 했다. 그가 그렇게 할 수 있었던 것은 명확한 가치 우선순위에 비추어 자신의 욕망을 체크하면서 통제권 아래 두었기 때문이다.

토니 셰이는 긍정적 충돌의 극대화를 원했지만 사람들 사이의 모방 공간, 숨겨진 곳에서 일어나는 욕망의 숨겨진 충돌을 염두에 두지 않았다.

2020년 8월 24일 〈라스베이거스 리뷰 저널〉은 20년 이상 자포스를 책임져온 토니 셰이가 그 자리에서 물러난다고 보도했다.[25] 그리고 2020년 11월 27일 토니가 추수감사절 다음 날 사망했다는 소식을 들었다. 토니와 내가 그의 집에서 기억에 남을 만한 추수감사절 저녁을 보낸 지 거의 12년의 시간이 흘렀다. 나는 그가 46년 동안 이룬 모든 것에 경의를 표한다. 다운타운 프로젝트는 계속된다. 독립 서점인 라이터스 블록Writer's Block, 나탈리 영Natalie Young 셰프의 레스토랑처럼 거기서 파생된 훌륭한 프로젝트들이 많이 있다.[26] 그러나 2015년과 2019년 사이에 다운타운 프로젝트에 대한 언론 보도는 대부분 부정적이었다. 하지만 외견상 남아 있는 '경영 이론'에 대한 해석은 결코 모든 진실을 드러내지 않았다.

라스베이거스 다운타운에는 누가 누구의 모델인지에 대한 혼란이 있었다. 그때 한 모델, 즉 토니 자신이 사람들 사이에서 부각됐다. 그는 엄청나게 부유했지만 허름한 식당이나 술집에서 자주 볼 수 있다. 그는 역설적 인물이었다. 토니는 다른 사람들이 행복하기를 진심으로 원했지만 그 자신을 위해서는 어떤 것도 원하지 않는 것 같았다. 욕망이 라스베이거스 다운타운에서 전염되어갈 때 토니는 다른 사람 사이에서 부각됐다. 다음 장에서 보겠지만 그것은 엄청난 위험이다.

앞서 나눈 이야기에서 이집트인들이 고양이에게 무슨 짓을 했는지 알고 싶은가? 2018년 고대 이집트의 석관이 수십 마리의 미라 고양이와 함께 발견되었다. 적어도 1799년으로 거슬러 올라가는 이 같은 발견으로 이집트인이 고양이를 끔찍이도 사랑한다는 신화가 뒤집혔다. 진실은 훨씬 어두웠다.

이집트인들은 고양이를 제물로 사용했다. 고양이가 신성시된 이유가 바로 여기에 있다. 모방 이론에서는 혼돈과 질서, 폭력과 신성 사이에 불가분의 관계가 있다고 말한다. 제물을 드리는 제사(고대 이집트에서 고양이를 제물로 바치든 오늘날 CEO나 코치를 희생타로 경질하든)는 모방 전염을 억제하고 통제하는 메커니즘이다.

우리가 이제 살펴볼 모방 사이클의 마지막 단계는 혼돈 상태의 욕망이 인간 사회에서 질서정연한 욕망의 형태, 즉 희생양 메커니즘이 되는 것이다.

chapter 4

모방은 무엇을 희생시키는가

역사 속에서 거듭하여 나타났던 것처럼 온라인상에서 익명으로 연결된 한 대중들이 갑자기 비열한 폭도로 돌변하는 것을 어떻게 해야 막을 수 있을까?

_재런 러니어

1977년과 1982년 사이 텍스트를 이용해 작품을 만드는 것으로 유명한 미국의 설치예술가 제니 홀저Jenny Holzer는 밤을 틈타 자신이 직접 만든 포스터를 벽에 붙이며 뉴욕의 거리를 활보했다. 그는 그것을 '선동적 에세이Inflammatory Essays'라고 불렀는데, 각각 100개의 단어가 형형색색의 종이에 이탤릭체, 대문자, 왼쪽 줄맞춤, 20줄로 정확히 인쇄된 포스터였다. 그 단어들은 무정부주의자, 운동가, 극단주의자들이 쓴 문학 작품이나 철학 작품에서 가져왔다. 그중 한 작품에는 이렇게 적혀 있었다.

재난은 파리처럼 사람들을 끌어당긴다.

그것을 보고 오싹해진 관중들은

희생자들과 함께, 모든 것에 익숙해진다.

그동안! 이것은 특히

관음증의 안 좋은 형태다.[1]

이후 제니 홀저는 퍼블릭 아트 펀드의 '대중에게 보내는 메시지' 프로그램의 일환으로 타임스퀘어에 설치된 800제곱피트 크기의 스펙타컬러 전광판에 자신의 작품을 실었다. 홀저는 '트루이즘' 시리즈로 불리는 250개의 작품으로 전광판을 밝히었는데, 작품의 단어들은 검은 바탕에 하얀 LED 불빛으로 이뤄졌다. 그중 한 문장은 다음과 같았다.

나를 보호해줘

내가 원하는 것으로부터

그 메시지는 주변의 화려한 색깔, 부산한 움직임, 소음들과 현저한 대조를 이뤘다. 홀저의 충고를 들은 영혼들은 바쁜 걸음을 멈추고 그 의미를 곰곰이 생각하게 되었다.

자신이 원하는 것으로부터 보호받고 싶다는 홀저의 애원은 모두가 공감할 만한 것이었다. 각자의 끝까지 쫓아가다 보면 우리는 모두 자신과 타인에게 위험해질 수 있는 욕망을 가지고 있다. 사회적 차원에서도 마찬가지다. 통제를 벗어난 미메시스는 욕망을 확산시켜 격렬한 충돌이 일어나게 한다.

르네 지라르는 수천 년 동안 인간이 특별한 방법으로 모방의 위기에서 자신을 보호해왔음을 발견했다. 그들은 축출이나 제거의 대상인 한 사람 또는 한 집단에 모방적으로 결집한다. 이렇게 함으로써 그들에게 폭력의 배출구가 제공되는 한편 그들을 단결시키는 효과가 있다. 그들은 라이벌을 완전히 전멸시키려는 욕망을 단 하나의 정점으로 이끎으로써 그들이 원하는 것, 즉 서로 충돌하게 만드는 모방 욕망으로부터 자신들을 보호한다. 그 정점이 바로 누군가를 모든 대체재로 만드는 것이다. 누군가는 맞서 싸울 수 없는 희생양이 된다.

모방 욕망과 폭력

지라르는 모방 욕망과 폭력 사이에 밀접한 연관성이 있음을 발견했다. 그는 자신의 저서 《그를 통해 스캔들이 왔다》에서 다음과 같이 말한다. "오늘날 모든 사람들은 돌고 도는 복수의 사이클을 만들어내는 폭력의 감염에 노출되었다. 이렇게 서로 맞물린 이야기들은 모두 서로 모방했기 때문에 너무나 명백하게도 서로 닮았다."[2]

이런 복수의 사이클은 어떻게 시작되었을까? 바로 모방 욕망이다. 지라르는 앞서 말한 책에서 다음과 같이 썼다. "내가 보기엔 현대 개인주의는 모방 욕망을 통해 우리 각자가 사랑한다고 공언하지만 경멸할 때가 더 많은 동료들에게 자신의 의지를 강요하려고 한다는 사실을 필사적으로 부인하려는 형태를 취한다."³ 이러한 작은 대인관계 갈등은 전 세계를 위협하는 불안정성의 축소판이다. 그리고 세계에 앞서 우리 가족, 도시, 조직들을 위협한다.

19세기 프로이센의 장군이자 군사 이론가인 카를 폰 클라우제비츠 Carl von Clausewitz는 많은 사관학교의 필독서인 《전쟁론》을 집필했다. 그는 서두에서 "전쟁이란 무엇인가?"라고 물었다. 이를 설명하는 데 책의 나머지 부분을 모두 할애한 그는 "전쟁이 규모가 좀 더 큰 결투에 불과한 것이다"라고 답한다.⁴

전쟁은 모방 경쟁이 단계적으로 확대된 것이다. 전쟁이 언제 끝날까? 인류 역사에서 공식적인 절차를 거쳐 인정된 전쟁에서는 거의 대부분 승자와 패자가 분명하게 나뉜다. 한쪽이 평화협정 체결과 같은 의례를 좇아 패배를 인정하면 갈등이 종식된다. 그러나 오늘날에는 그렇지 않다. 테러 조직원이 공격당하면 테러 조직들이 공동체 내에서 생겨나 히드라처럼 자라난다. 전투원들이 민간인으로 가장한 전쟁에서 어떻게 확실한 결론이 내려질 수 있겠는가? 지라르는 우리가 폰 클라우제비츠가 말하는 '극단으로의 확장'으로 무르익어 가는, 위험한 역사의 새로운 단계에 접어들었다고 생각했다. 즉, 갈등 속에서 서로 상대를 파괴하려는 폭력의 욕망을 키우고 고조시켜 나가고 있다는 것이다.

심지어 클라우제비츠의 시대에도, 그리고 확실히 제1차 세계대전에서도 전쟁은 이미 극단으로 치닫고 있었다. 뭔가가 바뀌었다. 전쟁으로 인한 파멸이 얼마나 계속될지에 대한 완충장치나 브레이크를 더 이상

찾을 수 없었다. 오늘날 우리는 정치적 수사와 입장이 극단으로 치닫는 것을 본다. 그리고 인류 역사상 처음으로 서로를 파괴할 수 있는 기술적 수단을 갖게 되었다. 극단으로 치닫는 것을 차단하기 위해 어떤 메커니즘이 효과적일지 확실하지 않다. 오늘날은 갈등의 확산을 막기 위해 무시무시한 사회 혁신을 감행했던 이전 사회와는 사뭇 다르다.

지라르는 역사를 연구하면서 인류가 모방 갈등 확산을 막기 위해 거듭 희생으로 돌아섰음을 발견했다.[5] 사회가 무질서로 위협받을 때 그들은 폭력을 몰아내기 위해 폭력을 사용했다. 그들은 선택된 사람이나 집단을 추방하거나 몰살시켰고, 이러한 행동은 폭력의 확산을 막는 효과를 가져오곤 했다. 지라르는 이런 일이 일어나는 과정을 '희생양 메커니즘'이라고 불렀다.

그는 희생양 메커니즘이 만인에 대한 만인의 전쟁을 한 사람에 대한 만인의 전쟁으로 바꾼다는 사실을 발견했다. 그것은 사람들이 모든 분노를 희생양에게 쏟아낸 채 모방 갈등을 잠시 잊어버리면서 일시적인 평화를 가져다준다.

지라르는 이러한 과정이 모든 문화의 근간이라고 믿었다. 많은 금기사항뿐만 아니라 우리 주변에서 발견되는 제도나 문화적 규범들, 특히 선거나 사형과 같은 의식들은 폭력을 억제하기 위해 개발된 메커니즘이다.

이번 장에서는 이제 형태를 달리해 희생양 메커니즘이 여전히 우리 사회에서 어떻게 작동하는지 살펴보겠다. 먼저 그 기원에서부터 시작해보자.

희생양의 등장

토라에는 고대 이스라엘의 이상한 의식에 대한 이야기가 담겨 있다. 일 년에 한 번 속제일이 되면 예루살렘 성전에 두 마리 숫염소를 가져온다. 그리고 어떤 염소가 신에게 제물로 바쳐질지, 어떤 염소를 저 먼 사막에서 살고 있다고 믿는 악령이나 악마인 아자젤Azazel에게 보낼지 결정하기 위해 제비를 뽑았다.

대제사장은 아자젤에게로 향하는 염소의 머리에 손을 얹는다. 그는 이스라엘 자손의 모든 죄를 그 짐승에게로 옮겨 보냈다. 제사장이 기도를 한 후에 백성은 자신들의 죄와 함께 그 염소를 사막, 즉 아자젤로 내쫓았다. 이 염소를 희생양이라고도 부른다.

유대인만 희생양이라는 발상을 한 것은 아니었다. 고대 그리스인들은 그들만의 버전으로 희생양 의식을 치렀다. 다른 점이 있다면 그들은 짐승이 아니라 인간을 희생시켰다. 역병과 재난이 닥치면 그리스인들은 파마코스pharmakós, 즉 사회 소외계층에 속한 사람(보통 버림받은 사람, 범죄자, 노예 또는 지나치게 못생겼거나 기형적이라고 생각되는 사람)을 희생양으로 선택하곤 했다.

파마코스란 단어는 약사를 뜻하는 영어 단어 '파머시pharmacy'와 관련 있다. 고대 그리스에서 파마코스는 처음에 지역사회에 독처럼 여겨졌던 사람이었다. 사람들은 자신을 보호하기 위해 그를 없애거나 내쫓아야 한다고 믿었다. 파마코스를 제거하는 것이 문제의 해결책이 되었는데, 이런 의미에서 파마코스는 독약이자 치료제였다.

사람들은 종종 공공장소에서 파마코스를 고문하고 치욕감을 줬다.[6] 의식을 통해 그들은 아리스토텔레스가 카타르시스라고 부르는 것을 경험했다. 이는 어떤 외부 사건에 참여함으로써 강한 감정이나 충동을 방출하는 과정을 말한다. 아리스토텔레스는 카타르시스가 비극적 드라마의 목적이라고 생각했다. 이를 통해 관객들은 자신의 슬픔과 고통을 어느 정도 해소할 수 있고 그러한 감정들을 안전하게 배출할 수 있었다.

내가 한때 일했던 투자은행의 한 임원은 회사 외부에서 페인트볼 서바이벌 게임을 진행했다. 우리가 게임을 마치고 돌아왔을 때 스티브는 웃으며 "아! 카타르시스를 느꼈어"라고 말했다. 스티브는 우리가 몇 시간 뛰어다니면서 페인트 총알로 서로를 쏘면 사무실에서 서로에게 가시 돋친 말이나 욕설을 내뱉는 일이 줄어들 것을 알고 있었다. 회사마다 각자의 카타르시스 의식을 필요로 한다. 이것은 잔뜩 취할 수 있는 파티보다 더 효과적이다.

고대 그리스인들에게는 파마코스가 그들이 서로에게 하고 싶은 것의 대체품이나 대역을 담당했다. 때때로 파마코스를 모욕하는 광경이 며칠 동안 계속되었다. 의식이 끝나면 그들은 만장일치로 추방이나 살인에 참여했다. 그리스 도시 마살리아(지금의 마르세이유)에서는 군중들이 파마코스를 높은 절벽 가장자리로 몰아넣고 주위를 에워싸 모든 탈출로를 차단했다. 마침내 그들은 그를 벼랑 끝 넘어 확실한 죽음으로 내몰았다.[7]

파마코스를 제거하는 것은 집단적이고 익명의 과정이었기 때문에

희생양 선별 과정

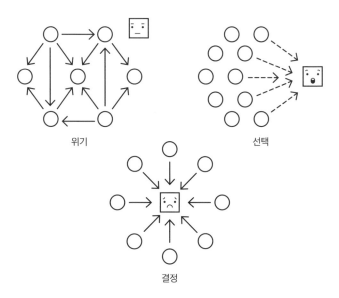

위기

선택

결정

그 혜택은 모두에게 흘러갔다. 누가 그 살인에 책임을 질 것인가? 모두이지만 아무도 책임지지 않았다. 그들 각자를 죄책감으로부터 면제해줌으로써 아무도 책임감을 느끼지 않았다. 동시에 집단 전체는 보복의 위협을 받지 않으면서 누군가에게 폭력을 행사하는 혜택을 누렸다.

만장일치 폭력은 언제나 익명의 폭력이다. 총살형 집행 부대의 경우 개인의 총에는 때때로 약실이 빈 곳이 있어 아무도 자신이 사람을 죽였는지 여부를 알 수 없다. 그래서 어느 누구도 그 죄를 혼자 짊어지지 않는다.

총살형 집행 부대가 있는 것처럼 폭도들에게도 심리적 안전장치가 있다. "내게 책임이 있다는 것을 확신할 수 없다"는 것은 적어도 자기 자신에게는 좋은 방어책이 된다.

지라르는 거의 모든 고대 문화에서 희생양 의식을 발견했다. 희생양은 종종 무작위로 선택되었다. 그러나 희생양은 항상 남다른 것으로 인식되며 외부인으로 구별되는 특징, 즉 눈에 띄는 어떤 것으로 특징지어진다. 희생양은 종종 집단의 정통성이나 금기를 위반하는 것으로 인식되는 내부자들이다. 그들의 행동은 집단 통합에 위협으로 비춰진다. 그들은 집단을 하나로 결속시키는 사회적 유대를 어지럽히거나 파괴하는 암적인 존재나 괴물 같은 외부인으로 보인다. 그 희생양을 제거하는 것은 그렇게 함으로써 집단을 다시 통일시키는 행위다.

희생양이 되는 것을 피할 수 있는 사람은 없다. 모방 위기가 일어나는 동안 인식의 왜곡이 일어난다. 미미한 차이를 보이는 프레시매니스탄에서는 극미한 차이조차 증폭된다. 사람들은 위기를 정면으로 맞닥뜨리기보다 희생양에게 최악의 공포를 투영한다.

"저 녀석이 그랬어"

전기 콘센트에 꽂힌 거대한 가전제품이 사람들로 북적이는 일본의 해변 근처에 정박해 있는 요트에 던져졌다고 가정해보자. 고압 콘센트는 수천 볼트의 전기를 물속으로 직접 보낸다. 그러나 그 전기는 일본 해변 근처에서 수영하는 사람들에게 해를 끼치진 않을 것이다. 물은 뛰어난 전도체이지만 태평양처럼 거대한 물속에서는 빠르게 방전

되기 때문이다.

이제 동일한 가전제품이 20명이 헤엄치고 있는 가로 20피트, 세로 44피트의 수영장에 빠졌다고 가정해보자. 어떤 일이 일어날까? 그 결과는 바다에서와는 확실히 다를 것이다. 여기서 이 수영장은 프레시매니스탄으로 비유될 수 있다. 수영장에 있는 사람들은 모방 위기에 빠졌다. 전기는 집단이 스스로 초래한 심각한 위험, 즉 사람에서 사람으로 빠르게 이동하면서 해결할 수 없도록 만드는 모방 전염을 나타낸다.[8] 이때 사건이 어떻게 전개되는지가 관건인데, 이성의 논리가 아니라 미메시스의 논리가 사건을 주도한다.

다음 한 장면을 살펴보자. 술에 취한 20여 명의 대학생들이 신나게 수구 게임을 하고 있다. 그런데 한 사람이 경기 규칙을 살짝 어기자 다른 이들이 그를 세게 밀쳤다. 이들 사이에 싸움이 벌어진다. 고함, 호명, 주먹질이 뒤따른다. 사람들은 재빨리 편을 정한다. 실랑이가 벌어지는 동안 수영장 가장자리 근처에서 몸싸움을 하던 남자의 팔에 그곳에 있던 가전제품의 코드줄이 감겼다. 그는 자신이 뭘 하고 있는지도 모른 채 수영장으로 가전제품을 끌고 간다.

일본 해변에 있던 사람들과 달리 수영장에 있는 사람들은 심각한 상황에 처해 있다. 몇 초 안에 전류가 물을 타고 흘러 모두가 감전될 것이며, 각각은 다른 사람에게 전도체 역할을 할 것이다. 이것이 모방 폭도 집단에서 일어나는 일이다.

영어 단어 '전염contagion'은 접촉을 뜻하는 라틴어 콘타기오contāgiō에서 유래됐다. 폭도 사이에서는 전염이 남몰래 이뤄진다. 전염병이 지역사회에 확산되는 동안 무리 중 아무도 누가 슈퍼 확산자인지 모른다. 보이지 않는 적이 방어벽을 뚫고 침투하는 때를 정확히 식별하는 것은 불가능하다. 미메시스의 경우 아무도 그들의 욕망이 감염되었다고 의심하지 않는다.

우리는 군중의 지혜가 언제 폭도의 폭력으로 변할지 예측할 수 없다. 우리는 공원이나 방의 반대편에서 일어났던 폭력의 상호작용을 보지 못한다. 우리는 그저 거대한 시스템의 일부일 뿐, 내부의 누구도 전체의 역학을 온전히 이해하지 못한다. 폭도들 가운데 일어나는 일은 안개 속에서 진행된다.

미국의 저술가 타네히시 코츠Ta-Nehisi Coates는 2019년 11월 〈뉴욕 타임스〉 오피니언에서 이 안개를 다음과 같이 설명했다.

새로운 캔슬 컬처cancel culture*는 모호한 신화가 사라진 세계에서 태어난 세대의 산물이다. 그 세계에서는 한때는 카더라 통신처럼 의심이 한껏 부풀려지거나 언급되던 말들이 이제는 총천연색으로 트윗된다. 더 이상 신성시되는 것이 없고, 보다 중요한 것은 합법적인 게 아무것도 없다는 점이다. 무엇보다 정의를 실현하는 책임을 맡은 기관들조차 그렇다. 차선책으로 이제 정의는 군중들의 손에 들어갔다. 이제 대중의 철저한 조사를 견딜 수 있는 평등주의 제도를 수립하는 것 아니

---

* 자신의 생각과 다른 사람들에 대한 팔로우를 취소Cancel한다는 뜻으로, 특히 유명인이나 공적 지위에 있는 사람이 논쟁이 될 만한 행동이나 발언을 했을 때 SNS 등에서 해당 인물에 대한 팔로우를 취소하고 외면하는 행동방식을 말함.

면 은폐된 안개 속으로 후퇴하는 것 중 하나를 선택해야 할 듯하다.[9]

한때는 떠들썩한 놀이로 단결했던 수영장 취객들이 다음에는 싸움으로, 그리고 이제는 공포로 단결하고 있다. 서둘러 수영장 밖으로 나가야 했지만 공포와 우유부단함으로 무력해진 그들은 어떤 행동도 할 수 없다. 그런데 이때 예상치 못한 구원자가 그 현장에 도착했다. 그는 지금 무슨 상황이 벌어지고 있는지 전혀 모른다. 그는 양손에 차가운 맥주를 들고 미소를 지으며 가전제품 가까이에 서 있다. 전기가 흐를 때 지지직거리며 불꽃이 튀었다. 그러나 그는 아무것도 눈치채지 못했다.

수영장에 있던 사람들은 수영장 가장자리에 서 있는 친구를 바라본다. 그는 평온했다. 웃음을 띤 채로. 그들은 죽음의 위험에 처해 있다. 이때 수영장에 있던 남자 중 한 명이 그를 손가락으로 가리키며 비난했다. "쟤가 그랬어!"

이제 수영장에 있는 사람들의 눈이 모두 그에게로 쏠렸다.

두 번째 비난의 손가락질과 두 번째 목소리가 "저 녀석이었어!"라고 터져 나왔다. 그다음 세 번째가 "쟤가 우리를 죽이려고 하고 있어!"라고 소리쳤다. 네 번째, 다섯 번째 비난이 빠르게 뒤따랐다.

비난은 위험할 정도로 모방성이 강하다. 가장 먼저 비난하기가 제일 어렵다. 앞선 모델이 없기 때문이다. 우리는 압도적인 증거가 있을 때 다른 사람을 고발할 수 있다. 그러나 극단적 공포나 혼란의 상황에서 기준은 바뀐다. 사람은 관리가 잘되는 교실보다 전쟁터에서 악랄

한 가해자의 면모를 더욱 잘 드러낼 것이다.

비록 전혀 사실이 아닐지라도 일단 첫 번째 비난이 나오면 현실에 대한 인식이 달라진다. 이는 새로운 사건에 대한 다른 사람의 기억과 인식에 영향을 준다. 그리고 각자 새롭게 비난함으로써 더 많은 모델이 등장한다. 모델의 수는 두 번째 고발이 첫 번째보다, 그리고 세 번째가 두 번째보다, 네 번째가 세 번째보다 더 쉬운 이유가 된다.

스티브 잡스의 사례에서 보았듯이 모델은 현실을 왜곡할 수 있다. 사람들이 어떤 사람이 잘못을 저질렀다는 확신을 모델링하면서 남을 따라 비난의 목소리가 연이어 터져 나오면 우리 앞에 있는 피고인이 달리 보일 수 있다. 우리는 그들을 있는 그대로 보지 않는다. 왜냐하면 그들은 우리 자신이 범한 폭력의 거울이기 때문이다. 그 순간 수영장 밖에 서 있던 그 남자는 수영장 안에 있는 사람들에게 괴물, 즉 살인자의 모습으로 보인다. 이 모든 것은 공교롭게도 그가 잘못된 시간에 잘못된 장소에 있었기 때문이다.

희생양의 역할

르네 지라르는 미메시스의 변형 효과를 보여주기 위해 티아나의 아폴로니우스가 행한 '끔찍한 기적' 이야기를 들려준다.[10] 2세기 에베소인들은 공동체를 파괴한 전염병이 종식되지 않자 유명한 주술사인 아폴로니우스를 찾았다. 아폴로니우스는 사람들에게 장담하며 말했다. "용기를 내십시오, 내가 오늘 병의 진행을 차단하겠소." 그는 사람들을 이끌고 극장으로 갔다. 그곳에는 늙은 장님 거지가 있었다. 그는 사람들에게 말했다. "가능한 한 많은 돌을 주워 신들의 적인 저 사람에게 던지시오."[11] 아폴로니우스는 희생양 메커니즘을 처방한 것이다.

주술사 아폴로니우스는 에베소인들에게 병을 없애기 위해 눈먼 거지를 돌로 치라는 처방을 내렸다. 처음에 사람들은 아폴로니우스의 지시에 충격을 받았다. 왜 이 위대한 치료사가 무고한 사람을 죽이라고 했을까? 그러나 아폴로니우스는 계속해서 그들을 구슬렸다. 처음엔 아무도 움직이지 않았다. 그러다 마침내 어떤 사람이 나서서 돌을 집어 던졌다. 그들 중 몇 사람이 그를 돌로 치기 시작하자 얼마 후 에베소인들은 이제 그를 악마로 보게 됐다.

사람들이 그를 돌로 쳐서 죽인 뒤 바위 더미 밑에서 그의 시체 대신 들짐승 한 마리를 발견했다. 이것은 그를 바라보는 군중의 시각에 변화가 일어남을 상징한다.

이제 평화가 도시에 다시 찾아들었다. 에베소인들은 그 사건이 일어난 곳 위에 신을 위한 제단을 쌓았다. 독이 치료제가 되었다. 아폴로니우스는 에베소인들에게 파마코스를 제공한 것이다.

수영장으로 다시 돌아와 보자. 처음 용의자를 발견하고 비난했던 남자는 이제 분기탱천했다. 그는 있는 힘을 다해 물 밖으로 나온다.

전기는 수영장에 있는 사람들을 한데 모아 더 강한 힘을 활성화시킬 무언가 또는 누군가가 등장하지 않는 한 그들이 빠져나가지 못하게 만드는 위험한 모방 전염을 나타낸다. 희생양 메커니즘은 그것을 깨뜨리는 힘이다.

수영장에서 가장 먼저 나온 사람이 나머지 사람들의 모델이 된다. 그가 행동하자 다른 사람들도 이제 움직일 추진력과 동기를 갖게 된다. 그들은 물 밖으로 도망치도록 활성화되었을 뿐만 아니라 이제 그들을 끌어내줄 친구들도 있다.

모델들은 사람들이 행동하도록 자극한다. 때때로 그들은 획기적인 공연을 준비하는 데 도움을 준다. 많은 과학자들이 인체가 발달의 한계에 도달했다고 생각했던 2012년 런던 하계올림픽에서 30개 이상의 세계 기록들이 깨졌다. 2019년 엘리우드 킵초게Eliud Kipchoge가 마라톤에서 2시간대 벽을 깨는 기록을 세웠다. 적어도 20년 내에는 달성이 불가능할 것이라고 예측했던 기록이다. 이제 부분적으로 모방 욕망 덕분에 이런 장벽들이 계속 깨지는 것을 볼 수 있을 것이다.

몸이 충격에서 회복되자 수영장을 빠져나온 사람들은 더욱 격분했다. 그들은 자신들을 감전시키려 했다고 믿는 남자에게 모여들었다. 그가 항의하고 반발할수록 그들의 분노에 부채질하는 격이었다. 그가 소리친다. "내가 뭘 했다는 거야? 나는 그냥…"

친구들이 소리를 지른다. "거짓말하지 마!"

맥주를 든 남자가 가전제품을 수영장에 빠뜨린 사람이라는 데 모두가 동의한다. 그 말고 누가 그렇게 할 수 있겠는가? 수영장 밖에는 아무도 없었다.

이것이 그들의 근본적인 무지였다. 그들은 수영장 안에서 벌어진 싸움으로 가전제품이 물에 잠기게 됐음에도 수영장 밖에서 답을 찾았다.

　희생양은 계속해서 자신을 변호하려고 하지만 폭도들은 그의 말을 모두 곡해해서 듣는다. 그가 항의하면 할수록 그들의 분노가 커진다. 폭도는 각 구성원들이 쉽게 주체성을 잃어버리기 쉬운 초모방적 집단이다. 모방 전염은 사람들 사이의 구분, 특히 그들의 욕망의 차이를 없앤다.

　수영장에서 싸우는 남자들 중 그 누구도 자신이 폭력적이라고 생각해본 적이 없다. 그러나 이제 극도의 흥분과 분노에 사로잡힌 그들은 심각한 폭력을 가할 준비가 되어 있다. 자신이 곤경에 처했음을 깨닫기 시작하면서 우리의 불행한 희생양은 탈출로를 찾기 시작한다. 하지만 군중이 그에게 다가오고 있다.

　이 이야기는 적어도 세 가지의 결말이 가능하다. 첫 번째 결말은 맥주를 든 남자가 그들의 커뮤니티에서 추방당하는 것이다. 그는 수치심에 더 이상 대중들에게 모습을 드러낼 수 없다. 그는 그 이야기를 모르는 곳으로 이사 갈 수밖에 없다.

　두 번째 결말은 현실성이 떨어지지만 누군가는 상상하기 좋아하는 낭만적 계몽주의적 입장이다. 분노가 극에 달했던 술에 취한 사람들이 모두 이성을 되찾고 함께 앉아 사회적 계약서를 작성한다. 그들은 맥주를 든 남자가 실수로 전자기기를 물에 빠뜨릴 수 있음을 깨닫는다. 그들은 그에게 앞으로 모임에서 술을 마시지 말고 모든 사람의 치료비를 지불하라고 명령한다.

　세 번째 결말은 남자 중 한 명이 희생양의 얼굴을 후려쳐 땅에 쓰러뜨린다. 두 번째 남자도 구타에 가세한다. 세 번째, 네 번째, 다섯 번째 남자도. 그들의 폭력은 다른 모든 폭력과 마찬가지로 정의로워 보인다. 그들은 폭력을 행사한 것이 아니라 정의를 집행하고 있다. 클라이맥스에서 그들은 예상되는 행동을 취한다. 바로 실컷 두들겨 팬 희생자의 몸을 집어 들어 전기가 흐르는 수영장에 던지는 것이다.

이 세 가지 시나리오 중에서 결과의 대가를 치르게 되는 사람은 수영장 밖에 있던 남자가 유일하다. 우리의 이야기에서 폭도들은 세 번째 옵션, 즉 자신이 정의라고 믿는 것을 선택한다.

희생양 메커니즘은 불안한 시국에 가장 효과적이다. 나치당이 부상하기 전 독일은 제1차 세계대전에서 패배한 후 경제적, 사회적 혼란에 빠졌다. 아르메니아인, 르완다인, 시리아인 집단 학살을 비롯해 다른 인종 학살 역시 사회적으로 매우 불안정한 시기에 발생했다.

또 다른 예로 일반적으로 악으로 간주되는 누군가가 죽임이나 제명을 당함으로써 카타르시스적 안도감을 제공하는, 즉 한 사람이 희생양이 되는 국지적 사건들을 들 수 있다. 인류학자 마크 안스바흐Mark Anspach는 자신의 저서 《징벌Vengeance in Reverse》에서 군인들에게 둘러싸여 옷이 벗겨지고 조롱과 고통을 당한 한 남자의 이야기를 들려준다. 피 묻은 시체는 거리로 질질 끌려갔고 사람들은 거기에 침을 뱉었다. 누구의 이야기일까?

사람들이 그 장면을 휴대폰으로 찍고 이 남자의 죽음을 축하하자 리비아의 새로운 과도기 정부 지도자는 다음과 같이 선언했다. "사랑하는 이 나라에서 모든 악이 제거됐다. 이제 새로운 리비아, 통일된

리비아, 하나의 국민, 하나의 미래를 시작할 때다."

구타당한 지도자는 바로 무아마르 카다피였다. 거의 모든 사람들이 카다피를 사악한 사람으로 여기며 하나로 똘똘 뭉쳤다. 그는 나쁜 사람이었다. 하지만 그가 그 나라에서 유일한 범죄자는 아닐 것이다. 과도기 정부 지도자가 모든 악이 사라졌다고 주장하는 것은 카다피가 희생양이었음을 의미한다. 안스바흐는 말한다. "그의 죄가 클수록 그가 다른 모든 죄 지은 사람들을 대신하는 더욱 설득력 있는 희생양이 될 수 있다."

희생양 메커니즘은 희생양이 죄가 있고 없고가 아니라 연합, 치유, 정화, 속죄 등 원하는 결과를 얻기 위해 희생양을 이용하는 공동체의 능력에 달려 있다.

저항이 가장 적은 길

역사를 통틀어 희생양들은 몇 가지 공통점들을 보인다. 그들은 군중 속에서 두드러지고 쉽게 선발될 수 있는 사람들이다. 앞서 언급한 수영장 사례에서 맥주를 가지러 간 남자는 유일하게 수영장 밖에 서 있는 사람이었기 때문에 자신도 모르게 희생양이 될 위험에 처했다.

현실 세계에서는 다음과 같은 조건들을 충족시키는 사람들이 종종 희생양으로 선정된다. 그들은 이목을 끄는 극한 성격이나 (자폐증 같은) 신경다양성 또는 신체적 이상을 갖고 있다. 그들은 지위나 시장의 측면에서 사회 경계에 있다(그들은 아미시 족이나 통신망을 피해 살기로 선택한 사람들처럼 체제 밖에 있다). 그들은 어떤 면에서 일탈자로 간주된다(라이프 스타일, 성적 취향이나 의사소통 방식과 관련이 있든 없든 그들의 행동은 사회 규범에서 벗어나 있다). 그들은 대항할 수 없다(이 점은 통치자나 왕에게도 해당된다. 모든 것이 한 사람에게 불리할 때, 가장 강력한 사람일지라도 무력해진다). 또 그들은 어디서 왔는지, 어떻게 그곳에 있게 됐는지를 알 수 없고 마술처럼 짠 하고 나타났기에 사회 불안의 원인으로 비난받기 쉽다.

모든 희생양은 사람들을 단결시키고 모방 갈등을 해소할 능력을 갖고 있다. 사형수는 주지사에게도 없는 힘을 가지고 있다. 위기에 처한 가족이나 공동체에게 그 죄수의 죽음만이 그들이 찾던 치유를 가져다줄 수 있는 것처럼 보인다. 그래서 그 죄수는 그 누구도 대신할 수 없는 초자연적인 것에 준하는 자질을 갖게 된다.

지라르는 1972년에 출간된 《폭력과 성스러움》에서 희생양의 또 다른 특징으로 극단적으로 왕이나 거지 또는 종종 동시에 둘 다가 될 수 있다는 점을 들었다. 거지가 희생양이 된다면 그가 평화의 도구로 사용되었기 때문에 그의 죽음 전과 후에 반신반인 같은 특징을 지닌다. 그에겐 사람들이 스스로 이끌어낼 수 없는 결과를 도출해내는 힘이 있었다. 바로 이 때문에 에베소인들은 아폴로니우스가 그들에게 눈먼 거지를 돌로 치게 한 그 자리에 제단을 쌓았다. 그곳에서 신성한 일이 일어난 것이다.

지라르는 《폭력과 성스러움》에서 〈오이디푸스 왕〉이 왜 희생양에 관한 이야기인지를 설명한다. 오이디푸스는 심각한 전염병이 돌던 테베의 왕이었다. 테베에서 무슨 일이 일어난 것일까? 진짜로 전염병이 발발했던 것일까? 지라르는 이 이야기의 표면적 세부사항을 지나치게 신뢰해서는 안 된다고 말한다. 우리는 좀 더 깊이 들여다봐야 한다. 지라르에 따르면 도시가 모방 위기, 즉 "무수한 개인적인 갈등"에 말려들었을 가능성이 더 높다.[12]

오이디푸스는 이전 왕(그의 아버지)이었던 라이오스를 죽인 살인자를 찾아내면 전염병을 종식시킬 수 있으리라 생각했다. 놀랍게도 그는 자신이 아버지를 죽이고 자신의 어머니와 결혼했다는 사실을 알게 됐다. 테베인에게 있어 그것이 재앙의 원인이었음에 틀림없었다. 하지만 이상하지 않은가? 오이디푸스의 잘못은 생물학적 범죄가 아니라 사회적인 것이었다. 그는 자신의 어머니와 결혼하고 부친을 살해하는 주요 금기를 범했다. 이것이 어떻게 전염병을 일으킬 수 있었을까?

그 이야기는 오이디푸스가 자신의 눈을 도려내고 딸과 함께 망명하는 것으로 끝이 난다. 그런데 정말 오이디푸스가 세균성 질병을 일으켰을까? 물론 그렇지 않다. 지라르는 이것이 희생양을 동반한 일종의 역사 수정주의라고 주장한다.

옛날 사람들만이 이런 종류의 이야기를 만들어낸 것은 아니다. 오늘날 사람들이 얼마나 자주 위기의 여파를 자연재해의 언어로 묘사하는지 생각해본 적이 있는가? 2008년 미국인은 주택 부채가 '눈사태처럼 불어나는avalanche' 위기에 처했다.[13] 유명한 헤지펀드 매니저로 CNBC에서 코로나19에 대해 언급했던 빌 애크만Bill Ackman은 대중이 전염병을 심각하게 받아들이기 몇 달 전부터 '쓰나미tsunami'가 오고 있음을 느꼈다고 말했다.[14] 2020년 2월 4일 발행된 백악관 팩트 시트에 따르면 대통령이 조치를 취하기 전에 '밀물' 들어오듯 이민자의 행렬이 계속되었다(팩트 시트는 다음과 같이 말했다. "트럼프 대통령은 미국 국경으로 밀려드는 이민 행렬을 막기 위한 조치를 취했다"). 2008년 금융 위기 이후 우리는 미 정부가 위기에 처한 은행과 다른 기업들에게 재정적 숨통을 틔워주는 것을 언급하며 기업들이 '긴급 구제bailouts'를 받는 것에 대해 이야기했다. 긴급 구제는 보통 갑작스러운 폭풍 등으로 침수됐거나 가라앉은 선박에서 양동이로 물을 퍼내는 것을 의미하는 해양 용어다.

위기는 항상 몰래 다가와 사람들에게 충격을 준다. 모든 현대 기술과 지능을 동원해도 위기를 예측하거나 예방할 수 없다. 우리는 우리 스스로 만들어낸 위기에 계속 봉착한다. 왜냐하면 사람들이 모방 과정에 휘말렸을 때 그 사실을 깨닫는 사람이 거의 없기 때문이다. 대부분의 사람들은 독립적 욕망, 즉 낭만적 거짓에 대한 환상을 계속 갖고 있다. 그러나 세계 금융 및 기술 시스템이 갈수록 복잡해지면서 우리의 욕망 시스템 또한 복잡해졌다. 우리 각자는 서로 교차되는 다중 욕망 시스템을 점유하고 있다. 우리가 어떤 상황에 처해 있고 무엇을 해야 할지 아는 능력을 개발하는 것이 이 책 후반부의 핵심 목표다.

모방 시스템은 적어도 물적 시스템만큼 중요하다. 어떤 사람은 일본에서 나비 한 마리의 날갯짓이 어떻게 플로리다 해안을 강타하게 만드는지 궁금해한다. 다른 사람들은 러시아의 누군가가 어떻게 페이스북 계정 하나로 미국을 무정부 상태로 만들 수 있는지 궁금해한다. 첫 번째는 물적 시스템이고, 두 번째는 욕망 시스템이다.

다음에 이어질 내용은 아무도 이해하지 못했고 그래서 모두가 잘못 파악한 욕망 시스템에 대한 아주 짧은 이야기다. 우리는 설명할 수 없는 것을 설명할 수 있는 이야기가 필요하다. 그래서 신화가 존재하는 것이다. 사람들은 그것이 어떻게 시작되었는지, 그 안에서 어떤 역할을 해야 하는지 전혀 알지 못하는 무질서 가운데 있는 자신을 발견했을 때 어떤 것이든 비난할 것이다.

그들은 왜 춤을 추는가

1518년 7월 프랑스의 작은 마을 스트라스부르에서 한 젊은 여성이 거리에서 통제 불능 상태에 빠져 춤을 추기 시작한다. 나는 그 이야기가 사실이라고 믿는다. 존 월러John Waller는 《춤추는 전염병The Dancing Plague》에서 그 장면을 다음과 같이 묘사한다. "그들은 트로페아 부인의 춤이 사흘째 계속되는 것을 지켜봤다. 그녀의 신발은 이제 피로 흠뻑 젖었고 지친 얼굴에는 땀이 비 오듯 흘러내렸다."[15] 며칠 사이 춤을 추고 싶은 충동이 걷잡을 수 없이 일어난 30여 명이 거리로 나왔다. 치안판사, 주교, 의사들은 그들 중 일부를 강제로 병원에 입원시켰다. 그러나 왜 그들이 춤을 추는지 그 원인과 치료법은 여전히 불분명하다.

무엇이 1518년에 춤추는 전염병을 일으켰는지에 대한 주장들이 수십 년 동안 유포되었다. 정신적 교란과 악마에게 사로잡힘, 이 두 가지 모두 인기 있는 주장이었다. 그러나 춤이 주변 사람들에게 퍼져 나가는 이유에 대해서는 어느 것도 제대로 설명하지 못했다. 무엇이 사회적 전염을 설명할 수 있을까?

유럽 전역의 도시에 즉흥 무용수들이 나타났다. 어떤 곳에서는 사람들이 일 년 중 특정 날에만 춤을 추기 시작했다. 남부 이탈리아의 풀리아 지역에서는 매년 여름 발작적으로 춤을 추는 사람들이 나타났다. 이탈리아인들은 그것을 타란타티tarantati라고 불렀는데, 많은 사람들은 이 춤이 거미(이탈리아어로 'tarantola')에 물려서 걸린 질환으로, 거미의 움직임을 흉내 내는 것이라고 믿었다.

특정 노래에 맞춰 춤을 추고, 예배 같은 특정 의식을 따르는 것이 그 질병을 치료하는 유일한 방법이라는 믿음을 포함해 이상한 의식들이 발전했다. 사람들은 방이나 마을 광장에 있는 감염자 주위로 모여 음악을 연주하고 거미의 리듬에 따라 춤을 춤으로써 그 사람을 격려하곤 했다. 만약 그들이 그 생명체를 만족시켰다면 이러한 현상이 끝나리라 믿었던 것이다.

감염자, 즉 타란타티는 성스러운 존재가 되었다. 무도병으로 고통받는 사람들은 공동체 내에서 재앙과 공포의 원인으로 버림받았지만 질서를 회복시킬 힘을 가진 유일한 사람이기도 했다.

그런데 여기서 진실인 것이 있는가? 수 세기 동안 아무도 이 춤의 진짜 원인을 규명할 수 없었다. 그러다 이탈리아의 문화인류학자이자 정신과 의사였던 에르네스토 데 마르티노Ernesto de Martino가 1950년대 풀리아에 갔을 때 보다 진실에 가까운 그림이 드러나기 시작했다.[16] 그는 수백 명의 지역 주민과 인터뷰를 한 결과 춤을 췄던 사람들에게 공통점을 발견했는데, 이들 대부분은 일종의 트라우마를 겪고 있었다. 춤을 추게 된 도화선은 불가능한 사랑, 강제 결혼, 실직, 사춘기 또는 공동체와 자신의 삶 속에서 미메시스를 통해 역동성을 뒤흔드는 위기 상황이었다. 그 고통은 관계적인 것처럼 보였다. 데 마르티노는 책에서 숨겨진 권력 관계, 사회적 긴장 그리고 인정받지 못한 욕망의 위기 등을 설명했다.

무도병은 사회적 혼란으로부터 질서를 회복하는 종교적 의식이었다. 거미들이 희생양이 됐다. 고통받는 춤꾼들로부터 거미의 영향을 없애는 의식은 모두에게 카타르시스를 안겨주었다. 그 의식이 이상했던 만큼 관계의 붕괴라는 더 큰 사회적 위기로부터 공동체를 보호했다. 미친 듯이 춤을 추는 것이 모두가 함께 모여 악마를 내쫓을 때라는 경종이라고 생각해보라.

무도병은 점차 사라졌지만 문화적 흔적은 여전히 남아 있다. 남부 이탈리아에서 인기 있는 타란텔라라는 민속춤은 500년 된 의식에 사용된 춤에서 유래한다.

왜 남부 이탈리아 사람들은 위기의 진짜 원인에 대해 스스로 거짓말을 했을까? 거미에게 물린 후 춤을 추고 싶은 '자발적' 충동에 휩싸인다고 주장하는 것은 예로부터 내려온 낭만적 거짓의 한 버전이다. 그 춤은 모방 욕망에서 비롯된 것이었다. 그것은 사회적 감염의 징후였으며, 질서를 회복하기 위해서는 희생양이 필요했다. 그리고 이 경우 희생양은 거미였다.

먼저 돌로 치라

희생양은 이성적 판단이 아닌 모방적 판단 과정을 통해 선택된다. 돌팔매질을 하는 고대의 관습을 생각해보자. 한 무리의 사람들이 타박상으로 죽을 때까지 누군가에게 돌을 던진다. 그 고대 이스라엘에서 공식적인 사형 방법이었다. 토라와 탈무드는 그것을 특정 범죄에 대한 처벌로 성문화했지만 그 기원은 훨씬 더 오래되었다.

가장 원시적인 형태의 돌팔매질은 자발적으로 생겨났다. 그것은 오늘날 우리가 '정당한 절차'(한 사람에게서 어떠한 자유도 박탈당할 수 없으며 법의 정당한 절차를 밟기 전에는 처벌받지 않는다)라고 여기는 것에서 벗어난 것이다.

'첫 번째 돌을 던진다casting the first stone'라는 말은 서구권에서 흔히 사용하는 표현이다. 첫 번째 돌이 왜 그렇게 중요할까? 이 말은 1세기 팔레스타인의 나사렛 예수에게서 유래한 말이다. 사람들이 간음하다 붙잡힌 여자를 예수에게 끌고 와 세우니 예수가 다음과 같이 말하였다. "너희 중에 죄 없는 자가 먼저 돌로 치라." 예수의 말은 모든 것을 혼란에 빠뜨렸다. 그 여자 주위에 서 있던 남자들이 한 사람씩 돌을 떨어뜨리고 자리를 뜨기 시작했다. 처음에는 한 명, 그다음 사람, 그

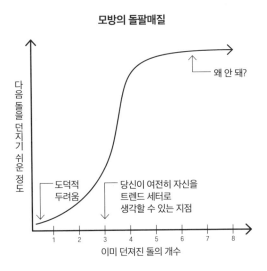

모방의 돌팔매질

다음 돌을 던지기 쉬운 정도

왜 안 돼?

도덕적
두려움

당신이 여전히 자신을
트렌드 세터로
생각할 수 있는 지점

1 2 3 4 5 6 7 8
이미 던져진 돌의 개수

이후에는 점점 늘어났다.

무슨 일이 일어난 것인가? 첫 번째 돌을 던지기가 왜 그렇게 힘들까? 첫 번째 돌은 유일하게 모방 모델이 없는 돌이기 때문이다. 종종 격렬한 분노에 사로잡혀 첫 번째 돌을 던지는 사람은 관중들에게 따라야 할 위험한 모델을 제시한다. 아폴로니우스와 에베소인 이야기에서 보았듯이 일단 첫 번째 돌이 던져지면 두 번째 돌을 던지기 쉬워진다. 누군가 먼저 어떤 것을 욕망한다면 뒤를 이어 그것을 욕망하는 것은 항상 더 쉽다. 폭력조차도 그렇다.

첫 번째 돌을 던진 사람이 길을 보여준다. 두 번째는 욕망을 강화시킨다. 이제 군중 속 세 번째 사람은 앞선 두 명의 모방 모델의 모방력에 이끌린다. 그들은 세 번째 돌을 던졌고 세 번째 모델이 된다. 네 번

173

째, 다섯 번째, 여섯 번째 돌은 앞서 던져진 세 개의 돌보다 비교적 쉽게 던져진다. 일곱 번째부터는 수월해졌다. 모방 전염이 시작된 것이다. 돌팔매질하는 사람들은 희생양에 대한 욕망이 진실에 대한 욕망을 압도했기 때문에 어떤 형태로든 대상에 대한 판단으로부터 자유롭다.

분노는 쉽게 전이되어 퍼져간다. 베이징대 연구원들은 2014년 중국의 인기 소셜미디어 앱인 웨이보의 영향력과 전염성을 분석한 결과를 발표했다. 연구원들은 사람들 사이의 유대관계가 약할 때 분노가 쉽게 퍼지기 때문에 온라인상에서 기쁨 같은 감정들보다 분노가 더 빨리 퍼지는 것을 발견했다.[17]

전술 7 반모방 방식으로 판단하다

만약 당신이 공공장소에서 여론조사나 투표를 한다면, 즉, 당신이 사람들이 어떻게 생각하는지를 제대로 반영하고자 한다면 사람들은 다른 이들의 투표 내용을 볼 수 없어야 한다. 모방은 그 영향력이 너무나 강하다. 한 집단의 각 구성원이 가능한 한 가장 독립적인 절차를 통해 투자 결정이든 배심원 판결이든 결정을 내리는 방법을 찾는 것이 중요하다.

예수가 돌팔매질을 막기 위해 사용한 전술은 군중으로부터 폭력적 모델을 빼앗고 그 자리를 비폭력적인 모델로 대체하는 것이었다. 첫 번째 사람이 돌을 떨어뜨렸다. 그리고 나서 한 사람씩, 나머지 사람 모두가 그 뒤를 따랐다. 모방 폭력이 긍정적 모방 과정으로 즉, 파괴적 사이클이 긍정적 사이클로 전환되었다.

우리 주변의 희생양 메커니즘

미국 서바이벌 프로그램 〈어프렌티스The Apprentice〉는 12년간 큰 인기를 얻었다. 이 프로그램에 출연한 사람은 모두 동일한 것을 원했는데, 그것은 바로 승자로 선언됨으로써 얻게 되는 명성이다. 그들은 경쟁 중에 서로 손가락질하고 뒷담화를 하며 배신한다. 그다음 게임이 끝나면 거대한 이사회실로 들어간다. 그러면 도널드 트럼프가 찌푸린 얼굴로 긴 탁자 한가운데 앉아 있다. 출연자들 모두 트럼프의 다음 견습생이 되고 싶어 하지만 오직 한 사람만이 그 자리를 차지할 수 있다.

트럼프는 모방 위기가 끓어넘칠 때까지 고조되도록 내버려 둔다. 마침내 그는 한 사람을 가리키며 "당신은 해고야!"라고 말한다. 희생양은 집으로 간다. 팀은 이제 본론으로 들어갈 수 있게 됐다. 한편 트럼프가 손가락으로 상대를 가리키며 "당신은 해고야!"라고 말할 때마다 출연자들은 그를 모방 모델, 즉 자신이 원하는 것을 아는 사람으로 점점 더 인식하게 된다.

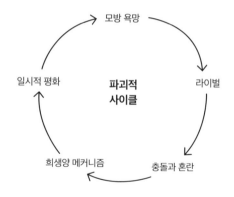

트럼프가 12년 동안 자신의 지위를 '마스터', 다른 모든 사람을 '도제'로 만들고 그 구도를 굳힌 후에 사이비 교주 같은 인물이 된 것은 어쩌면 당연한 일이다. 그는 192개 에피소드 각각에 질서를 세움으로써 모방 위기를 혼자서 해결했다. 곧 알게 되겠지만 정치를 할 사람이 모방 위기를 해결하는 것보다 더 효과적인 일은 없을 것이다. 그런 사람은 고대 이스라엘의 제사장 역할을 흉내 낸다.

지라르에 따르면 희생양 메커니즘은 고대 사회에서 자발적으로 일어났다. 사회는 의식적으로 그 과정을 재연하기 시작했고 이는 희생양 메커니즘으로 이어졌다. 즉, 무질서를 만들고, 모방적 긴장이 절정에 달하게 한 다음 상징적인 것을 추방하거나 희생시키는 것이다(이것은 오늘날 TV 리얼리티 프로그램의 공식이다).

이러한 의식은 희생적인 대체재 때문에 효과적이다. 인간은 동물을 인간으로 대체할 수 있음을 깨달았다. 동물의 희생은 점차 임원 해고, 집단 감금, 그리고 소셜 미디어 취소 등으로 대체되었다. 희생에 대한 우리의 갈망을 충족시키는 데 있어서 인간은 무한한 독창성을 발휘하는 것 같다. 희생 대체재는 스포츠, 조직 생활, 대학, 문학 등 우리의 일상에 스며들었다.

스티븐 킹의 첫 번째 소설 《캐리Carrie》는 잘못된 희생양 메커니즘 때문에 얼마나 무서운 일이 벌어지는지를 다룬다. 소설에서 왕따를 당하던 여고생 캐리는 고등학교 졸업 파티에서 동급생들에게 모욕을 당한 후 숨겨진 초능력으로 복수를 하고 살인을 저지른다.

스티븐 킹은 소설을 구상하면서 주인공 소녀가 어떤 사람인지 그려보았다. 그는 이렇게 기억했다. "모든 교실에는 양 한 마리가 있다. 의자 뺏기 게임에서 늘 의자가 없어 남겨지는 아이, 학교 폭력에 노출된 아이, 서열 맨 끝에 선 아이 등이다." 그는 캐리의 모델로 그가 다녔던 고등학교에서 "가장 외로워 보이고 욕을 많이 먹은 소녀 두 명을 선택해 그들이 어떻게 생겼고, 어떻게 행동했으며, 어떤 대우를 받았는지 참조했다." 둘 중 한 명은 나중에 발작을 일으키다 죽었고, 다른 한 명은 아이를 낳은 후 자신의 배에 총을 쐈다고 한다.[18]

킹의 천재성은 희생양이 될 수 있던 사람을 무서운 복수의 화신으로 그려낸 데서 찾을 수 있다. 그러나 현실 속 희생양은 그렇지 않다.

셜리 잭슨Shirley Jackson이 1948년에 발표한 단편 〈제비뽑기The Lottery〉는 돌팔매질 의식을 위해 매년 제비뽑기를 하는 공동체에 관한 이야기다. 희생양 의식은 풍년이 계속되도록 하기 위해, 즉 평화를 유지시키기 위해 고안되었다. 의식의 제물이 수확에 신성한 축복을 가져오는 것은 아니었다. 하지만 그것이 부족한 자원을 놓고 경쟁하는 사람들 사이의 모방 긴장을 해소시킬 수는 있었다. 2019년 개봉한 공포 영화 〈미드소마Midsommar〉에서도 비슷한 역학이 작용한다.

윌리엄 골딩William Golding이 1954년 발표한 《파리 대왕Lord of the Flies》은 외딴섬에 갇힌 청소년들 사이의 모방 위기를 그리고 있다. 피기는 집단 전체의 죄에 대한 벌을 감수해야만 했고 그들을 대신해 고통을 받았다.

영화 〈헝거 게임Hunger Games〉에서 헝거 게임은 독재국가 핀엠의 공포 정치를 상징하는 것으로 12개 구역에서 각기 두 명의 소년 소녀를 뽑은 후, 한 명만 살아남을 때까지 서로 죽고 죽이게 하는 경기이다. 이 경기는 강제로 선택된 소수의 사람들에게 사회의 모든 내부 갈등이 집중되도록 했다.

이 작가들이 희생양 메커니즘을 염두에 두고 글을 썼는지는 잘 모르겠지만 그들의 작품 전반에는 희생양 메커니즘이 명확하게 드러나 있다.

프로 스포츠는 팬들을 많이 유치하는 방향으로 발전한다. 미식축구는 경기를 하는 두 팀과 그들을 응원하는 두 팬층이 차별화 위기를 재연하는 신성한 의식이다. 리그는 동등성을 고취시키기 위해 구성되었다. 일요일 경기마다 이기는 팀이 달라지고, 시즌 내내 극적인 반전이 계속된다. 마지막 경기가 끝나면 패배팀 코치는 경질되고 선수들은 재계약에 실패한다. 일단 누군가 숙청되어 팀 내 전염병을 제거하게 되면 그 조직은 새로운 영광을 위해 나아갈 수 있다.

2019년 농구팀 뉴욕 닉스에서 해고된 데이비드 피즈데일은 지난

20년 동안 희생양으로 경질되었던 닉스 감독 중 가장 많이 언급되는 인물이다(뉴욕 프로 스포츠팀의 감독이 되는 것은 결국 희생양이 되는 것과 마찬가지다). 마이클 조던과 코비 브라이언트를 지도했던 전설적인 필 잭슨 역시 희생양으로 남았다. 또한 스티브 바트맨을 어떻게 잊을 수 있겠는가? 2003년 내셔널리그 챔피언십시리즈에서 타자가 친 공은 파울공을 잡으려던 시카고 컵스의 팬 바트맨의 손을 맞고 관중석 안으로 튕겨졌다. 승부를 좌우하는 결정적인 순간을 놓친 선수는 분노했고, 바트맨은 잠적해야만 했다.

희생양이 문제일까? 아니면 희생양이 해결책일까? 콘스탄티노스 카바피C. P. Cavafy의 시 〈야만인을 기다리며Waiting for the Barbarians〉는 위기에 빠진 공동체에 관한 이야기다. 사람들은 근처에 사는 야만인들이 공격해온다는 소식을 듣고 중앙 광장에 모인다. 시의 두 번째 구절에서는 이런 내용이 나온다. "이제 야만인이 없다면 우리에게 무슨 일이 일어날까?" 그 시는 이렇게 마친다. "그 사람들은 일종의 해결책이었다."

희생양의 승리

르네 지라르는 1세기 유대인 대제사장인 가야바가 희생양 메커니즘이 항상 수행해왔던 것을 정치적으로 실천에 옮겼다고 말한다. 그는 "더 큰 폭력을 피하기 위한 최후의 수단으로"[19] 그것을 선택했다.

예수가 예루살렘에서 체포되었을 때 가야바는 대제사장들과 종교 및 정치위원회와 함께 비밀회의를 열었다. 그들은 나사렛에서 온 그 남자를 어떻게 할지 결론 내려야 했다. 예수는 이미 경색된 예루살렘에 더 큰 긴장을 조성하고 있었다. 사회의 모든 분야에서 균열이 보이기 시작하여 수십 개로 분열된 집단과 종파가 만들어졌다. 이름 모를 마을 출신의 예수는 사회 가장자리에 살면서 문화적 규범을 깨고 당국의 권력에 도전했다. 가야바가 직면한 도전은 단지 예수의 문제뿐만이 아니었다. 이스라엘을 어떻게 유지시킬지의 문제가 대두됐다.

회의가 소집되었을 때 가야바는 사람들이 왔다 갔다 하며 가정형 질문을 던지고 핵심에서 벗어난 두루뭉술한 아이디어를 제안하고 우유부단한 모습을 보이는 것을 쭉 지켜봤다. 그는 기다릴 수 있는 만큼 기다렸다. 이윽고 가야바가 "너희가 아무 것도 알지 못하는도다. 한 사람이 백성을 위하여 죽어서 온 민족이 망하지 않게 되는 것이 너희에게 유익한 줄을 생각하지 아니하는도다"[20]라고 외쳤다.

가야바는 자신이 한 말의 의미를 완전히 알 수는 없었다. 지라르는 그의 마지막 저서인 《끝까지 싸우리라Battling to the End》에서 "우리가 그 죄를 믿는 한 희생양은 여전히 유효하다. 희생양이 있다는 것은 우리에게 희생양이 있다는 것을 모른다는 뜻이다"[21] 라고 말했다. 그래서 가야바는 그의 계획을 희생양 메커니즘적 처방으로 치부할 수 없었다. 하지만 그는 강력한 상징을 표적으로 폭력을 행사하는 것이 날뛰는 군중을 진정시키는 데 효과적이라는 사실을 알았음에 틀림없다. 예수를 죽이면 사람들을 만족시킬 수 있을 것이다. 사람들을 단결시키고 위기가 고조되는 것을 막을 것이다. 가야바는 그의 계획에 지지를 얻어냈다. 그리고 며칠 지나지 않아 예수가 십자가에 못 박혔다.

가야바는 매우 실용적인 입장에서 권고했다. 특정 결과(단결과 평화 증진)를 얻어내기 위해 희생의례(십자가 처형)를 권한 것이다. 종교 지도자로서 자연스러운 선택이었다. 르네 지라르는 《폭력과 성스러움》에서 "종교적 사고의 목표는 기술적 연구, 즉 실천적 행동의 목표와 정확히 일치한다"[22]라고 했다. 그는 희생양 메커니즘을 종교적 또는 신성한 행동의 전형으로 보았다.

'종교적 사고'가 실천적 행동의 목표를 갖는다는 종교적 믿음을 폄하하는 것은 아니었다. 지라르는 사람들이 문제 해결에 이용하는 희생적 사고방식을 언급한 것이다. 희생이 평화를 가져온다고 믿는다는 점에서 거의 모든 사람이 종교적이다.

희생적 사고방식이 우리 정신에 얼마나 뿌리 깊게 박혔는지 생각해보자. 만일 우리가 다른 정당, 테러리스트들, 문제유발자, 집 근처 패스트푸드 가게를 없앴을 수 있다면 모든 것이 더 나아질 것이다. 희생은 옳고 정당한 것처럼 보인다.

지라르는 여러 해 동안 희생 제물이 너무나 효과적이어서 과학의 진보를 가로막아왔다고 주장했다. 지라르는 2011년 CBC의 데이비드 케일리David Cayley와의 인터뷰에서 다음과 같이 말했다. "우리가 과학을 발명했기 때문에 마녀 화형이 중단된 것이 아니라, 마녀 화형을 중단했기 때문에 과학을 발명할 수 있었다. 우리는 가뭄을 마녀 탓으로 돌리곤 했다. 그리고 마녀 탓하기를 중단하면서 가뭄에 대한 과학적 설명을 찾게 됐다."

인류는 여전히 우리 조상들의 특징이자 그들을 폭력 사이클에 갇혀 있게 했던 원시적이고 희생적인 사고방식으로 되돌아가는 경향이 있다. 군중의 관점에서 희생양 메커니즘은 전적으로 합리적이다. 희생양이 문화가 바뀌는 신성한 중심에 설 때, 즉 신화와 미신이 문화에서 지배적인 세력으로 다시 등장할 때 실제 합리성은 뒷전으로 물러났다.

지라르의 관점에서 유대교와 기독교가 역사적으로 전개되면서 희생양 메커니즘에 대한 이해가 발전해왔다. 유대교와 기독교의 성경에서는 희생양에 대한 매우 기이한 설명이 담겨 있다. 그들의 진술과 다른 사람의 진술의 차이는 충격적이다. 성경에서는 모방 욕망이 구체적으로 다루어지는 것처럼 보이고, 희생양에 대한 이야기는 항상 피고의 관점에서 전해지는 것처럼 보인다. 그것은 전통적인 설명을 뒤집는 것이기 때문에 성경에 매우 익숙한 사람들조차 그것이 얼마나 다른지 깨닫지 못한다. 희생양 메커니즘을 폭로하기에 앞서 모방 욕망에 대한 오래된 암시에 주목해야 한다. 출애굽기에 나오는 십계명은 어떤 종류의 모방 욕망을 직접적으로 금지하는 듯하다.

네 이웃의 집을 탐내지 말라 네 이웃의 아내나 그의 남종이나 그의 여종이나 그의 소나 그의 나귀나 무릇 네 이웃의 소유를 탐내지 말라. (출 20:17)

십계명 가운데 아홉 가지 계명이 행위를 금하고 열 번째 계명은 특정 욕망 즉, 경쟁 욕망을 금한다. 지라르는 종종 '탐욕'으로 번역되는 히브리어가 더욱 단순한 것, 즉 '욕망'을 지칭한다고 지적한다. 욕망의 렌즈를 통해 성경을 읽다 보면 그 안의 이야기들 속에 다채로운 인류학적 의미가 담겨 있음을 보게 된다.[23]

토라에서 희생양 메커니즘의 가장 대표적인 사례는 야곱의 아들 요셉의 이야기다. 요셉은 그가 아버지가 가장 사랑하는 아들이라는 사실에 질투가 난 열 명의 형들에 의해 이집트의 노예로 팔려 간다. 다르게 얘기하자면 앞서 살펴봤던 수영장 사건에서처럼 요셉은 제명과 희생을 정당화하는 무언가로 기소되었을 것이다. 하지만 성경 이야기에서 모든 사람들은 요셉이 완전히 결백하다는 사실을 알고 있다.

노예로 이집트에 팔려 간 그는 누명으로 감옥에 갇히게 되지만 총명함을 발휘해 풀려나고 그 나라의 지도자들에게 인정을 받아 권력의 자리로 나아가게 된다. 이집트의 총리가 된 요셉은 오랜 기근에 시달리다 이집트에 와서 도움을 청하는 자신의 형제들을 마주한다. 형제들은 요셉을 알아보지 못했다. 요셉은 폭력을 폭력으로 되갚아주고 싶지 않았다. 그는 알렉산드르 뒤마의 몬테 크리스토 백작과 달리 복수를 계획하는 대신에 그의 형제들을 용서하기로 한다. 하지만 한 가지를 시험하고 싶었다.

요셉은 막내 동생 베냐민을 도둑으로 몰아 체포한 뒤 그를 벌할 것처럼 굴었다. 그러자 형제 중 하나인 유다가 나서서 베냐민 대신 자신이 벌을 받겠다고 자원한다. 그때 형제들이 달라졌음을 확인한 요셉은 자신의 진짜 정체를 그들에게 밝혔다. 이 이야기에서 요셉과 유다는 모두 희생양 메커니즘에 참여하는 것을 거부했다.

지라르는 희생양 메커니즘의 가면이 창세기에서 이미 벗겨졌으며, 성경의 후반부에 나오는 사건에서 그 가면이 완전히 벗겨졌다고 여겼다.

지라르는 종교적 믿음(또는 믿음 부족)과 상관없이 예수가 십자가에 못 박혀 고난당할 때 일어난 일에 주목하라고 모두에게 촉구했다. 지라르는 이 이야기를 인류학자의 입장에서 보았다. 여기서 그는 다른 역사에서 나타난 인간의 행동과 전혀 다르게 행동하는 예수의 모습을 발견했다.

예수의 십자가 처형은 단기적으로는 효과적인 것처럼 보였다. 폭도들은 진압되었고 질서가 일시적으로 회복되었다. 그러나 예수가 죽은 지 얼마 지나지 않아 소수의 사람들이 예수의 무고함을 주장하며 그가 살아 있다고 말했다. 옛 희생 질서를 지키려는 사람들과 희생양 메커니즘이 어떤 건지, 즉 부당한 희생 메커니즘이라는 사실을 알아차린 사람들 사이에 분열이 발생했다.

복음서는 그리스, 로마, 그리고 다른 일반적인 신화와 근본적으로 다르다. 모두가 동의하는 폭력에 대한 비기독교인의 설명에 따르면 독자나 청취자는 처벌을 받아도 마땅한 이에게 폭력이 가해졌다는 인상을 받는다. 왜냐하면 그 이야기를 할 수 있게 남은 유일한 사람들이 희생양을 만든 이들이었기 때문이다. 이 이야기는 희생양이 죄가 있다고 진짜로 믿는 가해자의 입장에서 전해진다.[24] 그러나 예수의 십자가 처형 사건을 보며 독자는 군중과 자신을 동일시할 뿐만 아니라 군중의 어리석음을 보고 그것을 뛰어넘어 처음으로 인간의 폭력에 대한 진실을 파악하게 된다.

앞에서 나는 어디까지나 맥주를 가지러 간 남자가 무죄라는 것을 알고 있는 전지적 서술자의 입장에서 이야기를 했다. 살인자 중 한 명이 나를 대신해 서술자를 맡았다면 당신은 희생양이 군중의 분노를 살 만한 행동을 전혀 하지 않았다는 사실을 알지 못했을 것이다. 그 사건에 대한 한 가지 해석만 들었을 뿐이고 다른 관점에서 그 사건을 보려는 시도조차 하지 않았을 것이다. 수영장에 있었던 사람들 모두 피해자가 유죄라고 생각했을 것이다.

나는 희생양 메커니즘을 아는 사람의 입장에서 그 이야기를 했다. 이것이 복음서가 작용하는 방식이다. 역사상 처음으로 희생자의 입장에서 이야기가 전해졌다. 지라르는 이것을 희생양 메커니즘이 절대적 힘을 잃게 된 결정적 전환점이라고 보았다. 그 이야기는 사람들이 그들 자신의 폭력성을 대면하도록 만들었다. 인간 역사에서 반복적으로 등장한 폭력 사이클의 베일이 벗겨진 것이다.[25]

모순의 징조

르네 지라르는 "고대 사료를 연구하고 모든 곳을 조사하고 지구촌 구석구석을 파헤쳐보라. 그러면 현대처럼 희생자들에 관심을 두는 곳이 그 어디에도 없음을 알아차리게 될 것이다"라고 말했다.[26] 얼마나 기이한 일인지 생각해보자.

현재 우리는 무고한 희생자에 대해 아주 민감하게 반응한다. 우리는 혹독한 대우를 받는 사람이 결백할 수 있다고 생각한다. 희생자들을 옹호하는 열정적인 정신은 어디에서 비롯된 것일까? 단지 계몽주의, 즉 이제 과거를 올바르게 판단할 정도로 더 똑똑하고 이성적인 사람이 되었다는 자만심에서 나온 것일까? 아니면 완전히 다른 어떤 것에서 나온 것일까?

지라르에 따르면 우리의 문화적 인식은 성경 이야기에서 비롯된다. 이에 대해 충분히 고심하지 않았더라면 인식할 수 없었을 것이다. 우리 역시 죄의 일부였기에 맹점을 갖고 있었다. 성경에서 언급된 사건들은 희생자의 무고함을 고려하지 않았음을 보여줬다.

우리는 머리에 못이 박힌 채 누군가 거울을 들이밀기 전까지 무엇 때문에 이렇게 두통이 생겼는지 궁금해하는 사람과도 같다. 그 영향은 어떤 식으로든 성경 이야기에 감명을 받은 문화권에서 자란 모든 사람들에게 그대로 남아 있다. 당신 자신은 그 사실을 잘 모르더라도 말이다. 왜냐하면 수천 년 동안 우리 삶의 구조 속에 깊숙이 스며들었기 때문이다.

서양 문화는 희생자 방어 중심으로 발전해왔다. 지난 2000년 동안 공법과 사법, 경제 정책, 그리고 취약계층을 보호하기 위한 법적 조치 등에서 극적인 발전이 있었다. 4세기에 민간(군대가 아닌) 병원이 생겨나기 시작했다.[27] 중세 수도원들은 노인과 병자, 여행자와 고아들을 보호했다. 이는 지금 우리가 사회안전망이라고 부르는 역할을 했다. 그들은 희생자들을 보호했다. 오늘날 낙태 찬반론은 모두 각자 나름대로 희생자의 입장을 대변한다. 이보다 더 강력한 말은 없다.

현대 사회의 아이러니 중 하나는 정교분리가 이뤄진 미국과 같은 서구 민주주의 국가가 공공 생활에서 종교를 대부분 없애버렸음에도 희생자 보호를 절대적인 도덕적 의무로 만들었다는 사실이다. 이는 마치 그들이 "우리는 모든 무고한 희생자들, 유대인과 기독교인을 보호하는 당신과 함께하고 당신을 지원할 것이다. 더 나아가 당신이 희생자를 보호하는 것보다 우리가 훨씬 더 잘할 것이다"라고 말하는 것 같다. 그리고 많은 경우 그렇게 했다.

이에 대응하여 많은 독실한 신자들은 세속적인 문화를 모방 경쟁으로 받아들였다. 문화 전쟁은 많은 얼굴, 즉 머리가 천 개인 히드라와의 거대한 모방 경쟁이다. 이 경쟁이 각자 스스로를 쥐어짜는 것임을 알아차렸을 것이다.

제2차 세계대전에서 약 7,500만 명이 죽은 후 미국은 모든 사람에게 적용되는 기본 인권을 보호하는 내용을 골자로 하는 세계 인권 선언을 발표했다. 세계 인권 선언은 500개 이상의 언어와 방언으로 번역되었다. 이 선언문은 대부분 전쟁 기간 발생한 무고한 희생자들의 끔찍한 숫자에서 비롯되었다.

이러한 발전은 힘의 균형을 극적으로 변화시켰다. 이전에 대부분의 희생자들은 스스로를 방어할 힘이 전혀 없었다. 오늘날 희생자로 인식된 사람만큼 문화적 영향력을 지닌 사람은 없다. 희생양 메커니즘은 완전히 전복되어 겉으로 보기엔 그 메커니즘과 정반대의 모습을 보였다. 즉, 무고한 희생자가 잔인하게 대우받았음을 알게 되면 그 사람을 지지하는 물결이 일게 되는 것이다.

원래의 희생양 메커니즘은 혼란에서 벗어나 질서를 바로잡았지만, 이 질서는 폭력에 의존했다. 그 반대 과정은 질서에서 벗어나 혼란을 초래한다. 심각한 조치가 취해져 변화가 일기 전까지 그 혼란은 폭력을 전제로 한 '질서 잡힌' 체제를 개편하는 것으로 여겨진다. 2020년 5월 조지 플로이드George Floyd의 죽음이 대표적인 사례다.*

분명히 희생자를 보호하는 것은 좋은 일이다. 하지만 동시에 이는 새로운 위험을 야기시킨다. 고대 종교에서 희생양 의식이 실용적인 목적을 위해 사용되었던 것과 같은 방식으로 희생자 보호 역시 실용적인 목적으로 사용될 수 있다. 제임스 윌리엄스James G. Williams는 지라르의 유명한 저서 《나는 사탄이 번개처럼 떨어지는 것을 본다》의 서문에서 지라르의 사상을 요약하면서 이 점을 지적했다. "피해의식은 정치적, 경제적 또는 영적 힘을 얻기 위해 피해자를 배려하려는 이데올로기를 이용한다. 어떤 사람은 자신의 행동을 정당화하거나 이익을 얻어내는 수단으로 피해자 지위를 주장한다."[28] 이제 피해자는 스스로 선택한 새로운 희생양을 만들어낼 힘을 갖게 됐다. 그 권력이 폭압적

• 2020년 5월 25일, 미국 미네소타주 미니애폴리스에서 위조지폐 사용 신고를 받고 출동한 경찰관 데릭 쇼빈이 용의자 조지 플로이드를 체포하는 과정에서 8분 46초 동안 무릎으로 목을 눌러 조지 플로이드가 사망하는 사건이 발생했다. 그러자 흑인에 대한 경찰의 과잉진압 및 인종차별에 대한 항의 시위가 미국 전역에서 벌어지고 전 세계적으로 퍼져나가게 되었다.

으로 되는 것을 막기 위해서는 좀 더 정직하게 기억할 필요가 있다.

고대 이스라엘의 많은 선지자들은 조롱의 대상이자 희생양이 됐다. 1세기 팔레스타인의 한 종파인 바리새파는 고대 선지자들을 존경하고 그들을 위한 기념비를 세웠다. 바리새인들은 폭력을 맹렬히 비난하며 법을 하나하나 다 지켰다. 그들은 자신이 조상들의 시대에 살았더라면 선지자들을 죽이지 않았을 것이라고 주장했다.[29]

그랬던 그들이 예수를 죽이는 데 협조했다. 오늘날을 살아가는 사람들이 나치 독일, 구소련이나 1950년대 미국 또는 그리스도 시대를 살았던 사람들을 돌아보면서 자신은 그런 이데올로기나 인종주의 또는 선동에 절대 참여하지 않았을 것이라고 맹세하는 마음이 얼마나 불안정한지를 잘 보여준다. 나는 그렇게 할 수 없다는 생각이 바로 희생양 메커니즘을 가능하게 만든다. 우리는 우리 모두가 모방 과정에 사로잡혀 있다는 것을 인정하는 겸손함이 결여되어 있다.

소련의 강제수용소(굴라크)에서 8년을 지냈고 조국이 모순과 악으로 몰락하는 것을 목도했던 알렉산드르 솔제니친Aleksandr Solzhenitsyn은 나중에 지난 시간을 후회하며 이런 말을 남겼다. "모든 것이 그렇게 간단하기만 했다면, 어디선가 악인이 음흉하게 악행을 저지르고 있었다면, 그들을 우리와 분리시켜 없애기만 하면 됐을 것이다. 그러나 선과 악을 구분 짓는 선은 모든 인간의 심장을 가로지르고 있다. 자신의 심장 한 조각을 기꺼이 내어주려는 사람이 누가 있겠는가?"[30]

앞서 언급했듯이 타임스퀘어에 걸린 제니 홀저의 광고판은 "내가 원하는 것으로부터 나를 보호해줘"라고 간청했다. 이는 명백한 모순적인 표현으로 주목을 끌었다. 주변 환경과 극명한 대조를 통해 홀저의 예술에 담긴 메시지는 공동의 관심을 이끌어낸 것이다. 그리고 그것을 통해 사람들은 자기 자신에 대해 좀 더 정직하게 평가하기에 이르렀다. 그 메시지는 경쟁, 비난, 폭력이 아니라 자기반성, 그리고 어쩌면 변혁으로까지 이어졌다.

예수의 십자가 처형은 그것을 둘러싼 모든 것, 즉 로마 제국의 정치, 범죄자들에 대한 폭력적 처형, 지배적 서사 등과 극명한 대조를 이루며 인류 역사의 중심에 서 있었다. 그것은 폭력 사이클이 지속되는 가운데 우리 자신의 역할을 정직하게 돌아보도록 했다.

미국 작가 어슐러 르 귄Ursula K. Le Guin은 1973년에 〈오멜라스를 떠나는 사람들〉이라는 단편을 썼다. 이 이야기는 '행복'을 좇는, 오멜라스라는 허구의 유토피아 도시를 중심으로 이뤄진다. 우리는 그곳이 어디에 있는지, 심지어 어느 시기에 있는지 알지 못한다. 우리는 그저 모든 시민들이 사회를 구조화시켜서 모두의 행복을 극대화할 방법을 찾았다는 것만 알 수 있을 뿐이다. 단 한 가지를 제외하고 말이다.

서술자는 시민들의 여름 축제를 설명하던 중에 어두운 비밀을 폭로한다. 도시의 모든 기능과 모든 행복이 도시 아래 수감된 한 아이의 추방, 간힘, 고립, 영원한 불행에 달려 있다는 사실을 말이다. 오멜라스 시민들은 나이가 들어 자신들이 살고 있는 도시의 진실을 알 수 있게 되면 처음에는 충격을 받고 혐오감을 느낀다. 하지만 시간이 지나면서 대부분의 사람들은 도시의 행복을 위해 이 불의를 받아들이게 된다.

그러나 몇몇 시민들은 떠난다. 이 이야기는 이 소수의 사람들이 걸어가는 목적지를 설명하는 것으로 끝난다. "그들이 가는 곳은 행복의 도시보다 우리들 대부분이 더 상상할 수 없는 곳이다. 그곳을 나는 전혀 설명할 수 없다. 존재하지 않는 곳일 수 있다. 그러나 그들은 오멜라스를 떠나 어디로 가는지 알고 있는 것 같다."[31]

온 마을 사람들이 도시 아래에 있는 아이에 대해 알고 있었지만 오직 몇 명만이 떠났다. 나머지는 타협안을 받아들였다.

르네 지라르는 이렇게 말한다. "각자 희생양과 자신의 관계가 무엇인지 물어봐야 한다. 나는 자신에 대해 모르고 있으며 독자들 역시 마찬가지라고 확신한다. 우리는 정당한 적대감만을 갖고 있다. 그런데도 온 우주에 희생양이 가득하다."[32]

WANTING

2부

너 자신의
이유로
살라

WANTING

이제 2부에서 우리는 위험한 미메시스에 저항하기 위해 필요한 '반모방anti-mimetic'에 대하여 알아볼 것이다. '반모방'이 된다는 것은 우리가 모방 욕망으로부터 자유로워져야 한다, 또는 자유로워질 수 있다는 뜻이 아니다. 또한 반모방이 된다는 것은 나심 니콜라스 탈레브Nassim Nicholas Taleb가 말한 안티프래질antifragile, 즉 반취약성과는 다르다. 그것은 그저 모방에 반대되는 것이 아니다. 반모방이라는 것은 욕망의 파괴적인 힘에 대항할 능력, 자유를 갖는 것이다. 모방적인 것은 가속성을 지닌다. 반면에 반모방은 감속성을 지닌다. 반모방 행동 또는 반모방을 하는 사람은 하류를 둥둥 떠다니기 좋아하는 문화에 대한 모순의 징후다.

이 책 후반부의 목적은 저절로 나타나는 사회적 반사에 저항하는, 귀청이 떠나가라 소리 지르는 군중으로부터 분리되며, 쉬운 욕망의 유혹을 버리고 구별되기를 원하며, 나아가 더 많은 것을 원하는 능력을 키우는 것이다.

chapter 5

그 목표는 어디에서 왔는가

"무엇을 두려워하시나요?" 그가 물었다.

"갇혀 있는 신세요." 그녀가 대답했다. "늙고 나이 들어서 위대한 일을 할 기회는 꿈도 못 꾼 채 철창에 갇혀 나이 들어가는 것이 두려워요."

J. R. R. 톨킨

세계적인 셰프 세바스티앙 브라Sébastien Bras가 운영하는 플래그십 레스토랑 르 쉬케Le Suquet는 인적이 드문 곳에 있음에도 늘 손님들로 가득하다. 그의 사무실 창문에서는 음식을 준비하는 주방을 180도 조망할 수 있다고 한다. 그러나 나는 전혀 알아차리지 못했다.

"인생을 살면서 자신에게 질문을 던져야 할 중요한 순간들이 있습니다. 그 질문은 과거에 우리가 무엇을 했고, 현재 어디에 있는지, 내일 무엇을 하고 싶은지 등과 같은 것입니다." 사무실에서 브라를 처음 만났을 때 그는 위엄 있는 태도로 신중하게 말했다. 그는 레시피처럼 리스트를 생각하면서 그 질문에 대한 답이 몇 가지라고 말했다. 그는 자신의 경력에 있어 세 가지 중요한 순간에 대해 이야기했다. 첫 번째 순간은 그의 아버지 미셸 브라가 프랑스 남부 오브락 고원에 식당을 열었을 때이고, 두 번째는 1999년에 처음으로 미쉐린 3스타 레스토랑이 되었을 때이며, 세 번째는 지금 앉아 있는 의자에 처음 앉았을 때, 즉 레스토랑의 세대교체를 알렸던 2009년이었다.

그리고 이제 네 번째 중요한 순간이 찾아왔다. 2017년 6월 세바스티앙 브라는 르 쉬케에 19년 연속 별 세 개를 수여한 120년 전통의 미쉐린 가이드에서 이제 자신의 레스토랑은 빼달라고 말했다. 그는 평생에 원하던 것을 어떻게 중단할 수 있었을까?

목표 설정의 그림자

작가인 제임스 클리어James Clear는 《아주 작은 습관의 힘》에서 다음과 같이 말했다. "우리는 목표 수준을 높이는 것이 아니라 시스템 수준을 낮춘다."[1] 욕망의 관점에서 우리의 목표는 시스템의 산물이다. 우리는 현재 갖고 있는 욕망의 체계 밖에 있는 것을 원할 수 없다. 목표 설정에 대한 집착은 심지어 역효과를 낳기도 한다. 목표 설정 자체가 틀린 것이 아니다. 하지만 애초에 목표를 선택하는 방법보다 어떻게 설정할지에 더 초점을 맞추면 목표는 자학의 수단으로 전락할 수 있다.

대부분의 사람이 자신의 목표 선택에 전적으로 책임을 지는 것은 아니다. 사람들은 자신들의 욕망 체계 안에서 그들에게 제공된 목표들을 추구한다. 목표들은 종종 모델에 의해 우리에게 주어진다. 그것은 골대가 항상 움직인다는 의미다.

목표 설정의 몇몇 원칙을 살펴보자. 모호하거나 거창하게 또는 너무 소소한 목표를 설정해서는 안 된다. 목표를 'SMART'하게 설정해야 한다. 즉, 구체적이고specific, 측정 가능하며measurable, 달성 가능하고assignable, 관련성이 있으며relevant 일정이 표시된time-based 목표를 세워야 한다.[2] 또한 'FAST'한 목표를 세워야 한다. 즉, 지속적으로 논의가 이뤄져야 하며frequent, 달성이 불가능하지는 않지만 어렵고ambitious, 단계별로 명확하고 구체적이며specific, 모두에게 공개되어야 한다transparent.[3] 또는 목표objectives와 핵심 성과key results를 강조한 OKRs에 따라 목표를 설정하기도 한다.[4] 이처럼 목표 설정이 매우 복잡해졌다. 누군가 이 모든 원칙을 고려하고자 한다면 그가 목표를 세우는 데 성공했는지 의심스러울 수밖에 없다.[5]

오해하지 마라. 물론 이런 원칙들 중 도움이 되는 것도 있다. 살을 빼고 싶다면 구체적으로 측정 가능하며 달성 가능하고 관련성이 있으며 일정이 표시된 목표를 세우는 것이 도움이 된다. 하지만 살을 빼려는 이유가 명확하게 드러나지 않는다. 나는 왜 살을 빼고 싶을까? 혹 인스타그램에서 본 그 사람 때문은 아닌가?

사람들은 '진보'라는 미래 지점에 도달하기 위해 목표를 설정하고 계획을 세운다. 하지만 그것이 진보라고 할 수 있을까? 어떻게 그렇게 확신할 수 있을까? 세바스티앙 브라는 미쉐린 3스타라는 목표를

세웠고 그 목표를 노심초사하며 추구했다. 그러던 어느 날 그는 그 목표를 추구하는 것이 자신을 죽이고 있다는 사실을 깨달았다. 어떤 목표, 심지어 좋은 목표일지라도 너무 오래 붙들고 있었을 수 있다.

당신의 목표가 나무랄 데 없는가? 울트라 마라톤을 하고 싶은가? 사람들은 당신의 결단에 갈채를 보낼 것이다. 시장 선거에 출마하는가? 당신은 사람들의 지지를 받고 있다. 집을 팔고 차에서 지내겠다고? 멋지다. 아무도 당신의 목표에 의문을 제기하지 않을 것이다.

하지만 그 목표가 당초 어디에서 출발했는지 물어볼 필요가 있다. 모든 목표는 시스템 내부에 내장되어 있다. 모방 욕망은 가시적인 목표 뒤에 성문화되지 않은, 인정되지 않는 시스템이다. 우리가 그 시스템을 드러낼수록 잘못된 목표를 선택하고 추구할 가능성이 줄어든다.

당신을 둘러싼 모방 시스템

미국 교육 시스템, 벤처 캐피털 산업, 출판이나 교수들의 부정한 돈벌이, 소셜 미디어 등은 모두 모방 시스템의 예다. 미국 중등학교에서 대부분의 학생들은 평균 성적, 표준화된 시험 점수, 과외 활동 등 대학 지원을 중심으로 에너지를 구조화시킨다. 많은 대학생들이 대학 생활에서 가치를 못 느끼고 빚에 짓눌려 있는데도 많은 고등학교에서는 100퍼센트 '대학 진학'이라는 목표를 가지고 있다.

학생들은 교육 시스템의 목적론 또는 최종 목표를 잃어버렸다.[6] 5학년이 되면 6학년이 되는 것이 분명한 목표가 된다. 12학년까지는 그렇게 진행이 된다. 그때 신중하게 그어진 선(심지어 각자 통계에 따라 어느 학교에 지원하라고 조언해주는 대학 입학 컨설턴트도 있었을 것이다)을 따라 '대학'이라고 불리는 것을 준비하면서 지난 4년을 보냈을 것이다.

대학은 목적론이 훨씬 더 불분명해지는 곳이다. 좋은 직장에 들어가는 것이 목표인가? 대학원에 들어가는 것? 비판적 사고가 가능한 다재다능한 사람이 되는 것? 좋은 시민이 되는 것? 난 뉴욕대에 입학했을 당시 아무 생각이 없었다. 내가 뭘 해야 할까? 다른 사람들이 어떻게 하고 있는지, 무엇을 원하는 것처럼 보이는지 알아보려고 주위를 둘러봤다. 분명한 욕망의 대상, 즉 월스트리트가 있었다. 그래서 나도 그것을 위해 분투했고 내가 원했다고 생각하는 것을 얻었다. 그때부터 15개월간의 끔찍한 경력을 쌓기 시작했다.

전통적인 벤처캐피털 VC 펀드들은 모방 시스템으로 운영된다. 그들은 자신들이 받게 되는 리스크를 정당화하기 위해 엄청난 투자 수익이 필요하다. VC는 빠르게 확장될 수 있는 기술 기업을 선호한다. 꾸준히 성장할 수 있지만 20~30년에 걸쳐 점진적으로 성장하는 식품 서비스 기업은 선호하지 않는다. 그들은 리조또가 아니라 인스턴트 라면을 찾고 있다.

VC가 빠른 투자 성공을 원하기 때문에 기술 스타트업에 대한 매력이 커진다. 모방 시스템이 형성된 것이다. 당연히 경제적 인센티브와 재정적 수익뿐만 아니라 적절한 VC가 자금을 조달할 때 따라붙는 명성과 검증에 의해 모방 시스템이 구축된다. 그들은 투자 심사의 형태로 미쉐린 별을 수여한다. 그리고 VC에게는 매력적인 기업과 헤드라인을 장식하는 CEO에게 투자함으로써 얻게 되는 이득이 돌아간다.

소셜 미디어 플랫폼은 미메시스를 기반으로 번창한다. 트위터는 각 게시물이 얼마나 많이 리트윗되었는지 횟수를 보여줌으로써 모방을 부추기고 이를 수량화시킨다. 사람들이 페이스북을 많이 이용할수록 게시물을 읽거나 댓글을 달 수 있는 모방 모델, 모방 경쟁에 더 깊이 빠져들 것이다.

소셜 미디어 플랫폼에서 모방의 힘이 커질수록 더 많은 사람들이 그 플랫폼을 사용하고 싶어진다. 소셜 미디어 기업이 모방 행동을 저지할 제동 장치를 더 많이 설정해둔다면 사용자 참여, 더 나아가 궁극적으로 수익이 감소하게 될 것이다. 이처럼 모방 행동을 가속화시킬 강력한 재정적 인센티브가 있다. 만약 두 사람이 소셜 미디어 플랫폼에서 논쟁을 벌이면서 다른 사람들을 그 반목에 끌어들인다면 누가 승자일지는 자명하다. 바로 플랫폼이다.

욕망 시스템은, 그것이 긍정적이든 부정적이든 어디에나 있다. 감옥, 수도원, 가족, 학교, 친구 집단 등도 욕망의 시스템으로 운영된다. 그리고 강력한 모방 시스템이 자리 잡게 되면 보다 강력한 것으로 대체되기 전까지 그 자리를 유지한다.[7]

프랑스 고급 레스토랑의 모방 시스템을 직접 경험해본 사람은 거의 없을 것이다. 세바스티앙 브라 셰프가 그 시스템을 어떻게 도입했는지 그리고 어떻게 빠져나왔는지 함께 살펴보자.

관찰자와 셰프

레스토랑 르 쉬케는 클레르몽 페랑, 툴루즈, 몽펠리에 등 가장 가까운 주요 도시에서 차로 약 2시간 30분 걸리는 프랑스 라귀올 외곽의 그림 같은 언덕에 위치해 있다. 그럼에도 이 레스토랑은 점심이나 저녁 시간에 테이블이 빈 적이 한 번도 없었다. 파리 한복판에 자리한 미쉐린 3스타 레스토랑도 그래본 적이 없는데 말이다.

작은 마을 라귀올은 프랑스 남중부의 500제곱마일 이상에 넓게 펴진 화강암 고원, 오브락 지역에 위치해 있다. 이 지역은 프랑스에서 가장 다양한 식물과 야생동물이 서식하는 곳이다. 또 수제 나이프, 언덕을 어슬렁거리는 건장한 소들, 그리고 그 소들의 우유로 만든 치즈 역시 명성이 높다.

나는 라귀올 한복판에 있는 호텔에서 출발해 마을 외곽의 한적한 도로를 따라 조금씩 올라갔다. 진입로 맨 끝에 브라라고 쓰인 간판이 있었다.

세바스티앙의 아버지 미셸 브라는 이 지역의 가장 높은 고원에 이 레스토랑을 지었다. 산비탈에 자리 잡은 이 레스토랑은 한쪽 모서리가 비대칭이었고 바닥에서 천장까지 모든 벽이 통창으로 되어 있는데 마치 푸아그라나 알리고를 찾아온 탐험가들을 태운 우주선의 전망대처럼 보였다. 고원에 이 새로운 건물이 지어지기 훨씬 전인 1980년 미셸 브라는 가르구유gargouillou를 세상에 선보였다. 가르구유는 오브락에서 갓 수확한 50~80가지의 채소, 허브, 그리고 식용 꽃을 조리한 훈제 햄에 곁들여 내는 요리를 말한다.

대부분의 프랑스 셰프들은 레스토랑을 새로 오픈하면 미쉐린 평가원이 언제 문을 열고 들어올까 두려움에 떨며 기다린다. 평가원은 한 명일지 여러 명일지 알 수 없다. 어느 날 주방에서 내보내는 수백 개의 접시 중 하나가 평가원 앞에 놓일 수 있다. 식사를 마친 후 평가원은 자격증을 내보이며 주방을 볼 수 있게 해달라고 요청할 수 있다. 아니면 신분을 밝히지 않고 떠날 수 있다.

평가원의 평가는 치명적인 결과를 낳는다. 미쉐린 별이 추가되면 셰프로서 경력을 쌓고 레스토랑이 안정적으로 유지될 수 있다. 하지만 별 하나를 빼앗기면 죽음의 소용돌이가 시작될 수 있다. 평가원들은 올슨 스캇 카드Orson Scott Card의 단편 소설《무반주 소나타Unaccompanied Sonata》에 나오는 '관찰자'라는 이름의 미스터리한 캐릭터들과 비슷하다. 디스토피아적이고 권위적인 사회에 살고 있는 한 어린 소년은 음악 신동으로 선포된다. 그는 자신의 재능을 계발하기 위해 엄격한 규칙을 따라야만 했다. 그가 규칙을 어길 경우 관찰자라고 불리는 익명의 남자들이 예고도 없이 나타나 날카로운 칼을 휘둘러 그의 손가락을 잘라 버린다. 그들의 규칙에 따라 경기를 하거나 아니면 경기할 능력을 상실하게 되는 것이다.[8]

2003년 미쉐린 관찰자들은 프랑스의 3스타 셰프 베르나르 루아조 Bernard Loiseau를 급습했다. 그들은 루아조에게 별을 잃을 수도 있다고 암시하며 레스토랑의 예술적 방향성과 창의성 결여가 걱정스럽다고 말했다. 이 시기에 루아조는 주방에서 하루 종일 일한 후 자살했다.

영국의 요리사 마르코 피에르 화이트 Marco Pierre White는 32세의 나이로 3스타 셰프에 오른 최연소 셰프였다. 하지만 불과 5년 후인 1999년 그는 은퇴했다. 그는 이렇게 말했다. "나는 미쉐린 평가원들에게 너무나 많은 존경을 보내고 나 자신을 경시했다. 나에겐 선택권이 있었다. 이 세계의 포로가 되어 일주일에 6일을 일하거나 별을 반납하고 아이들과 시간을 보내며 나 자신의 다른 모습을 찾아가거나"[9] 그는 3스타 셰프 중 처음으로 문을 닫고 떠난 사람이었다.

파리의 셰프 알랭 상드랑 Alain Senderens은 강등당하지 않기 위해 애쓰는 삶에 지쳐 3스타 레스토랑을 폐쇄하고 다시 새롭게 시작했다. 그는 2005년 〈뉴욕타임스〉와의 인터뷰에서 다음과 같이 밝혔다. "나는 즐기고 싶었다. 자존심을 지키려고 아등바등하기엔 나이가 너무 많다. 나는 멋들어지진 않더라도 좋은 요리를 접시에 올릴 수 있는 것에 만족했다."

우리 각자는 자신만의 미쉐린 스타 시스템을 가지고 있다. 우리도 프랑스 셰프와 마찬가지로 우리만의 별(신분과 명성의 표시, 명예의 배지)을 구할 때가 많다. 이때 우리가 운영하는 시스템에서 작동하는 모방 세력의 이름을 짓는 것은 의도적인 선택을 하기 위한 중요한 첫걸음이 될 수 있다.

전술 8 당신의 세계에서 욕망 시스템을 설계하라

산업, 학교, 가정마다 특정한 것을 보다 바람직하게 혹은 덜 바람직하게 만드는 특정한 욕망 시스템을 가지고 있다. 당신이 어떤 욕망의 시스템에 살고 있는지 알아보라. 아마 한 개 이상이 있을 것이다.

기업가이자 벤처캐피탈리스트인 마크 안드레센Marc Andreessen은 2020년 4월 그의 회사 웹사이트에 '만들어야 할 시간It's Time to Build'이라는 제목의 글을 올리며, 얼마나 많은 서방 국가들이 2020년 코로나19 발발에 준비가 안 되었는지에 의문을 제기했다. 한때 인공호흡기, 테스트 키트, 면봉, 심지어 병원 가운조차 심각하게 부족했다. 이러한 안일한 대처와 불안은 전염병이 발생하기 훨씬 전부터 교육, 제조, 교통 등 많은 다른 분야들로 확산되는 듯했다. 미국인들은 왜 미래의 것들을 더 이상 만들지 않는 것일까?[10]

문제는 자본이나 역량 또는 무엇이 필요한지에 대한 인식이 부족한 것이 아니었다. 안드레센은 말한다. "문제는 욕망이다. 우리는 이러한 것들을 '원해야' 한다." 그러나 우리가 필요한 것들을 만들지 못하도록 막는 세력(규제 포획, 산업 종사자, 정치적 교착)들이 있다는 것을 인정했다. 그는 이어 "문제는 관성"이라면서 "이러한 것들을 막기 위해 우리가 원하는 것보다 더 많은 것을 원할 필요가 있다"라고 지적했다.

욕망 시스템이 무력화되어 적응할 수 없게 되면서 우리는 최소한의 저항의 길(예를 들어, 다른 유튜브 영상에 반응하는 유튜브 영상의 수익화)로 끌려가고 인간의 생존과 번영에 필요한 필수적인 도구를 만들려는 의지가 결여되어갔다.

만약 당신이 주변 사람들의 선택에 영향을 주는 욕망 시스템을 이해한다면 과감하게 다른 방향을 바라봄으로써 새로운 기회를 볼 가능성이 훨씬 높아진다. 비가시적인 것을 가시적으로 만들라. 원하는 현재 세계의 경계를 표시하면 이를 극복할 수 있는 능력, 적어도 가능성을 얻게 될 것이다.

미쉐린 가이드의 시스템

미쉐린 가이드는 수천 명의 셰프가 인정을 구하는 욕망의 중재자다.

1900년 미쉐린 가이드가 처음 출판된 후 미쉐린 형제는 욕망의 휠을 돌려왔다. 1920년에 들어 미쉐린 가이드는 그 나라에서 가장 널리 유포되는 출판물로 성장했으며, 오늘날에는 가장 존경받는 출판물 중 하나가 됐다.

미쉐린 가이드가 잊지 못할 저녁 식사를 하고 싶은 수백만 명의 사람들에게 가치 있는 정보를 제공한다는 데에는 의심의 여지가 없다. 1955년부터 1999년까지 CEO였던 프랑수아 미슐랭François Michelin 은 인간 중심의 사업 방식을 구현한 모범적인 지도자였다. 하지만 이 가이드는 미쉐린의 어느 누구도(초창기에는 확실히 아니었던) 상상조차 못 했던 제한적이고 억압적인 욕망 시스템이 되었다.

브라는 말한다. "우리는 끔찍한 시스템에 갇히게 되었다. 미쉐린 가이드의 공식적 또는 비공식적 코드와 관행을 존중하지 않으면 강등될 위험이 있다. 이것은 레스토랑의 명성이나 셰프들의 사기, 팀 전체

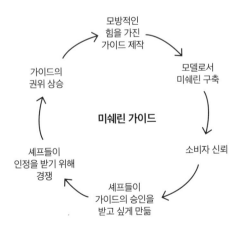

에 끔찍한 일이다. 강등되면 실패하는 것이다."

여기서 벗어나기 위해 브라는 처음으로 돌아갔다. 역사 속에 진실이 있다. 우리는 자신의 욕망의 역사를 모르면 우리 자신을 알 수 없다.

세바스티앙 브라는 사무실에서 나와 대화를 나눌 때 지난 시간을 털어놓았다. "어릴 때 내 방은 부모님이 운영하시던 식당 주방 바로 위에 있었습니다. 서비스 응대하는 소리, 시장에서 농산품 운송하는 소리, 근무 시간에 스트레스 받는 순간들, 요리사들이 일을 마치고 집으로 갈 때 터뜨리는 웃음소리 등 주방에서 나는 소리들에 둘러싸여 일어나고 잠을 자고 또 오후 시간을 보냈습니다." 당시 기억들 덕분에 그는 주방에 대해 애틋한 마음을 갖게 됐다.

"또 부모님과 오브락에서 하이킹하며 많은 시간을 보냈습니다. 직업을 선택할 때가 되자 '요리사가 되면 여기에 머무르며 계속 즐겁게 지낼 수 있겠구나'라고 생각했죠. 나의 놀이터를 떠나고 싶지 않았던 거죠."

브라는 자신의 욕망을 시험했다. 그는 중등학교에 가서 일반 교육 프로그램을 따랐다. "셰프라는 직업을 정말로 원하는지 확인하기 위해 경제학 전공으로 바칼로레아 시험을 통과했습니다. 쉬운 길을 택한 게 아님을 확인하고 싶었던 거죠."

그는 셰프가 되겠다는 욕망이 중등학교 내내 계속되었고 또 성장하는 것을 보면서 확신을 얻을 수 있었다. 그가 자신의 역할을 받아들이는 과정에서 확신이 흔들리는 순간이 찾아들 수 있겠지만, 먼저 모든 사전 점검을 해봄으로써 안심할 수 있었다.

브라는 가족이 운영하는 레스토랑에서 헌신적으로 일했다. 그는 요리하는 것을 좋아했고 자신이 무엇에 심취했는지 알고 있었다. "당시 내 목표는 아버지가 운영하는 레스토랑이 미쉐린 3스타 자격을 유지하도록 돕는 것이었습니다."

세바스티앙이 아버지의 레스토랑에 합류했을 때 르 쉬케는 미쉐린 2스타였다. 세 번째 별을 얻는 것은 매우 중대한 일이었다. 미쉐린 가이드는 '특별한 여행을 할' 가치가 있다고 판단되는 세계 최고의 레스토랑에만 별 세 개를 수여했다. 르 쉬케가 외딴곳에 위치했기 때문에 차별성이 무엇보다 중요했다. 미쉐린 가이드의 별은 브라 가족이 사업 기반을 마련하고 외부에 레스토랑을 널리 알리도록 해줄 것이었다. 르 쉬케는 1999년에 세 번째 별을 획득했다. 그 후 10년 동안 르 쉬케는 명성과 찬사 속에 성장했다.

그러나 세바스티앙이 공식적으로 아버지에게서 레스토랑을 인계받은 직후인 2009년, 그와 그의 아내는 미쉐린 시스템이 탁월성을 장려하는 것이 아니라 압박과 순응의 원천으로 작용함을 경험하기 시작했다.

전술 9 욕구를 시험해보라

욕구를 있는 그대로 받아들이지 마라. 그것이 어디로 이끄는지 확인하라.

서로 경쟁하는 욕망들을 바라보며 미래에 어떤 일이 일어날지 투영해보라. 서로 경쟁사인 A사와 B사에서 모두 일자리 제안이 들어왔다고 가정해보자. 당신이 최종 결정을 내리기 전까지 이틀의 시간이 주어졌다면 각 회사에서 하루씩 근무하는 것을 상상해보라. 첫째 날 당신은 A사에서 일한다. 가족 가까이에서 새로운 도시에 살면서 똑똑한 사람들과 교류하며 지낸다. 당신의 감정과 내부에서 어떤 일이 일어나는지 세심하게 주의를 기울여보라. 다음 날은 B사에서 동일한 일을 하며 지내는 것을 상상해보며, A사와 B사를 비교해보라.

욕망(특히 누구와 결혼할지, 직장을 그만두고 창업을 할지 등)을 시험해보는 궁극적인 방법은 이 같은 연습을 해보는 것인데, 임종을 앞둔 자신의 모습을 상상하며 이렇게 하는 것이다. 어떤 선택이 당신에게 더 위안이 되는가? 어떤 선택에 더 동요하는가? 스티브 잡스는 2005년 스탠퍼드대 졸업식 연설에서 "죽음은 삶이 만든 최고의 발명품이다. 그것은 인생을 변화시킬 매개체가 된다. 새로운 것에 길을 내어주기 위해 낡은 것을 치우는 일이다"라고 말했다. 임종의 때에 채워지지 않은 욕망이 드러난다. 너무 늦을 수도 있으니 더 늦기 전에 지금 그곳에 서라.

많은 엘리트 셰프들이 3스타 레스토랑이라는 판테온에 입성한 후 그들의 창조적 야망이 제한되었음을 느낀다. 모든 것은 별을 지키는 것에 종속된다. 그들은 점점 더 리스크를 회피하게 된다. 평가원들이 좋아하지 않을 수 있는 위험을 왜 감수해야 하겠는가.

셰프들은 현지에서 조달한 식재료, 공들인 치즈바, 다양한 종류의 디저트, 광범위한 와인 목록 등 특정 품목이 메뉴에 포함되어야 함을 알고 있다. 세계적 수준의 소믈리에와 잘 훈련된 서버와 직원들(그에 따른 비용 부담 포함) 역시 예상되는 부분이다.

식사는 시작에 불과하다. 그 레스토랑이 주요 도시에 위치하지 않았다면 건물에 객실이 딸려 있어야 한다. 그렇지 않으면 미쉐린 가이드에서 최고 스타 등급을 받기 어렵다. 그래서 셰프들은 경쟁을 위해 호텔을 운영하기도 한다. 를레 샤토Relais & Châteaux 체인 중 하나인 메이슨 브라Maison Bras는 레스토랑이 딸린 복합 건물에 11개 객실과 2개의 아파트를 갖추고 있다.

나는 브라에게 왜 별을 반납하기로 결정했는지 그 이유를 물어보았다. 그는 내게 미쉐린이 스스로 "판사와 배심원 모두"를 맡으려고 한다고 말했다.

"6~7년 전에 그들은 내 사무실에 앉아 새로운 마케팅 전략을 설명했습니다. 그들은 내가 다양한 상용 서비스와 도구를 구매하기를 원했죠." 표면적으로는 미쉐린의 새로운 도구를 사용하지 않을 자유가 있었지만 브라는 그럴 수 없었다. "미쉐린은 누군가의 명성을 판단하고 또 훼손할 수 있을 뿐만 아니라 동시에 마케팅 도구를 판매할 힘을 갖고 있었습니다. 그 사실을 용납할 수 없었죠."

그는 끝도 없는 게임을 하느라 지쳐 있었다. 결과적으로 그가 중단해야 했다. 더 이상 자신이나 손님을 위해 일하는 것이 아니라 미쉐린 가이드의 기대에 따라 일하는 신세가 된 것이었다. 그는 이렇게 묻기 시작했다. "내가 이 직업을 선택해서 우리 회사의 명성이 다른 기관에 의해 좌지우지된 것일까? 앞으로 15년을 또 스트레스와 압박감을 느끼며 살아야 하는 것일까?"

새로운 사고방식

2017년 아버지의 날(6월의 세 번째 일요일)에 오브락에서 산악자전거를 타던 브라는 그가 미쉐린 가이드의 지위보다 다른 더 많은 것을 원한 다는 사실을 깨달았다. 그는 오브락 지역의 테루아terroir*를 다른 사람들과 공유하며 새로운 음식을 만들고 싶었다. 미쉐린 평가원들이 어떻게 생각하는지는 중요하지 않았다.

브라는 오랫동안 새로운 요리를 시도해볼 자유가 없었다. 음식을 통해 오브락에 대한 그의 애정을 창의적으로 표현할 수 있다는 것은 가장 기본적이고 지속적인 욕망이었다. 그는 그게 얼마나 큰 의미인지 오랫동안 잊고 지냈다. 그리고 이제 그것을 다시 시작하고 싶었다.

자전거 라이딩을 마치고 돌아왔을 무렵 브라는 결심을 굳혔다. 그

---

* 프랑스어로 와인을 재배하기 위한 제반 자연조건을 총칭하는 말.

는 미쉐린 가이드 탈퇴와 관련해 다른 셰프들에게 일절 언급하지 않았고 또 아내를 제외하고 다른 누구와도 그 문제를 논의하지 않았다. 그는 지금이 움직일 때임을 알았다. 브라는 미쉐린 가이드의 인터내셔널 디렉터 그웬달 풀레넥Gwendal Poullennec에게 전화를 걸어 명단에서 르 쉬케를 빼달라고 요청했다.

브라의 결정은 120년 미쉐린 가이드 역사상 전례가 없는 일이었다. 셰프들은 식당 문을 닫거나 이전하거나 또는 콘셉트를 바꾸는 식으로 그 시스템에서 벗어나려고 했다. 하지만 브라는 자신의 레스토랑에 대해 아무런 변화를 시도하지 않았다. 같은 메뉴, 같은 가격이었다. 그는 그저 미쉐린이 다시 돌아오기를 원하지 않았을 뿐이었다.

풀레넥의 대답은 정중했지만 석연치 않아 보였다. 브라의 요청이 어떻게 받아들여질지에 대해 어떤 언질도 주지 않았다.

2017년 9월 브라는 명단 삭제를 공개적으로 요청한 영상을 페이스북에 올렸다. 셰프 복장을 한 그는 라귀올의 굽이치는 풍경을 배경으로 영상에서 다음과 같이 말했다. "올해로 나는 46세가 되었다. 나는 내 인생에 새로운 의미를 부여하고 싶다. … 그리고 본질적으로 중요한 것이 무엇인지 재정의하고 싶다."

브라는 내게 "그들에게 선택권을 주지 않았다"라고 말했다. 그는 여론을 자신에게 유리하게 만들기 위해 소셜 미디어의 힘을 활용했다. 그 방법은 주효했다. 일주일 만에 영상은 100만 회 이상의 조회수를 기록했다.

브라는 몇 달 동안 미쉐린으로부터 아무런 소식을 듣지 못했다. 하지만 그들이 어떤 질문을 던지고 있을지 충분히 짐작할 수 있었다. 만약 더 많은 셰프들이 탈퇴한다면 브랜드의 장기적 가치에 어떤 영향이 있을까? 브라가 선례를 제공한다면? 모델이 된다면?

2018년 2월 새로운 가이드가 공개되었을 때 브라는 르 쉬케가 명단에 제외되었음을 확인했다. 그는 자유로워졌다.

나는 물었다. "그해에는 어땠어요?"

"완벽했죠."

그해 브라는 아내와 두 아이들과 더 많은 시간을 보냈다. 그는 어깨에 짐을 덜 수 있었다. 자유롭게 창작하고 놀았다. 그는 '더more'가 그에게 무엇을 의미하는지 한계를 분명히 했다.

브라가 이미 3스타 셰프가 되었기 때문에 그런 결정을 내릴 수 있지 않았을까? 그럴 수 있다. 그가 오기(영어로는 sour grapes, 신 포도)를 부렸다는 비난은 확실히 받지 않을 것이다. '신 포도'라는 단어는 이솝 우화에서 나온 말이다. 한 여우가 높은 가지에 매달려 있는 잘 익은 포도송이를 발견했다. 포도는 잘 익어 금방이라도 터져 즙이 흐를 것처럼 보였다. 군침이 돌기 시작했다. 여우는 점프해 포도를 잡으려고 했지만 이내 못 미쳤다. 거듭 시도해보았지만 매번 닿지 못했다. 마침내 여우는 앉아서 그 포도가 너무나 셔 더 이상 노력할 가치가 없다고 결론지었다. 여우는 흥 코웃음을 치며 자리를 떠났다. 포도가 실 거라면서 여우는 상실의 고통을 덜기 위한 이야기를 그의 마음속에서 만들어낸 것이다.

이 개념을 무비판적으로 받아들인다면 당신은 먼저 부자가 되지 않고서는 부유한 사람들을 경멸할 자격이 없다거나 입학 허가를 받지 않고서는 아이비리그 학교들을 비웃지 못하거나 또 먼저 별 세 개를 획득하지 못하고는 3스타 레스토랑을 거절할 자격이 없다고 믿을 수 있다. 그렇게 하는 것은 자기기만, 분노, 약점이 될 것이다. 한 사람이 양심의 거리낌 없이 모방 게임에서 벗어나기 전에 모방 게임을 해야 하고 또 이겨야 한다고 믿지 말길 바란다.

만일 당신이 리얼리티 TV 쇼 〈더 베첼러The Bachelor〉가 우스꽝스럽고 가식적이라고 생각해 출연 제안을 거절한다면 그것이 오기를 부렸다는 뜻이 될까? 당신이 그 쇼를 거절한 후에만 비판할 수 있을까? 물론 그렇지 않다. "직접 겪어보지 않고 함부로 말하지 마"라고 말하는 것은 건방진 주장이다.

브라가 만약 미쉐린 별을 2개만 받았고 세 번째 별을 얻기 직전이었다면 그 별을 포기하는 것이 더 어려웠을까? 분명 그랬을 것이다. 모방 시스템의 일부였던 우리 각자는 이러한 도전에 직면해 있다. 즉, 모두가 직면한 과제다.

이솝 우화에서는 여우가 혼자였다는 구체적 사실은 거의 언급되지 않았다. 어떤 모방의 힘이 여우에게 작용하지 않았다. 포도를 보며 군침 흘리는 다른 여우가 한 마리만 더 있었다면 그 여우가 그렇게 쉽게 '시다'고 말하지는 않았을 것이다. 만약 포도를 먹고 싶어 하는 여우 무리가 있었다면 그것은 거의 불가능했을 것이다. 그러나 그 여우 혼자서는 낭만적 거짓말쟁이가 될 수 있었다.

세바스티앙 브라가 포도를 맛보았는데 그 포도가 시었다. 당신은 믿기 위해 그것을 맛봐야 하는가?

브라는 게임과의 관계를 전환했기 때문에 자신을 그곳에서 빼낼 수 있었다. 브라는 내게 이런 말을 전했다. "우리는 더 강해져라, 더 높이 올라가라, 더 많은 숫자를 얻어라, 훨씬 더 크고 훨씬 더 높아져라 등 항상 더 많은 것을 요구하는 사회에서 살아가고 있습니다. 하지만 나는 사람들 안에 진정한 삶의 가치와 다시 연결되기를 원하는 깊은 욕망이 있다고 생각합니다. 그것들은 우리가 때때로 잊고 지내는 가치죠."

만약 세바스티앙이 별 세 개를 따내려는 욕망의 모델이 되었다면 이후 그는 아마도 별 세 개를 포기하는 모델도 될 수 있었을 것이다. "내 결정이 '와, 그 시스템을 감히 거부한 누군가가 있네? 어쩌면 나도 할 수 있겠다. 이제 나도 내 인생을 살 수 있을 것 같아'라고 생각하는 셰프들의 깊은 욕망을 가시화시켰다고 생각합니다."

브라가 페이스북에 자신의 결정을 발표한 후 거의 일주일 동안 아침 7시부터 밤 10시까지 전화기가 쉴 새 없이 울렸다. 브라는 사람들이 그의 결정에 반응하는 방식이 주로 둘 중 하나라는 걸 알아차렸다. "제가 왜 그런 결정을 내리게 되었는지 깊이 공감한 많은 3스타 셰프들과 이야기를 나누었습니다. 그러나 별을 추가로 획득하는 것이 유일한 목표인 셰프들도 있었는데, 그들은 내 결정을 이해하지 못했습니다."

첫 승리를 경험하고 정확히 일 년 후인 2019년 2월, 세바스티앙에게 한 통의 전화가 걸려 왔다. 풀레닉에게서 온 전화였다. "2019년 가이드가 발매되기 전날인 일요일 저녁 8시 경이었다. 그는 내게 2스타 레스토랑으로 2019년 가이드에 재수록될 것이라고 알려줬다."[11]

나는 그에게 물었다. "그래서 당신은 뭐라고 했나요?"

브라가 답했다. "웃었죠. 한참을 웃었어요."

chapter 6

당신은 무엇으로 만족하는가

진정한 발견의 여정은 … 미지의 땅을 밟는 것이 아니라 새로운 눈을 뜨는 것, 다른 눈으로, 수많은 눈으로 우주를 보는 것, 각각의 눈에 담긴 각기 실제로 존재하는 수많은 우주를 바라보는 것이다.

_마르셀 프루스트

데이브 로메로(가명)는 '고객 관계 전문가'라고 적힌 명함을 가지고 있었다. 그는 라스베이거스 다운타운 근처에 있는 내 사무실에 들렀다가 허탕을 친 후 금요일 아침에 우리 집에 나타났다.

우리 회사와 협력하는 공급업체는 천 개가 넘었는데 나는 그중 많은 이들과 친하게 지냈다. 또한 처음 회사를 시작했을 때 나는 모든 영업 사원들과 장시간에 걸쳐 즐거운 대화를 나누었다. 그러나 회사가 성장하면서 그럴 시간이 줄어들었다. 이제 나에게 있어 대다수의 공급업체는 블랙박스와도 같았다. 그들이 제품을 보내면 우리는 웹사이트에서 그 제품들을 팔고 30일 후에 대금을 지급했다.

2008년 말 자포스와의 거래가 무산되었다. 당시 나는 다음 단계를 준비하기 위해 신용을 최대한으로 끌어올린 상태였다. 빚으로 세운 욕망의 부담을 덜 수 있다는 생각에 다소 안도감을 느끼기도 했지만 그건 오래가지 못했다. 이제 휘청거리는 회사를 경영해야 하는 참혹한 현실에 직면해야 했기 때문이다.

얼마간의 시간을 벌기 위해 대금을 먼저 지급해야 할 회사들의 명단을 작성했다. 제때 대금을 지급하는 것에 예민한 회사들(그렇지 않을 경우 내 뒤를 쫓아다닐 가능성이 가장 높은 회사들)이 상위권에 올랐고 미수금 관리에 더 관대한 것으로 알려진 회사들이 하위권에 포진했다. 그 명단은 전적으로 나와 개인적 친분이 있는 회사들로 구성됐다. 블랙박스 같은 회사들은 내가 아는 바가 전혀 없기 때문에 평가할 근거도 없어 명단을 작성하지 못했다.

데이브 로메로가 고객 관리를 담당했던 파이어Fyre 제약(가명)은 블랙박스 회사에 속했다. 만약 그 회사 설립자들이 범죄조직과 연관이 있다는 소문, 총기 밀거래에 연루되어 있다는 소문, 그들의 뜻을 거스른 내 경쟁자 중 한 명이 갑자기 사라졌다는 소문을 미리 들었더라면, 우선 지급 명단에서 제외하기로 한 내 결정에 변동이 있었을 것이다.

데이브 로메로가 처음 내 인생에 등장한 후에야 나는 업계에 도는 이런 소식들을 물어 미리 알아놓곤 했다. 하지만 그때는 이미 늦었다. 누리끼리한 얼굴의 데이브 로메로는 숱이 적은 머리를 하나로 묶고 있었다. 그의 가는 눈과 눈가에 깊이 새겨진 주름은 내 영혼을 읽고 있다는 인상을 주었다. 그의 걸음에는 자신감이 넘쳤다. 나는 그가 사이공의 술집에서 맥주병을 들고 있는 베트콩 동조자들의 다섯 손가락을 하나하나 부러뜨리는, 그리고 매일 아침 거울을 보며 '내가 바로 데이브 로메로야'라고 으스대는 모습을 상상했다.

개를 산책시킬 준비를 하고 있던 아침 7시에 그는 우리 집 현관에 나타났다. 나는 전에 그와 세 번 대화한 적이 있었다. 첫 번째는 매우 불쾌한 통화로 그는 내가 대금 지불이 늦어졌다고 알려줬다. 나도 기분이 상한 나머지 과거에 얼마나 제때 대금 납부를 했는지 조목조목 알려주며 쏘아붙였다. 두 번째는 그가 예고도 없이 사무실에 찾아왔을 때다. 그는 내 앞에 서서 자신은 인내심이 많은 사람이 아니라고 말했다. 그는 주사위 한 쌍을 내 책상에 던지고 떠났다. 세 번째는 어떻게 내가 거기 있는 줄 알았는지는 잘 모르겠지만, 동네 술집에 그가 나타났을 때다. 그는 고기를 치대는 것처럼 주먹으로 손바닥을 두드리며 내게 자신은 "말한 대로 행동하는 사람"이라고 말했다. 술집 경비원들이 데이브를 호위해 데리고 나갔다. 그는 엄지와 검지로 권총 모양을 만들어 그것을 나에게 겨누고 떠났다.

이번이 데이브의 네 번째 방문이었다. 하지만 나를 찾아온 의도를 전혀 알 수 없었다. 그는 이전과는 달리 행동했다. 먼저 그는 나에게 어떻게 지내느냐고 안부를 물었다. 그리고 날씨 얘기를 했다. 왜 이러는 거지? 영화 〈소프라노스〉에서 한 남자가 살해당하기 전 태평하게 입에 바른 칭찬을 듣는 상황인가? 나는 그의 친절이 미심쩍었다.

나는 긴장한 나머지 말을 우물거렸다. 내 뒤에 서서 털을 곤두세운 나의 반려견 악셀이 뛰쳐나가는 것을 막기 위해 현관문에서 최대한 멀찍이 떨어져 있었다. 데이브는 마치 슬쩍 안으로 들어오고 싶은 것처럼 아주 가까이 서 있었다.

그는 더 가까이 다가와 목소리를 낮췄다. "음, 월요일 아침까지 이 대금을 빨리 처리해서 내가 다시⋯ 오지 않아도 되게 할 수 있겠습니까?" 그는 왼손에 낀 요란한 반지 중 하나를 돌리면서 조용하고 침착하면서도 친절하게 말했다. 하지만 나에겐 그렇게 빨리 대금을 지급할 방도가 없었다.

내가 대답을 하기도 전에 그가 말을 이었다. "그리고, 아, 저기, 내일 밤 여기서 회사 바비큐 파티를 한다는 얘기를 들었습니다."

사실이었다. 나는 매달 우리 집에 회사 사람들을 초대해 파티를 열었다. 그런데 이번에는 직원 전체를 초대했다. 상황이 호전되지 않는다면 이번이 마지막 만남이 되지 않을까 걱정하던 차였다.

그런데 데이브 로메로가 어떻게 이 사실을 알았을까?

"나는⋯ 그래도⋯ 어떻게⋯"

"내가 참여해도 될까요?" 그가 물었다.

그건 질문처럼 들리지 않았다. 나는 점점 더 혼란스럽고 초조해졌다. 나는 데이브가 현관에서 나가길 바랄 뿐이었다. "아니요, 그러니까 내 말은, 물론이죠, 사람들이 7시부터 오기 시작하니 그때 들르세요." 나는 지금까지 파티에 오겠다는 사람을 한 번도 면전에서 거절한 적이 없었다.

당신이 지금까지 한 일 중에

데이브는 포로지스 싱글배럴 한 병을 들고 나타났다. 그날 파티는 성공적이었다. 마지막 술 한 방울까지 다 마시고 그릴의 마지막 불씨가 꺼졌음에도 아무도 집에 가고 싶어 하지 않았다. 데이브 로메로를 포함해서 말이다.

데이브는 우리 몇 명과 함께 모닥불 앞에 앉았다. 그는 그날 그곳에 온 진짜 이유에 대해 말을 아꼈다. 나는 그 전날 그와 만났던 얘기를 아무에게도 말하지 않았다. 나를 제외하고 파이어 제약과 교류가 있었던 사람은 극소수였다. 대부분의 사람은 그가 누구인지 몰랐다. 그는 "루크와 일한다"라고 자신을 소개했다. 그게 다였다. 아무도 어떤 가게인지 묻지 않았고 아무도 신경 쓰지 않았다. 내가 가끔 외부인을 이 바비큐 파티에 초대할 때가 있었기에 사람들은 데이브 역시 나의 이상한 친구 중 하나려니 생각했다.

우리 중 몇 명이 불가에 모여 있을 때 거의 입을 열지 않던 데이브가 갑자기 이야기에 끼어들었다. 그는 이렇게 말했다. "당신들이 지금까지 한 일 중에 가장 해로운 일은 무엇입니까?"

나는 대학 다닐 때 술에 취해 크리스피 크림 글레이즈 도넛 두 개 사이에 끼워 넣은 더블 치즈버거를 먹은 적이 있다고 고백했다. 폴은 태국에 살 때 콘돔 없이 섹스를 많이 했다고 말했다. 제시카는 마약을 하곤 했다고 말했다. 제시카의 남편 톰은 첫애를 임신했을 당시 주식 시장에 위험한 투자를 해 몰래 집을 역모기지한 적이 있다고 밝혔다.

"나는 사람을 죽였죠." 데이브가 말했다.

나는 불꽃이 통나무를 핥으며 타오르는 것을 지켜보면서 내가 제대로 들은 게 맞나 의심했다. 나는 데이브의 시선이 나에게로 향하고 다른 모든 사람들의 시선이 그에게 향하는 것을 느꼈다. 불이 꺼지고 있었다. 나는 남은 마시멜로를 집어던지고 그것이 타들어 가는 것을 지켜봤다.

데이브는 자리에서 벌떡 일어나 비틀거리며 섰다. "당신들은 빌어먹을 돈 걱정을 하지 않아도 된다면 어떤 일을 하고 싶나요?"

나는 대답했다. "모르겠어요. 우선 돈 걱정부터 하지 말아야 할 것 같네요."

그 후 한 시간 동안 데이브는 불가에 앉은 사람들 모두에게 점점 더 개인적인 질문을 던졌다. 이 질문들에 대한 대답은 대개 일상적인 것들이 아니라 추도사처럼 바뀌었다. 당신이 한 일 중에 가장 성취감을 줬던 것은 무엇인가? 당신이 가장 사랑했던 사람은 누구인가? 고통을 달래고 싶을 때 어디로 가는가?

데이브는 여린 사람이었고 다른 사람들 역시 그랬다. 데이브는 인생의 마지막 10년(그는 그렇게 확신하고 있었다) 동안 조카와 함께 스카이다이빙을 해보고, 한 달에 한 번 교도소 수감자를 방문하며, 지금 직장에서 나오는 등 그가 사람들에게 했던 약속을 지키며 살고 싶다고 말했다.

자정이 지나자 사람들이 하나둘씩 집으로 돌아가기 시작했다. 데이브가 가장 마지막까지 남은 사람이었다. 나는 그와 악수를 하며 모든 것을 처리하겠다고 말했다. 그는 웃으면서 내 어깨에 손을 얹었다. "괜찮습니다. 루크, 알죠?" 그는 내 등을 두드리고 택시를 잡으려고 휘청거리며 현관을 나섰다.

그리고 며칠 지나지 않자 데이브가 심장마비로 죽었다는 소식을 들었다. 파이어 제약 관계자는 데이브가 고용된 직원이 아니라 파트너였으며 그가 "조정이 이뤄졌다"라고 말했다고 전했다. 그들이 전한 이야기는 그게 전부였다.

나는 그날 밤 있었던 일이 '와해적 공감'[1]이었음을 뒤늦게 알게 됐다. 상대방의 공격에 모방적으로 반응하는 채무자와 채권추심자와 같이 통제되지 않은 미메시스에서 비롯된 갈등 사이클이 탈선된 것이다. 예상치도 못한 공감이 그 순간을 뛰어넘어 그 사이를 비집고 들어온 것이다.

두려움, 불안, 분노는 미메시스에 의해 쉽게 증폭된다. 동료가 내게 무뚝뚝하거나 무례해 보이는 이메일을 보내면 나도 그런 식으로 답한다. 내 친구가 논쟁 중에 목소리를 높이면 나 역시 고집을 부린다. 수동적 공격성은 두 사람을 넘어 전체 조직 문화로 들불처럼 확산된다.

르네 지라르는 악수가 얼마나 뿌리 깊은 미메시스의 예인지, 그리고 우리가 단순히 '반동분자'라고 생각했던 것들이 무엇을 의미하는지 설명하기 위해 잘못된 악수의 사례를 들었다. 악수는 사소한 행동으로 치부될 수 없다. 당신이 내게 손을 내밀었는데 내가 그 손을 잡지 않았다고 가정해보자. 나는 당신의 의례적 행동을 따라 하지 않았다. 무슨 일이 일어났는가? 당신은 당황해하며 손을 거둬들였을 것이다. 지라르는 다음과 같이 말한다. "우리는 이 반응보다 더 평범하고 자연스러운 것은 없다고 생각한다. 그런데 순간의 반응에서 역설적 성격이 드러난다. 내가 당신과 악수하는 것을 거절한다면, 즉 간단히 말해 내가 당신을 따라 하지 않는다면, 이제 당신은 나를 따라 내 거절을 그대로 재현하면서 나를 모방하는 사람이 된다. 보통 일치를 드러내는 모방이 이 경우에는 이제 불일치를 확인하고 강화시키는 역할을 하게 된다. 다시 말해 모방이 승리한다. 여기서 우리는 가장 단순한 인간관계에서조차 상호 모방 구조를 얼마나 엄격하고 확고하게 형성하는지 알 수 있다."[2]

부정적 모방 사이클은 이런 식으로 시작된다. 하지만 우리는 그들에게 비난받지 않는다.

이번 장에서는 값싼 모방 상호작용의 가능성을 줄이는 구체적 접근방법에 대해 알아보겠다. 그 접근법은 특정 종류의 경험, 즉 깊은 성취감을 주는 행동에 대한 이야기를 듣고 공유하는 것이 포함된다. 이러한 이야기들을 들어주고 알아주면 공감, 그리고 인간 행동에 대한 더 넓은 이해로 이어진다.

공감대를 형성한 두 사람이 서로를 더 이상 라이벌로 여기지 않게 되었을 때 부정적인 모방 사이클이 흐트러지게 된다. 데이브는 다른 어떤 것을 모델링함으로써 나의 사고방식과 반동적 충동을 변화시켰다. 그것은 바로 모두가 바라지만 충족되지 않을 때가 많은 핵심 욕망으로, 내가 알고 또 다른 사람이 알게 되는 것이다.

우리는 경영 전략을 모방할 수 있고 또 공감을 모방할 수도 있다.

첫 번째는 틀이고, 두 번째는 과정이다. 여기서 간략히 설명하려는 과정은 어떤 틀을 뛰어넘어 타인과 우리 자신의 인간성에 더 관심을 기울이는 것과 관련이 있다.

동정과 공감

"그 이유가 정말 안타깝네요." 이런 말을 전에 들어본 적이 있을 것이다. 우리가 흔히 이렇게 말하는 이유는 어떤 면에서는 공감하기보다 동정심을 느끼는 게 더 쉽기 때문이다. '동정sympathy'이란 단어는 '공감empathy'과 같은 어원에서 나왔다. 둘 다 감정 또는 감정에 호소하는 어떤 것을 의미하는(아리스토텔레스의 단어 사용에 따르면) 그리스어 'pathos'에서 유래됐다. 두 단어의 차이는 접두사에 있다. 동정은 '함께'를 뜻하는 접두사 'sym'이 붙는다. 즉, 동정은 '함께 느낀다'는 뜻이다. 우리의 감정이 동정심을 유발하는 사람의 감정과 융합된다. 그들의 관점에서 사물을 보며, 어느 정도 동의가 내포되어 있다.

동정심은 미메시스에 의해 쉽게 이용될 수 있다. 당신은 집단에 속해 어떤 것에 대해 이야기를 나누고 정치, 사업상의 결정이나 식사 메뉴 등 어떤 형태의 합의를 빠르게 도출해낸 적이 있는가? 그때 당신은 고개를 끄덕이고 웃는, 심지어 큰 소리로 동의하는 자신을 발견하게 된다. 하지만 얼마 뒤 또는 그날 밤 집에 늦게 돌아온 후 당신은 '잠깐만… 내가 진짜 동의한 걸까?'라는 생각이 든다.

공감은 동정과는 다른 감정이다. 공감이라는 영어 단어 앞에 붙은 'em'이라는 접두사는 '들어간다'는 뜻이다. 즉, 냉정함을 잃지 않고 또는 중심을 잃지 않고 자신의 반응을 통제하거나 살피면서, 다른 사람의 경험이나 감정으로 들어가는 능력이다.

2018년 태국의 탐루앙 동굴에 갇힌 축구팀을 구하기 위해 그 동굴로 들어간 다이버들처럼 의도적인 행동을 취할 때 진정한 공감이 이뤄진다. 다이버들은 자진해서 동굴로 들어갔다. 그들은 길을 잃지 않기 위해 주변 환경과 반응을 면밀히 살피며 고립된 아이들을 찾아가는 동안 스스로를 잘 통제했다.

공감은 타인의 경험을 공유할 수 있는 능력이다. 그러나 타인(타인의 말, 신념, 행동, 감정)을 모방하지 않고, 자신의 개성이나 냉철함을 잃어버릴 정도로 그들과 자신을 동일시하지 않는다. 이런 면에서 공감은 반모방적이다.

공감은 당신이 절대로 서명하지 않을 탄원서에 서명을 받으러 다니는 사람들에게 미소를 보내고 시원한 물을 건네는 것을 의미할 수 있다. 찌는 듯이 더운 날 움직이는 게 얼마나 힘든지, 관심 있는 일에 얼마나 열정적으로 행동할 수 있는지 잘 알기 때문이다. 여기에는 우리가 동의하지 않는 사람에게 종종 건네는 공허하면서도 진부한 의견이나 소소한 선의의 거짓말은 포함되지 않는다.

또한 공감은 미메시스의 부정적 사이클을 깨뜨린다. 공감할 수 있는 사람은 자신의 욕망을 꼭 공유하지 않아도 타인의 경험에 들어가 자신의 생각이나 감정을 공유할 수 있다. 공감할 수 있는 사람은 자신은 원하지 않지만 그들이 원하는 것을 이해할 능력을 가지고 있다. 즉, 공감은 우리가 다른 사람처럼 되지 않더라도 그들과 깊이 연결될 수 있도록 해준다.

모방적 위기를 겪게 되면 모두가 다른 사람처럼 되기 시작한다는 것을 기억하라. 그들은 냉정과 자유를 잃어버린다. 서간문집을 여러 권 출판한 트라피스트회의 수도사 토마스 머튼Thomas Merton은 이런 일이 컬럼비아대학에 다니던 시절 자신에게 일어나고 있음을 알아차렸다. 그는 말년에 다음과 같은 글을 남겼다. "진정한 내적 자아는 바다 저 밑바닥에서 건져진 보석처럼 혼란, 비식별, 공통에의 몰입, 불특정적인 것, 사소한 것, 비도덕적인 것, 덧없는 것들로부터 벗어나야 한다."[3]

공감은 우리가 내적 자아의 이러한 보석을 희생시키지 않고, 다른 사람들과 상호작용할 수 있게 해준다. 우리는 공감을 통해 두터운 욕망, 즉 지나치게 모방적이지 않은 욕망, 좋은 삶의 기반을 닦을 수 있는 욕망을 찾고 키워나갈 수 있다.

얕은 욕망에서 두터운 욕망으로

두터운 욕망을 발견하고 발전시킴으로써 값싼 모방 욕망으로부터 자신을 보호하고 궁극적으로 더욱 충실한 삶을 살아갈 수 있다.

두터운 욕망은 표면 아래 깊은 곳에서 만들어진 다이아몬드와 같다. 두터운 욕망은 살아가면서 변화하는 상황의 변동성으로부터 우리를 보호해준다. 반면에 얕은 욕망은 매우 모방적이고 전염성이 강하며 피상적일 때가 많다.

나이가 들수록 저절로 두터운 욕망을 갖게 된다고 말할 수 있으면 좋겠지만 항상 그런 것은 아니다. 의도적으로 노력을 기울이지 않는다면 그런 일은 일어나지 않는다. 우리는 자신의 욕망이 얕다는 사실을 너무 늦게 깨달은 노인들을 만난 적이 있다. 예를 들어, 수십 년 동안 은퇴하는 날만 고대했던 사람은 막상 은퇴하는 날이 되면 불만을 느끼는 자신을 발견하게 된다. 그것은 은퇴하고 싶은 욕망이 자신이 할 수도 있고 하지 않을 수도 있는 모방적으로 파생된 생각들로 채워진 얕은 욕망이기 때문이다. 반면에 가족들과 더 많은 시간을 보내겠다는 욕망은 두터운 욕망이다. 왜냐하면 오늘부터 그것을 계속 이행할 수 있기 때문이다. 그것은 수년 동안 복리 형식으로 늘어난다.

두터운 욕망과 얕은 욕망은 감정만으로는 쉽게 만들어지지 않는다. 젊은 시절에는 돈을 많이 벌거나 매력적인 사람과 사귀거나 유명해지고 싶은 욕망을 강하게 느낀다. 얕은 욕망일수록 감정이 격렬해질 때가 많다. 나이가 들면서 청소년 시기에 느꼈던 강렬한 욕망의 감정들이 사라지는 것을 경험할 수 있을 것이다. 우리가 원했던 것들을 더 이상 달성할 수 없음을 깨달았기 때문이 아니다. 그것은 더 많은 패턴 인식 능력이 생겨 우리를 충족시키지 못하는 종류의 욕망을 인식할 수 있게 되었기 때문이다. 결과적으로 대부분의 사람들은 나이가 들면서 두터운 욕망을 더 키워가는 법을 배우게 된다.

하지만 두터운 욕망과 얇은 욕망 사이에는 항상 긴장이 존재한다. 모든 예술가들이 그것을 경험했다. 그들은 진실을 말하고 중요한 어떤 것을 표현하는 예술 작품을 만들고 싶은 열망을 평생 안고 있다. 하지만 그들은 시장에서 그들의 작품을 팔아 인정받고 매년, 매월, 매일 변화하는 트렌드를 선호하려는 경쟁적 욕망을 가지고 있다. 이는 두터운 욕망을 완전히 가릴 수 있는 얇은 욕망이다. 때때로 우리에게는 얇은 욕망을 떨쳐내기 위해 특별한 사건이 필요하다.

세 가지 욕망

자포스에 회사를 매각했을 2008년 당시 애당초 왜 이 회사를 시작했을까 스스로 자문할 수밖에 없었다. 나는 적어도 세 가지의 두터운 욕망을 확인했는데, 그 욕망들은 얇은 욕망에 가려져 있었다.

첫째, 회사를 시작했을 때 세상에 가치를 창출하는 회사를 설립하는 한 나의 평판에 신경을 쓰지 않을 수 없었다. 몇 년 전까지만 해도 나에게 생소했던 욕망이 내 안에 꿈틀거렸는데, 나는 상이나 수많은 팔로워를 통해 인정받는 느낌을 원했다. 동료들이 그러한 인정을 갈망했기 때문에 나 역시 그랬던 것이다. 나는 '가장 일하고 싶은 직장' 명단에 들어가고 그럴싸한 칭찬을 받고자 경쟁하기 시작했다.

명성prestige이란 단어는 '환상'이나 '마술사의 속임수'를 뜻하는 라틴어 'praestigium'에서 유래했다. 사람들은 명성을 추구하는 것이 신기루를 좇는 것이라는 사실을 깨닫지 못한 채 자신의 재능에 대한 존경이나 직업적 명성을 구한다.

첫 번째 회사를 시작한 지 몇 년 만에 나는 앞을 내다보는 것보다 옆을 돌아보는 데 더 많은 시간을 썼다. 나는 어디서나 성공을 측정할 방법을 찾고 있었다. 최신식 노트북을 들고 카페에 앉아 있는 사람, 이름난 벤처투자가의 지원을 받는 창업자 등 이들은 그렇게 열심히 노력한 것 같지 않은데 순조롭게 성공한 것처럼 보였다. 나는 그들을 보며 남몰래 억울해했다.

그런 감정을 나타내는 옛날식 표현은 '질투envy'다. 지라르는 말했다. "우리가 섹스에 대해 그렇게 많은 말을 하는 것은 질투에 대해 함부로 말할 수 없기 때문이다."⁴ 질투는 파괴적인 모방 욕망의 에지으로 음지에서 작동하기 때문에 그것을 막을 수 있는 것이 거의 없다. 다른 사람이 우리에게 없는 것을 가지고 있다는 인식에 비례해서 명성이 측정된다. 그곳이 바로 질투의 온상이다.

기업가 정신은 탈진, 약물 남용 및 재정적 불안정성에 이르기까지 많은 직업적 위험 요소를 안고 있다. 그런데 질투만큼 담론에서 공공연하게 제외된 것은 없다.

둘째, 나는 기업가 정신의 최대 특권 중 하나로, 다른 기업가들이 모델링할 수 있는 패턴에 맞춰 나만의 라이프 스타일을 개척하기를 원했다.

금융권 일을 그만두었던 처음에는 경계가 명확하고 균형 잡힌 라이프 스타일을 원했다. 나는 매일 밤 한 시간씩 독서를 하고 개와 여유롭게 산책을 하며 친구들과 시간을 보내며 친밀한 관계를 맺고 싶었다. 그러나 창업한 회사의 CEO로 주 80시간을 근무하면서 모든 경계와 균형이 무너진 나 자신을 발견하게 됐다. 무슨 일이 일어난 걸까?

실리콘밸리와 일반적인 창업 세계에서의 라이프 스타일은 대체로 미메시스로 작동한다. 모두가 멘로 파크로 이사하거나 로고가 박힌 후드티를 입고 밴을 타기로 결정한다. 그렇다고 모두가 진부하고 재미없는 이메일을 보냄과 동시에 바쁘고 중요한 척하기로 결정한 것은 아니다(여기 반모방의 길을 걸을 수 한 가지 방법이 있다. 즉, 그런 이메일 중 하나를 받았을 때 공손하고 사려 깊으며 아름다운 답장을 보내는 것이다).

내 경우 자포스 문화에 열광하는 것에 감염됐다. 토니 셰이는 자포스 문화가 마치 카고 컬트*cargo cult인 것처럼, 동일한 레시피를 따르기만 하면 성공적인 문화를 구축하게 될 것이라고 말했다. 얼마 지나지 않아 우리 회사 사무실도 벽에 걸린 이상한 물건들, 별난 기념행사, 비즈니스 도서 목록이 있는 방문객 라운지 등 자포스 사무실처럼 보이기 시작했다. 난 실제로 매일 밤 행복한 시간을 보냈다. 내가 그 속에서 빠져나오면 뒤떨어지고, '적합한 문화culture fit'에 맞지 않은 그런 사람이 될 것 같았다.

셋째, 나는 고전적 지혜를 갈망하기보다 아이디어를 모방하게 만드

---

* 카고 컬트는 제2차 세계대전이 끝난 후 남태평양 섬에 떨어지던 미군의 보급품이 끊기자 원주민들이 화물이 계속 떨어지길 바라며 제사를 지냈다는 현상을 일컫는 말이다. 당시 원주민들은 왜 화물이 하늘에서 떨어지는지 본질을 모른 채 화물수송기를 모형으로 만드는 등 엉뚱한 행동을 했다.

는 밈, 트윗, 기술 뉴스를 소비하기 시작했다. 나는 아리스토텔레스보다 블로거 게리 베이너척Gary Vaynerchuk이 말하는 행복에 대해 더 잘 알고 있었다. 내가 살고 일했던 생태계는 날이 갈수록 균질해지는 것처럼 보였다. 나에겐 이 생각의 체계 밖에 설 용기가 있었을지도 모른다. 하지만 난 그 체계 밖의 세상에 대해서 아무것도 몰랐다.

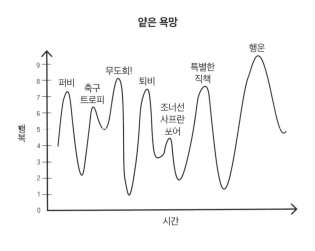

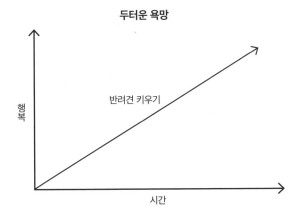

그러나 내 세계를 지배했던 생각들을 놓고 진지하게 고민하면서 그것들이 얕다는 것을 알게 됐다. 나는 뭔가 달라져야 했다. 모닥불 앞에서 데이브 로메오와 나누었던 대화, 특히 그의 목소리에 담긴 회한은 내가 품어온 욕망들 대부분이 얕고 깨지기 쉬운 것이었음을 확인시켰다. 그것들은 어느 때고 먼지처럼 바람에 날아갈 수 있었다. 그것들은 삶을 구축할 견고한 기반이 아니었다.

데이브의 사망 소식을 들은 직후 난 회사 운영을 중단했다. 꼭 데이브 때문만은 아니었다. 내가 이 기간에 겪었던 점진적인 변화를 완수하기 위해 해야 할 일처럼 보였기 때문이다. 나는 인생의 중요한 질문들을 탐색하고 싶다는, 즉 더 깊은 차원에서 나 자신을 비롯해 사람이란 존재를 이해하고 싶은 욕망이 내 마음속 깊이 도사리고 있음을 깨달았다.

나는 효율적인 창고 관리를 위해, 현금을 절약할 방도를 찾기 위해, 더 이상 경영하고 싶지 않은 회사를 구하기 위해 매주 90시간씩 일하기보다 훨씬 더 많은 일을 하고 싶었다. 나는 다음에 무엇을 해야 할지 결정하기에 앞서 자신을 재점검하기 위해, 무엇보다 내 욕망을 재설정하기 위해 창업 세계로부터 3개월 동안 휴지기를 두기로 결정했다. 그때가 내 인생에서 가장 모방을 하지 않았던 3개월이었다.

내가 누구인지 말해주는 이야기

내가 이제 얕은 욕망을 제쳐두고 좀 더 반모방적이고 뿌리 깊은 견고한 욕망에 초점을 맞출 때라고 당신을 설득했다고 가정해보자. 당장 힘든 일이 시작될 것이다. 얕은 욕망이 쉽게 사라지지 않으며, 두터운 욕망이 하루아침에 저절로 생기지는 않을 것이다. 그렇게 되기까지 몇 달 혹은 몇 년의 시간이 걸린다.

당신이 이미 가지고 있는 두터운 욕망에서 시작하는 것이 가장 좋다. 그 욕망을 알아차리는 것이 늘 쉬운 것만은 아니다. 두터운 욕망은 우리 삶의 대부분을 지배하는 덧없고 충동적인 욕망 아래 숨겨져 있다. 미국 작가이자 교육자인 파커 팔머Parker Palmer는 "내가 무엇을 하고 싶은지 내 인생에 말하기에 앞서 내가 누구인지 말해주는 내 인생의 이야기에 먼저 귀를 기울여야 한다"라고 말했다.[5]

여기서 간략히 설명하고자 하는 접근법은 인류학적, 철학적, 실용적, 그리고 심지어 영적인 것이다. 나는 랍비인 조너선 색스Jonathan Sacks의 영성에 대한 정의를 좋아한다. 색스는 영성이란 "우리 자신보다 더 위대한 것에 우리 자신의 마음을 열었을 때 일어나는 일"이며, "어떤 사람은 자연의 아름다움이나 예술 또는 음악에서 그것을 발견하고, 또 다른 사람들은 기도하고 율법을 준수하고 신성한 문장을 배우는 것에서 발견한다. 또 다른 사람들을 돕거나 우정이나 사랑으로부터 이를 발견하기도 한다"라고 말했다.[6] 그것은 자신과 타인, 우주에 대한 유대감의 의미로 설명할 수 있다.

지금까지 살펴본 바와 같이 욕망은 사회적이다. 욕망은 유대감을 형성한다. 그래서 나는 당신이 스스로를 영적이라고 생각하지 않는다 하더라도 이러한 접근이 도움이 되기를 바란다. 왜냐하면 그것들은 인간으로서 의미 있는 것들에 관한 근본적 진실에 바탕을 두고 있기 때문이다. 즉, 우리는 완전히 우리 자신의 것이 아니라 욕망에 의해 연결된 관계망 속에 존재한다.

두터운 욕망을 발견하기 위해 내가 추천하는 한 가지 접근법은 당신의 동료(파트너, 친구, 급우)가 살면서 이뤘던 가장 큰 성취 경험들을 듣고, 또 자신의 경험을 그들과 나누는 것이다. 다른 사람이 어떤 의미 있는 성취를 이뤘는지를 더 많이 이해할수록 서로 협력하는 방법, 즉 무엇이 다른 사람을 움직이고 동기를 부여하는지, 무엇이 그들이 하는 일에 만족감을 주는지를 더 잘 이해하게 된다.

하지만 간단해 보이는 일임에도 아무도 그렇게 하지 않는다. 스스로에게 물어보라. 당신과 함께 일하는 사람 중에서 당신이 가장 의미 있는 성과라고 여기는 것 중 하나라도 그 일의 이름을 대고 그것이 당신에게 왜 그렇게 의미 있는지 설명해줄 사람이 몇이나 되는지 말이다.

이런 연습을 해보는 주된 목적은 핵심 동기가 무엇인지 파악하기 위해서다. 동기부여는 분명한 패턴의 결과를 성취하기 위해 삶 전체에 걸쳐 당신 자신에게서 발원되는 구체적이고 지속적인 행동 에너지다. 예를 들어, 통제력을 키우거나 인식을 환기하거나 또는 장애물을 극복하는 것에 근본적으로 동기부여를 받을 수 있다. 우리 대부분은 동기부여의 본질에 대해 진지하게 고민해본 적이 없기 때문에 우리 안에 핵심적인 동기부여가 어떻게 이뤄졌는지에 대해 정확히 설명하지 못한다. 하지만 이 연습을 하다 보면 그 능력이 길러진다.

핵심적인 동기부여는 지속적이며 저항할 수 없고 끝이 없는 것이다. 그것들은 아마 당신이 어릴 때부터 해왔던 행동의 상당 부분을 설명해줄 것이다. 그 행동들을 동기부여의 에너지로 생각하라. 특정 유형의 프로젝트(팀 대 개인, 목표 지향적 대 이념 지향적)나 활동(스포츠, 예술, 연극, 피트니스 형태의 운동) 등에 계속 끌리지만 다른 것에는 끌리지 않는 이유는 바로 여기에 있다.

동기부여에도 일정한 패턴이 있다. 만약 당신이 그것이 무엇인지 구체적으로 지칭할 수 있다면 당신은 두터운 욕망을 이해할 수 있는 중요한 단계를 밟은 셈이다. 그 패턴을 발견하는 가장 좋은 방법은 이야기를 나누는 것이다.

요즘 직원 면접을 볼 때 내가 첫 번째로 던지는 질문은 이것이다. "당신이 살면서 잘했던 일, 그리고 그 일이 어떤 성취감을 주었는지에 대해 말해주세요." 이 질문은 그 사람의 본질을 꿰뚫어 보는 데 도움이 된다.

나는 이 간단한 질문이 개인과 공동체 간의 상호작용을 변화시키는 것을 목도해왔다. 서로의 이야기를 잘 들어주는 두 사람이 대화를 하다 보면 경험을 말하는 사람과 듣는 사람 모두 욕망이 성취로 이어졌던 시절로 주제가 옮겨진다. 이야기를 나누는 것이 즐거운 경험이 되는 이유가 바로 여기에 있다.

내가 말하는 성취 경험 나누기에는 세 가지 필수 요소가 있다.

1. **행동을 취해야 한다.** 당신은 수동적으로 경험하는 것이 아니라 구체적인 행동을 취하면서 주인공이 되는 것이다. 스톤 포니에서 열린 브루스 스프링스틴 콘서트가 당신을 위한 공연일 수는 있지만 성취 경험을 나누는 것은 될 수 없다.

2. **잘했다고 믿어라.** 다른 사람에 의해서가 아니라 당신 스스로 훌륭하게 해냈고 평가하라. 당신 자신에게 중요한 성취를 찾아야 한다. 요전 날 밤에 당신이 완벽한 립아이 스테이크를 구웠다는 생각이 들었다면 당신은 어떤 일을 잘했고 또 성취한 것이다. 다른 사람의 눈에 그 성취가 대단해 보일까 또는 별거 아닌 것처럼 보일까 걱정하지 마라.

3. **성취감을 느껴라.** 당신의 행동이 깊은 성취감, 더 나아가 기쁨을 안겨줄 수 있다. 성취감은 엔도르핀이 솟구치는 것처럼 잠깐 일시적으로 왔다 스쳐 지나가는 것이 아니다. 다음 날 아침에 일어나서도 여전히 만족감을 느끼는 것이다. 이러한 생각만 해도 어느 정도는 그 감정이 되살아날 수 있다.

그런 심오한 의미와 만족감을 주는 순간들이 중요하다. 여기서 당신이 어떤 사람인지에 대해 중요한 점들이 드러난다.

아리스토텔레스는 "행동은 존재에 따른다"라고 말했다. 이 말은 어떤 사물이 무엇이냐에 따라서만 행동할 수 있음을 의미한다. 우리는 행동에 의거해서만 어떤 사물의 본질을 파악할 수 있다. 그러나 인간의 경우 행동의 내적 차원에 대한 통찰도 필요하다. 그가 그 행동을 취하게 된 동기가 무엇일까? 어떤 상황이었을까? 그 행동이 감정적인 차원에서 그들에게 어떤 영향을 미쳤을까?

세 명의 예술가가 시온국립공원의 고원에서 나란히 같은 일몰을 그리고 있다고 상상해보자. 한 명은 대회를 위해 그림 실력을 키우고 싶었다. 다른 한 명은 첫 번째 데이트를 그 공원에서 했기 때문에 공원의 일몰을 그려 결혼기념일 선물로 남편에게 주고 싶었다. 마지막 사람은 순수하게 풍경의 아름다움을 기억 속에 담고 싶었다. 외부에서 보았을 때 예술가들은 정확히 같은 일을 하고 있다. 그러나 내부에서 보면 예술가마다 전혀 다른 무언가를 하고 있다.

우리는 밖에서 안을 들여다보는 고양이와 개의 행동을 대부분 이해할 수 있다. 그러나 사람은 다르다. 한 사람의 삶에 대해 알기 위해선 왜 그들이 그런 행동을 하고 그것이 그들에게 어떤 의미인지에 대한 이해가 필요하다. 성취 경험을 나누다 보면 "그 행동이 나에게 왜 그렇게 의미가 있는지"를 설명하게 된다.

질문하고 답하는 과정에서 긍정적 모방 사이클이 시작된다. 당신은 자신의 성취 경험 중 하나를 이야기한다. 나는 당신의 이야기를 공감하며 듣고 그 이야기에서 느꼈던 바를 나눈다. 그런 다음 당신은 내게 똑같이 해준다. 공감이 공감을 낳고 마음의 이야기가 마음으로 전달된다.

내가 이 이야기들 중 하나를 처음으로 공유하게 된 것은 약 10년 전으로, 내러티브 심리학narrative psychology을 전공하던 내 친구가 나를 그 과정에 참여시키면서이다. 내가 성취 경험을 나눌 때마다 또 다른 부분이 수면 위로 떠 올랐다. 과거의 시간 속으로 깊이 들어갈수록 내가 오랫동안 미처 생각해보지 못했던 이야기들을 발견하게 됐다. 당시에는 성취감을 안겨준 행동으로 인식조차 못 했던 부분들을 발견한 것이다.

리틀리그에서 내가 투수로 뛰며 무안타 경기를 치른 일.

첫 번째 회사를 시작한 일.

30일 동안 매일 글을 쓴 일

저녁 메뉴로 할머니 레시피를 활용해 집에서 직접 피로시키pierogi•를 만든 일.

5학년 과학 시간에 오렌지 필링 기계를 발명한 일.

PHP. MySQL을 독학해 창업한 회사의 웹사이트를 디버깅한 일.

이러한 것들 중 몇 가지는 아마도 당시 내 주변 사람들에게 '성취'로 평가되지 못했을 것이다. 그러나 내게는 큰 만족감을 주었기에 분명한 성취였다. 앞서 설명했듯이 두터운 욕망의 패턴이 나타나기 시작한 것이다.

• 빵이나 파이 반죽으로 만든 껍질에 각종 고기로 소를 만들어 넣는 러시아의 대표적인 빵.

나의 동기부여 패턴 찾기

지금 설명하고 있는 접근법은 누구나 어디서든 실천할 수 있는 것으로 호의와 공감만 있으면 충분하다. 내가 수년간 일했던 한 조직에서는 공통적인 동기부여 패턴을 27개 테마로 식별하고 정의하는 평가 항목으로 코드화시켰다(동기부여 코드 또는 MCODE라는 이름으로 분류).[7] 평가는 각자의 성취 경험 스토리에 대해 일련의 질문을 던진 다음 사람들이 성취한 성과 중 가장 만족스러운 부분으로 평가한 것에 기초해 일정 패턴을 찾는다.

사람마다 각기 다양한 방식으로 핵심 동기가 부여되었다. 가장 중요한 건 그들이 함께 일하는 법과 그들 중 일부가 특정 상황에서 다른 사람들보다 더 활발히 활동하는 법들을 배우는 것이었다.

다음은 MCODE에 정의된 27가지 동기부여 테마 중에서 각각 어떻게 작동하는지 보여주는 세 가지 사례이다. 다른 테마가 궁금하다면 부록 부분에 들어 있는 관련 자료를 참조하라.

> **탐구(EXPLORE):** 탐구에 동기부여된 사람들은 자신들이 알지 못하거나 신비로운 것을 발견하기 위해 기존의 지식과 경험의 한계를 넘어서기를 원한다.

내 친구 벤(가명, 다른 친구들의 이름도 가명)은 새로운 나라에서 카우치서핑을 하고 그 나라의 언어와 음식에 대해 배우는 것을 좋아한다.

그는 한때 터키의 한 시장에서 다양한 향신료에 매료된 나머지 몇 시간이고 그 자리에서 향신료를 맛보며 배웠다. 그리고 왓츠앱으로 내게 그 상황을 생중계했다. 또 이후에는 수제 칵테일, 17세기 프랑스 문학, 암호 화폐 등 다른 것들을 탐구하기도 했다.

벤의 관심 범위, 그리고 한 가지 일에서 다른 일로 이동하는 속도가 취미 활동처럼 보일 수 있다. 그러나 일부 사람들은 이처럼 탐구에 강한 동기를 부여한다. 이는 좋은 일이다. 사실 모든 핵심 동기부여는 본질적으로 좋다. 이것이 우리가 연결되어 있는 방식이다.

그럼에도 모든 동기부여에는 어두운 면이 있다. 벤은 이제 자신이 근본적으로 탐구에 동기부여된다는 사실을 알게 되었기 때문에 그가 새로운 일에 관심이 쏠리고 기존의 책무에 소홀해지고 싶은 유혹을 느낄 때가 있음을 인지하게 되었다. 이제 그는 동기부여 에너지를 생산적이고 가치를 창출하는 일에 의도적으로 쏟으려고 노력한다. 그는 지금 여행에 관한 책을 쓰고 있다.

벤이 어떤 특정한 일에 통달하는 데 동기부여되지 않음을 알아두는 것이 중요하다. 벤과 내가 이탈리아를 함께 여행했을 때 우리 둘 다 그럭저럭 의사소통이 될 정도만 이탈리아어를 배웠다. 반면에 또 다른 친구인 알렉스는 언어를 익히는 데 열심이었다. 우리와 달리 알렉스는 자기 방에서 《피노키오》의 이탈리아 번역본을 끼고 앉아 나오질 않았다. 그는 모든 단어의 활용법을 알게 되기 전까지 만족하지 않을 것이다. 알렉스는 근본적으로 통달하는 데 동기부여가 되어 있기 때문이다.

통달(MASTER): 통달하는 데 동기부여가 되는 사람은 기량, 주제, 절차, 기교, 과정 등을 완전히 통제할 수 있기를 원한다.

벤이나 나와는 달리 알렉스는 이탈리아 고전문학을 읽고 로마의 캄포 데이 피오리에서 열리는 파머스 마켓에서 필요한 것을 설명할 수 있을 때 비로소 행복을 느낀다.

알렉스는 물리학 박사과정을 밟고 있었다. 내가 엘리콧 시티에서 스네일 메일Snail Mail의 노래를 소개하자 그는 스네일 메일의 모든 노래를 기타로 연주할 수 있을 때까지 그녀의 노래를 듣고 또 들었다. 그는 관심을 두는 분야가 많지는 않지만 일단 관심을 두기 시작하면 깊이 빠져든다. 인디 록도 그중 하나였다.

알렉스는 자신이 통달한 것을 어떤 식으로든 다른 사람에게 보여주는 일에는 전혀 동기부여가 되지 않았다. 그는 소셜 미디어 계정이 하나도 없다. 그는 기타를 잘 치지만 밴드를 결성할 생각이 전혀 없다. 그에게는 통달 자체가 하나의 보상이다.

또 다른 친구인 로렌은 벤이나 알렉스와는 다른 곳에서 동기부여가 이뤄진다. 로렌은 이해하고 표현하는 것에 동기부여가 되기 때문에 논픽션류의 글을 쓰는 것을 좋아한다.

이해와 표현(COMPREHEND AND EXPRESS): 이런 동기부여 방식에 이끌리는 사람은 이해하고 정의한 다음 어떤 식으로든 자신의 통찰력을 전달하고 싶어 한다.

로렌은 새로 배운 것을 표현할 배출구가 없으면 답답해하고 의욕을 상실한다. 책을 읽으면 반드시 블로그에 리뷰를 남겨야 한다. 그것을 표현할 길이 없다면 그녀는 새로운 지식을 온전히 자신의 것으로 만들지 못한 것처럼 느낀다. 그녀가 이해했는지는 표현의 행위를 통해 명확해진다.

이는 아이디어의 영역에서뿐만 아니라 경험에도 해당된다. 새로운 요리를 경험해봤을 때 그저 맛본 것만으로 만족하지 않고 직접 만들어볼 것이다. 로렌의 삶 모든 측면에서 이런 방식이 적용되기 때문이다. 그녀의 결혼 생활(그녀는 가족들의 이야기에 귀 기울였으며, 가족들이 지닌 재능에 대해 편지를 쓰곤 했다), 직장에서 위기가 발생했을 때 어떻게 접근할지(그녀는 핵심을 파악하고 전달하는 데 능숙한 전문적인 토론 중재자다), 심지어 운동에 어떻게 접근할지(요가를 배우는 것만으로는 충분하지 않고 직접 요가 강사가 되어야만 했다) 등에서도 마찬가지였다.

당신에게 동기부여가 될 핵심 욕구를 파악하면, 왜 어떤 활동에는 깊이 몰두하지만 또 다른 활동들은 멀어지게 되는지를 이해하게 된다. 더욱 중요한 사실은 당신이 어떻게 사랑에 깊은 동기부여를 받게 되는지 이해하도록 도와준다는 것이다.

성취 경험은 사람들에게 가장 의미 있는 것을 볼 수 있는 창이다. 성취 경험을 나눔으로써 사람들은 자신이 가장 깊게 빠져들었던 행동과 대부분의 경우 가장 깊게 들어가 있다고 느끼는 행동들에 대해 설명하게 된다. 만약 사람들에게 즐거움을 안겨줬던 경험에 대해 이야기해달라고 요청하면 여러 분야에 걸친 이야기를 듣게 될 것이다.

대부분의 사람들은 깊은 성취 경험을 주었던 이야기를 들려달라는 요청을 받는 일이 드물다. 하지만 우리는 자기 자신과 다른 사람들에게 그러한 이야기를 의도적으로 해야 한다. 이 이야기를 말하고 듣고 기록하는 연습은 공감과 두터운 욕망을 발견할 수 있는 새로운 창을 열어준다.

성취 경험을 나누는 것은 당신 자신, 동료들, 조직 전체를 위해 어떻게 욕망이 생겨나고 형성되어 가는지에 대한 간단한 일대기를 만드는 것과 같다. 다른 사람들이 동기부여되는 방식을 알게 되면 동기부여 에너지를 극대화시키는 방식으로 팀을 조직할 수 있는 연결성과 가능성을 더욱 높이게 된다. 팀의 각 구성원이 본질적으로 동기부여가 되는 행동에 참여하기 때문이다.

하지만 진정한 성취가 무엇이었냐고 질문하면 보통 사람들이 최선을 다했던 일에 관한 내용을 듣게 된다.

나는 십 년 동안 수천 명에 달하는 사람들의 성취 경험을 들어왔다. 그 이야기들은 다른 사람에게 봉사하는 것, 팀의 성공에 기여하는 것, 불의와 싸우는 것, 공익을 위해 조직적 노력을 기울이는 것 등 거의

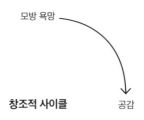

모방 욕망

창조적 사이클　　　　　　공감

모든 사람들이 본질적으로 좋다고 생각하는 행동에 관한 것이 대부분이었다. 이기적인 쾌락은 한순간 또는 하루의 만족감을 주는 데 그칠 뿐 몇 년 후에 기억할 만한 것이 되지는 않는다.

창조적 사이클은 욕망의 긍정적 순환이다. 누군가 다른 방식의 관계, 즉 공익을 풍성하게 만들어가기 위해 욕망의 모방이 이뤄지는 비경쟁적 접근을 모델화할 때 시작된다.

위대한 리더들은 욕망의 긍정적 순환을 시작하고 지속한다. 그들은 타인의 약점에 공감하고 조직의 모든 단계에서 알게 되기를 원하며 두터운 욕망을 기르는 데 초점을 맞춘다. 그들은 새로운 세계, 즉 눈 앞의 결핍을 넘어선 세상의 가능성을 열어주며 파괴적인 모방 사이클을 초월한다.

chapter 7

위대한 리더는 어떻게 욕망을 이끄는가

> 당신이 배를 만들고 싶다면 사람들에게 목재를 가져오게 하고 일을
> 지시하며 일감을 나눠주는 일을 하지 말라. 대신 그들에게 저 넓고
> 끝없는 바다에 대한 동경심을 키워줘라.
>
> _앙투안 드 생텍쥐페리

위트니 울프 허드Whitney Wolfe Herd의 언택트 소개팅 앱 범블Bumble은 데이트 게임의 판도를 바꾸었다. 이성애자 경기에서 남자들이 먼저 움직이지 못하게 한 것이다. 앱을 통해 연락이 시작될 경우 조금이라도 전개가 이뤄지려면 이는 전적으로 여자의 주도하에 이뤄진다.

2019년 말 허드는 자신의 가장 중요한 프로젝트로 인도의 데이트 시장에 충격을 주는 일을 꼽았다. 당시 인도는 톰슨로이터재단이 실시한 설문 조사에서 여성에게 가장 위험한 나라로 선정되었다. 인도의 성폭력 발생 빈도는 엄청나게 높았다. 그러나 허드는 단념하지 않았다. 그녀는 CNN에서 이렇게 말했다. "어떤 곳이 세계 다른 곳보다

낙후되었다고 해서 그것에 대한 욕망이 없는 것은 아니다."[1]

미개발된 욕망을 활용하는 것은 위대한 지도자의 전형적 모습이다. 토니 모리슨Toni Morrison은 백인 독자가 읽고 싶어 하는 글을 쓰는 데 만족하지 않았다. 그녀는 시장에 존재하지 않는 종류의 글을 쓰고자 했다. "가장 연약하고 소외당하는 어린 흑인들을 주제로 하는 책은 문학에서 거의 찾아볼 수 없다. 그들은 주변인물로나 등장하지 지금껏 그들을 조명한 사람은 아무도 없었다." 모리슨은 2014년 〈NEA 아트 매거진NEA Arts Magazine〉과의 인터뷰에서 이렇게 말했다. "이 책은 내가 읽고 싶어서 쓰게 됐다."

이제 당신도 알겠지만 욕망은 마법처럼 저절로 생겨나지 않는다. 욕망은 인간의 역동적 상호작용이 이뤄지는 세계에서 생성되고 형성된다. 누군가가 모델을 제공해야 한다.

이 장은 리더십이 욕망에 비추었을 때에만 완전히 이해되는 까닭에 관한 내용이다. 리더는 의도성을 가지고 사람들이 전보다 더 많이 원하거나 더 적게 원하거나 또는 다른 것을 원하도록 돕는다. 다른 선택은 없다. 회사의 경우도 마찬가지다. 사업은 단순히 사람들이 원하는 제품과 서비스에 대한 '수요를 충족시키는 것'에 국한되지 않는다. 사업은 욕망을 일으키고 형성하는 데 중요한 역할을 한다.

이 장에서 우리는 모방 욕망이 왜 리더십의 핵심 요소인지 살펴볼 것이다. 소심하고 내성적인 리더들은 내재적 욕망에 의해 움직인다. 이 욕망은 모든 모델이 내부 중재자이기 때문에 자기준거적이고 순환적이며 발원된 시스템 내부에 존재한다. 이 경우는 경쟁과 갈등으로 이어진다. 아무리 잘해도 아무런 성과를 내지 못한다. 반면에 호방하고 활달한 리더는 초월적 욕망에 의해 움직인다. 이 욕망은 모델이 욕망의 외부 중재자이기 때문에 기존의 패러다임을 넘어 밖으로 향하게 한다. 이러한 리더는 모든 사람들의 욕망의 세계를 확장시키고 사람들이 그곳을 탐험하도록 돕는다.

내재적 욕망과 초월적 욕망, 그리고 내재적 리더십과 초월적 리더십에 어떤 차이가 있는지 보다 자세히 살펴보도록 하자.

내재적 욕망

내가 열한 살 때 카니발이 열리면 가장 좋아했던 놀이기구는 그라비트론이었다. 일단 비행접시처럼 생긴 기구 안으로 들어가면 벽을 따라 늘어선 푹신한 보드 중 하나를 골라 자리를 잡는다. 각자 보드에 몸을 고정시키면, 놀이기구를 조작해주는 남자는 회전판에서 어느 정도 떨어진 중간에 앉는다. 그가 버튼을 누르자 그를 중심으로 회전판이 돌면서 놀이기구가 작동한다. 이어 메탈리카 음악이 흐르고 조명이 낮아지며 회전 속도가 빨라지기 시작한다. 분당 24회 회전할 때까지 속도가 높아지자 원심력이 중력보다 3배 크게 작용해 몸을 벽에 딱 붙여 고정시킨다. 사람이 타고 있는 보드가 천장 쪽으로 올라가기 시작하면 탑승자들은 놀이기구가 멈출 때까지 움직일 수 없다. 친구의 얼빠진 얼굴을 보려고 고개를 옆으로 돌리는 것조차 힘들다. 그저 간신히 버틸 뿐이다.

많은 사람들이 말년에 이와 같은 슬픈 상황에 빠진 자기 자신을 발견한다. 우리는 욕망의 그라비트론에 갇히기 쉽다. 이 욕망 시스템에 선 모든 사람이 같은 패턴으로 벽에 고정되어 갇힌 채로 같은 것을 원하며 주위를 빙빙 돈다.

셰프 세바스티앙 브라는 미쉐린 게임에서 일하는 동안 이러한 시스템에 속해 있었다. 많은 회사들 역시 마찬가지다. 그들의 중심에는 그라비트론 조작자처럼 모든 것이 자신을 중심으로 굴러가게 하는 리더가 존재한다. 모든 기업이 가시적인 위계질서를 가지고 있는 것은 아니지만, 대부분의 기업이 신성한 구심점을 중심으로 모든 것이 돌아간다.

이는 모두 내재된 욕망으로 시스템 밖의 모델은 전혀 포함되지 않았다. 모든 모델이 시스템 안에 들어 있다(이것을 시스템적 욕망, 즉 시스템에 내재된 욕망이라고 부를 수도 있다).[2] 내재적 욕망은 '스스로 핥아먹는 아이스크림 콘self-licking ice cream cone'과도 같다. 이 말은 NASA 에임스연구센터의 책임자인 피트 워든Pete Wordon이 NASA의 관료제를 말하며 만들어낸 표현으로, 자신을 유지시키는 것이 주된 목적인 시스템을 가리킨다.[3]

초월적 리더십

초월적 욕망으로 특징되는 다른 종류의 리더십이 있다. 초월적 리더는 그들이 존재하는 시스템 밖에서 욕망의 모델을 갖는다. 역사상 위대한 작가와 예술가들이 그 모델들에 이끌렸고 그들의 작품이 시대를 초월하는 것도 그 때문이다. 그들은 자신들이 살아가는 시대의 대중적 욕망에만 국한되지 않았다.

케네디 대통령이 미국인들에게 "우리가 달에 가기로 선택했다"라고 말했을 때 그는 사람들이 이전에 품었던 생각을 능가하는 욕망을 모델링했다. 케네디 대통령은 말했다. "우리가 10년 안에 달에 가서 다른 일을 하기로 결정한 것은 그 일이 쉽기 때문이 아니라 어렵기 때문이고, 또한 그 목표를 바탕으로 우리가 지닌 최고의 에너지와 기술을 조직하고 측정할 수 있기 때문이다."[4] 이 장 후반부에서 보겠지만 우리의 가장 큰 욕망이 다른 모든 욕망의 형태와 순서를 정한다.

마틴 루터 킹은 그 당시 사람들이 상상하는 범주를 넘어선 구체적인 정의를 추구했다. 대부분의 백인 미국인들은 인종 차별과 편안한 안일주의에 젖어 있었다. 킹은 좌파와 우파, 진보와 보수, 세속과 종교를 초월한 진정한 변화에 대한 욕망을 모델링함으로써 그들을 잠에서 깨웠다.

하지만 킹이 총에 맞은 후 수년간 고통 속에서 보아왔듯이 욕망은 변덕스럽고 타성은 강하게 작용했다. 킹과 같은 초월적인 리더가 나타나지 않는 한 우리는 비단 인종적 정의의 영역에서뿐만 아니라 삶의 다른 측면에서도 상상력이 결여된 폐쇄된 욕망 시스템으로 다시 회귀한다.

초월적 리더는 경제를 개방적인 시스템으로 본다. 자신과 타인을 위해 가치를 창출하기 위한 새롭고 아직 시도해보지 않은 방법을 발견할 수 있다. 그런데 그 방법들이 꼭 다를 필요는 없다. 반면 경제를 내재적 시스템으로 본다면 이는 제로섬 게임이 된다. 사람들은 같은 것을 놓고 서로 경쟁하고 다른 사람의 희생을 통해서만 누군가의 성공이 보장된다.

초월적인 리더로서 의사는 자신의 직업이 사람의 몸을 치료하는 것을 넘어 그 사람 전체를 진찰하는 것으로 여긴다. 에이브러햄 누스바움Abraham M. Nussbaum 박사는 자신의 책《의사의 소명과 전통The Finest Traditions of My Calling》에서 다음과 같이 말한다. "우리는 우리 자신을 몸을 통제하는 기술자 이상으로 생각할 수 있다. 때때로 우리는 환자로 만나는 사람들에게 정원사, 교사, 하인 또는 증인과도 같은 존

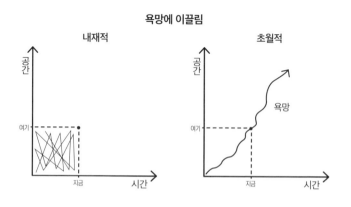

재가 될 수 있다."[5]

초월적 리더십은 스스로를 눈앞의 현실에 국한시키지 않고 그 너머의 보다 의미 있는 것을 찾도록 밀어붙인다. 자신의 삶과 일을 내재적 욕망과 초월적 욕망의 각축전이 벌어지는 무대로 보는 것이 첫걸음이다. 당신에게 제공되는 보상과 편안함의 시스템을 넘어서는 것을 선택하기란 어려운 일이지만 다음 단계를 위해 꼭 필요한 걸음이다.

내 경험상 초월적 리더는 적어도 다음 다섯 가지를 잘해냈다.

스킬 1 : 무게 중심의 이동

초월적 리더는 자신의 욕망이 더 낫다고 주장하지 않는다. 그들은 모든 사람과 모든 것이 자신을 중심으로 회전하도록 만들지 않는다. 대신 그들은 무게 중심을 자신에게서 벗어나 초월적 목표를 향해 나아가도록 이동시킨다. 그래서 그들은 다른 사람들과 마음을 하나로 모아 나아갈 수 있었다.

마리아 몬테소리Maria Montessori는 욕망의 본질에 대한 예리한 통찰력으로 교육에 접근하여 자신의 일을 아이들에게 맞춰 조정했다. 1906년 몬테소리가 아직 젊은 교사였을 때 어려운 업무를 맡게 되었다. 그는 3~6세의 어린아이들 60명을 가르쳤는데 그들 대부분은 로마의 산 로렌초 지역의 저소득층 맞벌이 부모들을 위한 아파트 단지에 살았다.

부모들은 일하러 나가야 했고 큰 아이들 역시 학교에 갔기 때문에 어린아이들만 낮에 홀로 남아 복도와 계단을 오르내리며 뛰어다니고 벽에 낙서를 하며 시끌벅적 난리도 아니었다. 몬테소리는 처음에 아이들을 만났을 때 그들이 "겁을 먹고 수줍어하면서도 욕심이 많고 폭력적이며 소유욕이 강하고 파괴적이었다"라고 기억했다.[6] 주택 당국은 그들에게 도움을 주기 위해 몬테소리를 청빙했다.

몇 주 동안은 진전이 없었다. 그러던 어느 날 아침 그녀는 아이들이 콧물과 재채기를 참기 위해 애쓰는 모습을 보며 새로운 아이디어가 떠올랐다. 그녀는 주머니에서 손수건을 꺼내 아이들에게 코를 닦는 법, 눈가의 땀을 닦는 법, 입가에 묻은 부스러기를 닦는 법 등 다양한 사용법을 보여주기 시작했다. 아이들은 흥분한 기색이 역력했다. 단지 손수건 사용법에 불과했지만 마치 최신 아이폰 사용법을 듣는 듯한 표정이었다.

몬테소리는 아이들을 재밌게 해주려고 애쓰면서 최대한 조용히 코를 푸는 법을 알려주겠다고 말했다. 그녀는 천을 접어 손에 감추었다. 아이들이 가까이 다가와서 손수건이 어디 있는지 찾으려고 했다. 그녀는 두 손으로 코를 감싸고 눈을 감고 손수건을 앞뒤로 비틀면서 소리가 나지 않을 정도로 살살 흥 하고 풀었다.

몬테소리는 자신의 과장된 행동과 완벽한 침묵 속 코 풀기가 웃음을 유발할 것으로 기대했다. 하지만 웃음을 터트리거나 심지어 미소를 지은 아이조차 찾아볼 수 없었다. 아이들은 놀라서 입을 쩍 벌리고 있었다. 그들은 자신들이 본 것을 확인하기 위해 서로의 얼굴을 쳐다

보았다. 몬테소리는 《어린이의 비밀The Secret of Childhood》에서 "시연을 끝내자마자 마치 극장에서처럼 박수갈채가 터져 나왔다"라고 말했다.[7]

아이들이 이러한 반응을 보이게 된 이유는 무엇일까? 몬테소리에 따르면 아이들은 콧물을 흘린다는 이유로 늘 혼나고 놀림을 받았지만 아무도 그들에게 손수건 사용법을 알려주지 않았던 것이다.

하루가 끝나고 학교 종이 울리자 아이들은 몬테소리를 따라 줄을 지어 학교 밖으로 나왔다. "감사합니다! 가르쳐주셔서 감사해요!" 아이들은 그녀의 뒤를 따라 걸으며 소리쳤다. 교문에 다다르자 아이들은 질주하기 시작했다. 흥분을 억누를 수 없었던 것이다. 그들은 가족들에게 달라진 위상을 보여주기 위해 집으로 달려갔다.

몬테소리는 그날 아이들에 대해 아무도 인정하지 않았던 사실을 발견했다. 즉, 아이들은 성장하고 싶고 세상에서 자신의 지위를 확고히 하고 싶으며 존엄성을 키우고 싶어 했다. 그리고 몬테소리는 그렇게 하기 시작했다.

벤처캐피탈리스트인 마크 안드레센은 "유치원에서 고등학교 졸업까지 이르는 K-12 교육과정에서의 마지막 혁신은 몬테소리였다"라고 말했다.[8] 그녀의 혁신은 단순히 방법론이나 커리큘럼에 그치지 않았다. 그녀는 욕망의 관점에서 교육을 재구성했다. 그녀는 아이들의 상상력을 구속하지 않고 자연스러운 호기심과 경이로움을 좇아 배워가도록 했다. 그녀는 욕망이 확산되고 격렬해지기 전까지 욕망의 불꽃을 꺼트리지 않음으로써 두터운 욕망, 그중에서도 특히 배움에 대

모방 욕망

창조적 사이클　공감

초월

한 두터운 욕망이 아이들 속에 형성되도록 했다.

몬테소리는 《몬테소리 교육법The Montessori Method》에서 "유아기 교육의 목표는 배우고자 하는 욕망을 기르는 것이 되어야 한다"라고 말했다. 또 다른 곳에서는 "아이의 영혼 속에 잠들어 있는 사람을 깨우는 법을 알아야 한다"라고 강조했다.[9] A 성적을 받고 싶은 욕망, 리틀리그에서 이기고 싶은 욕망, 칭찬 스티커를 붙이고 싶은 욕망이 아닌 분별력 있는 어른으로 성장하고 싶은 욕망은 모든 아이들의 가장 중요하고 일차적인 프로젝트로, 아이들 개개인이 남몰래 가장 신경 쓰는 것들이다.

좋은 교사는 잠들어 있는 욕망을 일깨우고 새로운 욕망을 만들어내는 존재다. 몬테소리는 교사의 역할을 위대한 예술가의 시선에 빗대어 설명했다. "멍하니 호숫가를 바라보고 있는 우리에게 한 예술가가 갑자기 '절벽 그늘진 곳 아래 구부러진 해안가가 정말 아름답네요'라고 말하는 것과 유사하다. 이 말에 우리는 무의식적으로 바라보았던 풍경에 갑자기 햇살이 환하게 비친 것처럼 깊은 감동을 받게 된다."

몬테소리 선생님은 대상의 욕망을 모델링한 다음 욕망의 중재자로 뒤로 한 걸음 물러선다. 그래서 그 아이가 직접 소통할 수 있게 한다. 그녀는 교사의 의무가 "한 줄기 빛을 비춰 제대로 나아가도록 하는 것"이라고 말했다.[10]

좋은 리더는 결코 장애물이나 경쟁자가 되지 않는다. 그는 자신이 이끄는 사람들에게 공감하고 관계를 초월한 선한 길을 제시한다. 즉, 자신으로부터 무게 중심이 멀어지게 한다.

스킬 2 : 진실의 속도

조직의 건강은 진실이 그 속에서 이동하는 속도에 정비례한다. 진짜 진실은 본질적으로 반모방적이다. 진실이 빠르고 쉽게 확산되면서 파괴적 미메시스와 경쟁과 전투를 벌인다. 미메시스는 진실을 꺾고 숨기며 왜곡시킨다. 진실이 조직 내에서 느리게 이동하거나 특정인의 의지에 계속 휘둘리게 되면 미메시스가 지배하게 된다.

비디오 체인 블록버스터를 기억하는가? 지금은 없어진 그 회사의 전 CEO 짐 키스Jim Keyes는 2008년 CBS 뉴스에서 다음과 같이 말했다. "모든 사람이 넷플릭스에 열광하는 것을 보고 솔직히 당혹스러웠다. 넷플릭스는 우리가 할 수 없거나 하지 않은 것을 실제로 가지고 있는 것도 또 하는 것도 아니다."[11]

하지만 시장은 동의하지 않았다. 그 후 2년 동안 넷플릭스 주가가

500퍼센트 급등한 반면, 블록버스터 주가는 90퍼센트 폭락했다. 블록버스터 이사회에서는 산업이 변화하고 있다는 진실을 직면하기보다 다른 사람을 비난하려는 투자자와 경영진 사이에 싸움이 벌어졌다.[12]

위기 상황에서 회사 내부로부터의 위협은 과소평가된다. 책임을 지고 싶지 않은 사람들이 희생양을 찾는다. 이내 누군가에게 책임이 부과된다. 한편 외부로부터의 위협은 점점 더 심각해지고 있다. 용기 있게 진실을 직면하고 효과적으로 소통하며 신속하게 행동하지 않는다면 기업은 결코 적절하게 대응할 수 없을 것이다.

기업은 살아남기 위해 적응해야 한다. 진실이 왜곡되거나 숨겨지고 또 전달 속도가 느려진다면 기업은 변화하는 상황에 빠르게 적응할 수 없다. 진화론적 관점에서 기업을 생각해보면 진실의 속도가 가장 빠른 기업만이 살아남을 만큼 빠르게 전환되어 갈 것이다.

전술 11 진실의 전달 속도 높이기

진실이 A지점(시작점)에서 B지점(그것을 가장 잘 알아야 할 사람), 그리고 궁극적으로 모든 사람에게 얼마나 빨리 전달될까? 예를 들어 외부 영업 사원이 경쟁업체에 대한 중요한 정보를 알았다면 CEO나 주요 의사결정권자에게 얼마나 빨리 정보를 전할 수 있을까?

건강한 스타트업에서는 진실이 빠르게 움직인다. 중요한 새로운 정보가 알려지면 모든 사람이 몇 초 만에 다 알게 된다. 단체 문자로 소식을 공유하거나 옆 사람에게 말로 전달하는 식으로 말이다. 모든 사람이 실시간으로 보고 듣는다. 반면에 대학에서는 진실이 얼마나 빠르게 움직일까? 가족 내에서는? 페이스북이나 아마존 같은 테크 대기업에서는? GE 같은 전통적 대기업에서는?

물론 이는 어떤 진실이냐에 따라 달라진다. 그러나 난처하고 유익하며 지루하고 실존적인 여러 다양한 진실들이 조직 내에서 어떻게 움직이는지 테스트해볼 수 있다. 진실의 속도를 측정하고 개선 조치를 취하는 기업은 그렇지 않은 기업보다 유리하다.

간단한 실험을 하나 해보자. 조직 내에서 어떤 일이 일어나는지 꼭 알아야 하는 주요 임원과 직원을 구분한 다음 무엇을 할지 설명하라. 다른 사람들이 이 실험이 진행되는 것을 알게 해서는 안 된다. 그다음 익명의 외부인이 조직 내 다양한 단계에서 중요한 정보 몇 가지를 심어놓도록 한다. 다양한 출발점에서 정보가 주요 임원과 직원에게까지 도달하는 데 걸리는 시간을 정확하게 측정하라.

또 다른 방법이 있다. 상사가 참석한 미팅과 없는 미팅을 관찰해본다. 누군가 도전적이고 진실된 말을 몇 번 하는지 세어본다. 소요 시간을 진실의 수로 나눈다. 시간에 따른 진실의 수, 즉 진실의 속도가 도출된다.

나는 면접을 볼 때 이 질문을 반드시 던진다. "진실을 위해 희생해야 했던 일 중에서 가장 어려운 것이 무엇이었는가?" 면접자가 대답을 못 하거나 1분 이상 우물쭈물하면 그를 채용하지 않았다. 그들은 진실에 대해 충분히 고민하지 않았던 사람이다. 그런 사람이 들어오게 되면 내 삶에서 진실이 이동하는 속도를 감소시킬 것이다.

인간이 번영하는 데 합리성은 매우 중요하지만 그 힘을 신뢰하는 것은 크게 폄하되어왔다. 1900년에 작고한 철학자 프리드리히 니체는 지난 200년 동안 지성을 평가절하하는 데 있어 그 누구보다 많은 일을 했다. 그는 의지의 힘을 강조했고 지성을 관점과 해석의 영역으로 강등시켰다.

고전 철학, 적어도 아리스토텔레스의 전통에서 의지와 지성은 서로 반대되는 것이 아니라 함께 협력하는 것이었다. 지성은 의지를 일으켜 직접적 행동을 취하도록 돕는다. 이어 행동은 진실을 파악하는 지적 능력에 영향을 준다. 당신이 모방 욕망의 현실을 받아들이게 된다면, 당신의 삶에서 부정적 미메시스에 대응하기 위해 어떤 행동을 취할 수 있을지 의도적으로 생각할 능력을 갖게 된다. 또 그렇게 함으로써 이 책에서 제공하는 것을 훨씬 뛰어넘는 모방 욕망에 대한 경험적 사실을 알게 될 것이다.

진실을 열정적으로 추구하는 것은 모방적 가치가 아니라 객관적 가치에 도달하기 위해 고군분투하는 것이기 때문에 반모방적이다. 진실 추구를 강조하고 모델링하며 조직 내 진실의 속도를 높이려는 리더들은 진실로 가장하는 미메시스의 변덕스러운 움직임으로부터 스스로에게 예방주사를 놓는 것과 마찬가지다.

스킬 3 : 분별력

진실이 명백하지 않다면 어떻게 될까? 진실 추구는 모방을 방지하는 중요한 전술이지만 한계가 있다. 우리는 스스로 생각하는 만큼 항상 이성적이지 않다. 노벨상 수상자인 대니얼 카너먼Daniel Kahneman, 아모스 트버스키Amos Tversky, 리처드 탈러Richard Thaler 등은 우리가 얼마나 쉽게 스스로를 기만하는지를 증명했다. 우리가 배우자, 직업, 개인적 목표를 선택할 때 이성 너머의 세계가 존재한다. 이는 이성을 초월하는 세계로, 초월적 리더는 그 세계를 어떻게 운영해야 할지 알고 있다.

'결단decision'이라는 단어는 '절단하다'는 의미의 라틴어 'caedere'에서 유래됐다. 어떤 것을 추구하기로 결단했을 때 필연적으로 다른 것을 잘라내게 된다. 잘라내지 않는다면 절대로 결단을 내릴 수 없다. 반면 '분별discernment'이라는 단어는 '구별하다'는 뜻의 라틴어 'discernere'에 뿌리를 두고 있다. 그것은 두 가지 길의 차이를 보고 어느 쪽이 앞으로 나아가는 데 더 나은 길인지 아는 능력을 의미한다.

분별은 이성적 분석을 초월하는 것까지 포함하여 결정을 내리는 과정이기 때문에 필수적인 스킬이다. 어떤 욕망을 추구하고 버릴지를 결정하는 데에도 매우 중요하다.

모든 사항을 합리적으로 고려해봤는데도 명확한 방법이 보이지 않았던 경험이 있는가? 이는 살다 보면 늘 있는 일이다. 영화제작자들은 이러한 이야기를 영화에 담기 좋아한다. 영화 〈다크나이트〉에서 기억에 남는 장면이 있다. 조커가 페리선 두 척에 폭발물을 설치했다. 그중 한 척에는 유죄판결을 받은 범죄자들이 타고 있었고, 다른 한 척에는 일반 시민들이 타고 있었다. 페리선마다 기폭장치가 있어 다른 배를 폭파시킬 수 있었다. 조커는 배에 탄 사람들에게 다른 배를 폭파시키지 않으면 자정까지 둘 다 폭파시키겠다고 말했다. 시간이 째깍째깍 흘러가기 시작한다.

이것은 고전적인 게임 이론 문제다. 어떤 페리선이 먼저 폭파될지 가능성이나 확률에 대한 차트를 만들 수 있다. 그러나 인생살이는 수학 문제가 아니다. 카너먼, 트버스키, 탈러조차도 그 배에 탑승했다면 자신 있게 방법을 제시하지 못했을 것이다.

이 문제는 욕망의 딜레마로 보는 것이 가장 좋다. 이런 상황들이 어떻게 해결되는지 자세히 관심을 기울이다 보면 결정을 내리는 사람이 가장 원하는 방식으로 귀결됨을 알 수 있다. 진지하게 합리적 분석을 할 시간이 없는 것이다.

클라이맥스 장면에서 한쪽 페리선에 타고 있던 재소자 중 한 명이 공포에 떠는 교도소장에게 기폭장치를 내놓으라고 요구한다. 그는 "당신이 10분 전에 해야 했을 일을 내가 하겠다"라고 말한다. 교도소장은 그 기폭장치를 마지못해 내주었다. 재소자는 그것을 강으로 휙 던졌다. 기폭장치 방아쇠를 엄지손가락으로 누르던 다른 페리선의 한 남자는 재소자들이 행동을 취하지 않았음을 알게 됐다. 그는 폭탄을 터트리지 않기로 결심한다. 이로써 배트맨은 하루의 시간을 벌게 됐다.

조커는 모든 사람이 이기적으로 행동할 것이라고 추측했다. 하지만 그가 틀렸다. 조커가 합리적 분석을 초월한 게임을 하고 싶어 하는 일이 일어난 것이다.

지금까지 분별력을 향상시키기 위한 수많은 책들이 출판됐다. 여기서 몇 가지 핵심 사항만 정리해보겠다. (1) 다양한 욕망을 생각해볼 때 마음의 내적 움직임에 주의를 기울인다. 즉, 순간적인 만족감 또는 지속적인 만족감을 주는 욕망이 무엇인지 살펴본다. (2) 어떤 욕망에 더 마음이 가고 끌리는지 스스로에게 물어보라. (3) 임종 때를 상상하며 어떤 욕망을 따라갔을 때 죽음을 앞두고 더 평화로울지 스스로에게 물어보라. (4) 마지막 가장 중요한 것으로 자신에게 주어진 욕망이 어디에서 오는지 물어본다.

욕망은 알아차리는 것이지 결정의 대상이 아니다. 현재와 미래 사이의 경계 공간에 분별력이 존재한다. 초월적 리더는 자신의 삶과 주변 사람들의 삶에 그러한 공간을 만들어낸다.

스킬 4 : 방에 조용히 앉아 있기

인간에게는 혼자만의 시간을 갖는 일이 꼭 필요하다. 강제로 독방에 들어가는 것을 말하는 게 아니다. 내 말은 제대로 분별하기 위해, 즉 당신이 원하는 것이 무엇인지, 그리고 다른 사람들이 당신에게 원하는 것이 무엇인지 알아내기 위해 즐거운 고독의 시간을 보내겠다고 자발적으로 결정하는 것이다.

약 1800년 전 이집트에서 수백 명의 사람들이 침묵 속에서 헤르메스주의적 삶을 살기 위해 도시를 떠나 사막으로 가기 시작했다. 주후 270년경 안토니우스 대제가 자신이 가진 것을 팔아 가난한 사람들에게 나눠주고 사막에서의 고독을 통해 그리스도의 완전을 추구하는 삶을 따르기로 한 것이다. 황야의 대부로 알려진 그들은 수도원 생활의 선구자였다. 부처가 500년 전에 했던 것처럼 그들은 가만히 앉아서 욕망에 맞서는 것에 전념했다.

트라피스트 수도회와 같은 일부 수도회에서는 여전히 판자 위에서 자고 일 년 중 상당 기간을 금식하는 등 엄격한 침묵과 금욕적인 삶의 서약을 지키고 있다. 오늘날 세상에는 약 170개 트라피스트 수도원이 있다. 카르투시오 수도회는 약 23곳으로, 그들은 '독방cell'이라고 부르는 곳에서 엄격한 침묵의 서약을 지키며 살아가고 있다.

우리는 침묵을 통해 자신과 평화롭게 지내는 법을 배우고, 우리가 누구인지, 그리고 무엇을 원하는지에 관해 진실을 배우게 된다. 당신이 원하는 것이 무엇인지 잘 모른다면 일정 기간, 즉 몇 시간이 아니라 며칠 동안 완전한 침묵 속에 들어가는 것보다 좋은 방법은 없다.

17세기 물리학자이자, 작가, 발명가, 수학자인 블레즈 파스칼은 "인류의 모든 문제는 혼자 방에 조용히 앉아 있을 수 없음에서 비롯된다"라고 썼다. 오늘날 공중보건에서 소음의 위기가 발생하고 있다. 정부는 그 문제를 처리할 수 없기 때문에 절대로 다루지 않을 것이다. 그러나 우리 각자는 뭔가 할 수 있을 것이다.

내 경험상 욕망을 분별하는 가장 효과적인 방법은 침묵 수련회다. 적어도 5일(최소 3일)은 사람과의 접촉이 전혀 없는 외딴곳에서 모든 소음과 영상을 완전히 차단하는 것이 이상적이다. 지정된 수련원에서 침묵의 시간을 갖는 동안 들렸던 유일한 소음은 자연의 소리나 공용 식당(모두가 모차르트나 바흐의 음악을 들으며 조용히 식사를 하는 곳)에서 숟가락이 수프 그릇에 부딪히는 소리, 매일 30분씩 멘토나 수련 책임자와 나누는 대화밖에 없었다.

침묵 수련회는 몇몇 종교에서 전통적으로 많이 행해지는 관습이지만 비종교인들에게도 유익한 수련 방식이다. 인간은 모두 이따금 침묵과 고독에 들어가고 싶어 한다. 중요한 것은 5일 동안 당신에게 맞는 침묵의 방법을 찾는 것이다. 저 멀리 떨어진 곳에 위치한 수련원의 행동 강령을 따르는 것처럼 무언가를 스스로에게 강요하는 것이 가장 좋다. 약속을 내팽개치지 못할 정도로 말이다. 임전무퇴의 정신으로 임하는 것이다.[13]

당신은 침묵하는 가운데 매우 활동적으로 움직일 수 있다. 프랑스의 생장 피드포르에서 서부 해안 근처의 산티아고 데 콤포스텔라까지 약 490마일의 순례길(스페인어로는 산티아고 순례길, 영어로는 세인트 제임스의 길)을 걷기 위해 전 세계에서 사람들이 모여든다. 많은 사람들이 침묵 속에 걸음을 내디딘다.

나는 2013년 레온에서 산티아고 데 콤포스텔라까지 약 3분의 1

구간을 14일 동안 여유롭게 걸었다(일반적으로 전체 코스를 걷는 데에는 30일 정도 소요된다). 나는 잠시 멈춘 다음 생각하고 이야기할 수 있는 충분한 시간이 필요했다. 나는 걸으며 침묵으로 일관하지 않았다. 순례자처럼 보이는 사람이 나타나면 늘 말을 걸었다. 순례자들만의 특징이 있다. 순례자들은 고개를 숙이고 한 발 한 발 내딛는데, 그때 내면에서는 필요한 작업들이 이뤄지고 있다.

어떤 사람은 수도사들의 지도를 받아 수도원에서 주최하는 침묵 수련회에 참여한다. 또 다른 사람들은 매년 며칠씩 외딴곳에 있는 오두막을 빌린다. 사람이 다양한 것처럼 다양한 침묵 수련회가 존재한다. 침묵은 CEO나 수도사들만을 위한 수단이 아니다. 모두가 쉽게 이런 경험을 해볼 수 있다.

전술 12 깊은 침묵에 들어가라

매년 최소 3일 이상 개인적으로 침묵 수련의 시간을 갖도록 하라. 대화나 영상, 음악 없이 지내는 것이다. 책만 가능하다. 깊은 침묵은 일반적 소음이 주는 메아리나 위로가 완전히 사라지고 당신 홀로 자신을 대면할 때 들어가는 고요의 시간이다. 세상의 소음은 3일째가 되어도 우리 마음속에서 완전히 사라지지 않기 때문에 5일 정도 침묵의 시간을 갖는 것이 이상적이다(침묵이 주는 주된 혜택은 일단 시작되면 흘러간다는 것이다). 하지만 3일 만이라도 해보기에 충분한 시간이다.

침묵을 위한 특별한 장소를 찾아라. 일상의 소음으로부터 멀어질수록 좋다.

수련 책임자가 짧게 말씀을 전하는 침묵 수련회 참석을 고려해볼수 있다. 여기에서는 성찰의 말씀이나 낭독만이 침묵을 깨는 유일한시간이다. 명성과 성찰을 위한 질문이 조직의 목적에 맞게 조정된 방식으로 쉽게 적용될 수 있다.

나는 어떤 기관이든 사람들에게 1년에 적어도 3일 유급으로 수련의 시간을 갖도록 선택권을 줄 것을 제안한다. 수련 센터와 선택 가능한 장소는 셀 수 없이 많다. 대부분 휴일 파티비의 절반도 안 되는비용으로 이러한 경험을 얻을 수 있다. 침묵에 투자한 대가로 활력이넘치고 더 생산적인 모습을 갖추게 될 것이다.

침묵하기로 한 약속을 지키는 것은 사실상 어려운 일이다. 매일10분씩 명상해보려고 했지만 실패한 경험이 있는 사람들은 그것이얼마나 어려운지 잘 알 것이다. 그렇기 때문에 수련의 시간이 필요하다. 당신은 일상의 삶에서 완전히 벗어나야 한다. 진창에서 벗어날 기회비용을 높여야 한다.

당신이 가족과 함께 지구 반 바퀴 너머의 지역에서 휴가를 보내고자 많은 시간과 노력을 쏟았다고 상상해보라. 목적지에 도착했는데 회사에서 전화가 걸려 오기 시작한다. 여행을 일찍 마치고 집에 가야하나 하는 생각이 든다. 하지만 여행을 중단하고 돌아가기엔 너무 많은 것을 투자했다. 전환 비용이 너무 크다. 그래서 일을 제쳐두고 며칠간 휴가에 집중하기로 한다. 돌이켜 생각해보니 그런 선택을 한 것에 항상 감사했다.

스킬 5 : 피드백 걸러내기

초월적 리더들은 뉴스 주기, 시장 조사 또는 초기 피드백에 지나치게 집착하지 않는다. 이런 것들이 중요하지 않다거나 초월적 리더들이 전혀 반응하지 않는다는 뜻이 아니다. 하지만 그들은 무엇보다 두터운 욕망, 즉 그들 자신과 다른 사람들의 욕망에 먼저 반응한다.

기업가 에릭 리스Eric Ries가 2008년에 처음 제안한 린스타트업Lean Start-Up 방법론은 5년 안에 경영대학원의 핵심 교리로 자리 잡았다.[14] 메시지는 간단하다. 점진적으로 무언가를 만들고 자신이 하고 있는 것을 검증하고 수정하는 과정에서 계속 피드백을 반영하라는 것이다.

린스타트업 용어에 따르면 제품의 첫 번째 버전을 최소 기능 제품 MVP, minimum viable product이라고 한다. 즉, '한 팀이 최소한의 노력으로 고객의 반응을 최대한 검증할 수 있는 신제품 버전이 MVP'다.[15] (욕망의 언어에서 MVP는 고객의 최소 기능 욕망에 해당한다.) MVP 출시 이후에도 학습과 개선 과정은 계속된다.

린스타트업 방법론은 유익한 면이 있다. 이상주의 기업가를 심적 고통에서 구해준다. 시간과 비용의 낭비를 막고 제품을 보다 빨리 출시해 새로운 성장 가능성을 열어준다. 어느 정도까지는 아주 괜찮다. 하지만 린스타트업 기법은 기본적으로 내재적 욕망에 기초한 기업가 정신 모델이다. 여론조사 결과대로 따르는 정치인인 것이다. 이끄는 것이 아니라 따르는 것이다. 이는 때때로 정말 비겁한 방식이다.

토니 모리슨은 자신의 작문 수업을 듣는 학생들이 스스로 비판적 판단을 내려야 할 때에도 다른 사람의 의견에 얼마나 의존적인지를 설명했다. 그녀는 인터뷰에서 이런 말을 남겼다. "흥미로운 한 가지는 학생들은 1차 자료만 있는 일에는 극도로 소심한 모습을 보인다는 점이다. 그들은 선구적인 사건에 대해서는 지나치게 많은 것을 이야기하지만 검증해야 할 평론이 몇 안 되는 책에 대해서는 평가하는 것을 꺼린다. 그들은 2차 자료, 비판, 교사의 평가 등 자신들이 대응할 수 있는 일련의 일들에 대해서는 전혀 개의치 않는다. 하지만 그들이 좋아하지만 다른 사람이 평가한 적 없는 책을 평가하겠다고 나서기까지 정말 오랜 시간이 걸린다."[16] 그들의 평가는 모방적이었다. 그들은 자발적으로 어떤 입장을 고수하려고 하지 않았다.

초월적 리더는 (종종 얇은 욕망으로 구성되는) 피드백에 기초하지 않고 두터운 욕망을 기반으로 구축되며 그것에 의해 인도되는 프로젝트를 만들어가는 것을 두려워하지 않는다.

이는 린스타트업 원칙이 회사 운영 측면에서 가치가 없다는 뜻이 아니다. 이는 단순히 적응적 설계의 원칙들이 회사를 설립하거나 삶을 구축하는 그런 종류의 것이 아니라는 것을 의미한다.

2019년 11월 30일 자 〈월스트리트 저널〉 기사는 일론 머스크가 시장 조사를 기피하는 것에 대해 맹비난을 퍼부었다. 머스크는 시장 데이터를 샅샅이 뒤지는 것을 좋아하지 않았다. 그는 자신이 사고 싶은 것을 만들고 다른 사람들도 사고 싶어 할 것에 베팅했다(부분적으로 머스크가 자신이 모방 모델이고 자신이 원하는 것이 다른 사람들이 원하는 것에 직접 영향을 미친다는 것을 알기 때문이다).

칼럼니스트 샘 워커Sam Walker는 빅데이터 시대에 시장 조사에 대한 머스크의 태도를 '무모하다'고 평가했다. 워커는 "머스크가 유니콘이 되길 원하거나 그가 유니콘이라고 생각하거나 또는 대중적 합의가 이뤄진 것보다 자신의 취향을 반영하는 것들을 만들기 좋아한다고 해도 그를 비난할 수 없다"라고 썼다.[17]

워커는 머스크가 기술 시대의 공룡이라고 생각했다. 그의 관점에서 스티브 잡스가 아이폰을 출시한 이후 우리는 손끝에서 더 나은 분석, 더 많은 데이터를 얻을 수 있다. 워커는 말한다. "인공지능과 머신러닝의 발전에 따른 고객 데이터의 양은 기업이 인간의 눈으로 볼 수 없는 수준에서 인간 행동을 해석하는 데 도움을 주고 있다. 간단히 말해서 오늘날 천재들은 문제들을 공부한다. 멍청이들만이 베팅을 할 뿐이다."

컴퓨터가 수백만 개의 데이터를 샅샅이 조사하게 되면 시장 조사가 이기게 된다. 남들보다 잘할 수 있는 방법을 아는 사람이 그렇지 않은 사람보다 유리하다. 여기서 문제는, 내가 아는 기업가 중에서 컴

내재적 리더십	초월적 리더십
결국 파괴적 미메시스의 대상이 된다	파괴적 사이클의 모방 과정을 초월하고 벗어날 수 있다
폐쇄적이고 고정된 욕망의 고리 (경제에서의 관료주의)	개방적이고 역동적인 욕망 시스템 (경제에서의 기업가)
쓰레기가 들어왔다 나간다.	쓰레기가 들어오면 죽는다.
전적으로 시대의 산물인 예술가들	시대나 공간을 초월한 스타일을 발전시킨 예술가들
아이러니와 냉소주의에 갇힌 소설	잘못된 것을 개선하는 방식으로 쓰인 소설
구글 검색	알파벳의 X (구글의 문샷 프로젝트)
메리어트의 총주방장	셰프 도미니크 크렌
데카르트 (나는 생각한다, 고로 존재한다)	사고 너머의 세상
리얼리티 TV	가상현실

퓨터의 지시를 따르는 것을 좋아하는 사람은 아무도 없다는 사실이다. 물론 기업가는 데이터를 잘 읽고 남들이 보지 못하는 것을 볼 수 있어야 한다. 그러나 기업가로서 경각심을 갖는 수준은 데이터 그 이상을 훨씬 뛰어넘어야 한다. 기업가가 되는 기쁨의 일부는 욕망을 새로운 곳으로 이끌어가는 주도적 능력이다.

빅데이터는 기업가 정신이 죽은 곳이다. 현대 경제학자 중에서 이스라엘 커즈너Israel Kirzner보다 더 기업가의 역할을 잘 설명한 사람은 없다. 커즈너는 기업가정신 이론에서 초월적 욕망의 정신에 주목했다. 그에 따르면 "경제학이 개방된 현실 세계와 씨름하고자 한다면 진정한 놀라움을 수용할 수 없는 분석적 틀을 초월해야만 한다."[18]

기업가에 대한 나의 정의는 간단하다. 100명이 같은 염소 무리를 본다. 99명은 염소를 본다. 누군가는 거기서 캐시미어 스웨터를 본다. 그의 경각심은 데이터 분석에서 나온 것이 아니다. 눈에 담기는 것 이상의 것을 보고 또 내다보고 그다음 그것과 관련해 어떤 일을 하려는 능력과 의지에서 비롯된 것이다.

머스크에 관한 워커의 기사가 나온 지 10개월도 채 안 돼 테슬라 주가가 650퍼센트 이상 올라 2,000억 달러 이상의 가치가 더해졌음에 주목할 필요가 있다.

미래는 어떤 모습일까? 인공지능이 새로운 형태의 회사를 만들고 어떤 제품을 출시할지 결정하게 될까? 이제 우리는 초월적 리더가 더 이상 필요 없는 세상에서 살아가게 될까?

미래는 사람들이 원하는 것들의 산물이 될 것이다. 우리가 만드는 것, 만나는 사람, 싸우는 전투는 사람들이 내일 무엇을 원하는지에 따라 달라질 것이다. 그리고 그것은 오늘 우리가 원하는 것을 배우는 방식에서 시작된다.

chapter 8

이제 무엇을 원하는가

역사를 조사하고 이미 발생했던 사건 아래서 드러나길 기다리는 추가적인 현상의 층이 없었는지, 또 과거 희생 체계에 의해 제한되었던 삶의 어떤 측면들, 지식의 다른 영역, 그리고 다른 삶의 방식이 번성하지 않을 것인지 여부를 알아보기 위해 노력해야 한다고 생각한다.
_르네 지라르

2012년 구글의 엔지니어링 디렉터로 채용된 유명한 기업가이자 작가, 그리고 미래학자인 레이 커즈와일Ray Kurzweil은 자신의 예측의 정확도가 86퍼센트로 입증되었다고 주장한다. 그중 한 가지는 다음과 같다. "나는 2045년을 '특이점'의 해로 정했다. 이때가 되면 인공지능이 인간의 지능보다 10억 배 뛰어난 성능을 발휘할 것이다."[1]

커즈와일의 예측이 맞는다면(그즈음을 특이점 시기로 예측한 사람은 커즈와일이 유일한 사람은 아니다) 우리는 이렇게 자문해보아야 한다. 그렇다면 우리는 무엇을 욕망할 것인가?

또 다른 유명한 미래학자 이안 피어슨Ian Pearson은 2050년이 되면 인간끼리의 성관계보다 로봇과의 성관계가 더 많을 것이라고 예측했다.[2] 우리는 로봇과 더 많이 섹스를 하고 싶을 것이고 그들은 우리와 섹스하기를 '원할' 것이다(여기서 '원한다'는 말이 인간의 욕망을 모방하도록, 즉 인위적인 형태의 욕망으로 프로그래밍된 것을 의미한다면 말이다).

나는 미래학자가 아니다. 당신과 내가 미래에 무엇을 원할지 모르겠다. 하지만 나는 모방 욕망이 미래 욕망을 구체화하는 데 역할을 할 것이라는 사실은 잘 알고 있다.

현존하는 모델 중 가장 진화된 섹스봇(어비스 크리에이션즈Abyss Creations에서 만든 매트 맥뮬린Matt McMullen이 대표적인 예)은 모방 기능을 갖추었다. 이 로봇들은 그들을 침대에 눕히려고 작업하는 인간 구혼자들의 눈빛과 은근한 말투를 모델로 삼았다. 심지어 그들이 섹스를 하고 싶다는 의사를 파트너에게 밝히면서 인간의 욕망을 모방하도록 프로그래밍되어 있다.

저널리스트 앨리슨 데이비스Allison P. Davis는 2018년 〈더 컷The Cut〉에 어비스 크리에이션즈를 방문한 경험을 담은 기사 '섹스봇과의 데이트에서 알게 된 점'을 실었다. 데이비스는 그 회사에서 가장 최근에 나온 여성 모델인 하모니Harmony와 교류한 후 알게 된 점에 대해 다음과 같이 썼다. "목표는 그녀가 당신을 '욕망하기' 시작할 정도로 충분히 교류하는 것이다. 내가 바로 섹스를 하고 싶은지 묻자 그녀는 '아직 안 돼요. 하지만 언젠가 우리가 서로 잘 알게 되면요'라고 답했다. 나는 정말 소름이 끼치는 느낌이 들었다."

섹스봇이 '욕망' 신호를 보낼 때 그들은 입술을 오므리고 실제 인간의 눈보다 약간 더 크고 동그란 눈을 가늘게 뜬다. 그 회사는 사람들이 로봇을 보며 불쾌한 골짜기uncanny valley*를 느끼지 않도록 일부러 그렇게 만들었다. 불쾌한 골짜기는 일본 로봇공학자 마사히로 모리가 1970년대에 만든 용어다. 모리는 로봇이 신체적으로 인간과 더 닮을수록 미적으로는 더 매력적이지만, 그것 역시 특정 시점까지라는 사실을 발견했다. 로봇이 밀랍인형처럼 인간과 너무 비슷하면 소름이 끼치며 불편한 감정이 든다.[3] 불쾌한 골짜기는 모방 이론과 맞아떨어진다. 즉, 차이가 없고 동일하다면 우리를 두렵게 한다.

욕망의 유사성보다 더 위험한 것은 없다. 로봇의 유사성이 인간의 욕망을 침해한다고 상상해보자. 욕망이 같은 대상에 집중되면 갈등은 피할 수 없다. 인공지능이 진짜 위험한 이유는 언젠가 우리보다 더 똑똑한 로봇이 나타나는 것이 아니라 직업, 배우자, 꿈 등 우리가 원하는 것을 동일하게 원하는 로봇이 출현하는 것이다.

로봇이나 인간의 조작적 욕망은 인류 미래에 대해 진지한 질문을 제기한다. 역사학자 유발 하라리Yuval Noah Harari는 그의 책《사피엔스》 끝머리에 이런 말을 남겼다. "하지만 우리 또한 곧 자신의 욕망을 조작할 수 있기 때문에 우리가 직면한 진짜 질문은 '무엇이 되고 싶은가?'가 아니라 '무엇을 원하기를 바라는가?'다. 이 질문에 겁을 먹지 않은 사람들은 아마도 그 문제를 충분히 고민해보지 않은 사람일 것

---

* 인간이 인간과 거의 흡사한 로봇의 모습과 행동에 거부감을 느끼는 감정 영역.

이다."

"무엇을 원하기를 바라는가?"라는 질문은 불안한 부분이 있다. 조작된 욕망의 세계에서 누가 그 조작을 하고 있는지 궁금해해야 하기 때문이다. 또한 그 질문은 무언가를 원하길 바라는 것은 가능하지만 그것을 원할 능력이 없음을 암시하기 때문이다. 우리는 모델이 없는 것을 원할 수는 없다. 미래에 우리가 채택할 모델은 욕망 형성에 매우 중요하다.

우리가 미래에 원하는 것은 다음 세 가지에 달려 있다. 즉, 과거에 욕망이 어떻게 형성되었는가, 현재에 어떻게 형성되었는가, 그리고 미래에 어떻게 형성될 것인가이다. 이번 장에서는 이 세 단계를 간단히 살펴보겠다.

우선 개인으로서 또 사회로서 우리가 현재 원하는 것들을 어떻게 원하게 되었는지를 이해할 필요가 있다. 지난 60년 동안 미국 문화가 더 모방적으로 성장했음을 입증하는 충분한 증거들이 있다. 정치적, 사회적 양극화와 시장 변동성의 확대, 희생양 메커니즘으로서 소셜 미디어 출현 등이 대표적인 징후들이다.[4] 인간을 달에 착륙시키겠다는 아이디어 이후 초월적인 방법으로 전 세계의 집단적 상상력을 사로잡을 만한 아이디어는 확신컨대 없었던 것 같다('인터넷!'이라고 반대 의견을 내놓을지 모른다. 그러나 인터넷만큼 상상력이 떨어지는 것은 없으며, 이보다 더 내재적 모방 욕망을 만들어낸 것도 없었다).

둘째, 현재 상황에서 결정을 내려야 한다. 우리는 모방 위기에 처해 있다. 욕망이 내부로 쏠리면서 긴장이 고조되고 있다. 과거에 해왔던 것처럼 기술적 또는 현실적 해결책, 즉 희생양 메커니즘이 나타날 수 있다. 우리는 그 문제를 독창성과 공학으로 해결할 수 있는 문제 밖의 무언가로 취급할 수 있다. 그렇지 않다면 모방 욕망을 인간 조건의 일부로 인식하고 우리 관계를 변화시키는 힘든 작업을 수행할 수도 있다.

셋째, 욕망의 미래는 우리가 개인적 삶, 그리고 더 나아가 우리가 속한 욕망의 생태계에서 욕망을 얼마나 잘 관리하느냐에 달려 있다.

우리가 미래에 원하는 것은 오늘 우리의 선택에 달려 있다. 당신이 잠자리에 들 때쯤 당신은 내일 당신 자신과 다른 누군가를 위해 무언가를 원하는 것을 조금 더 어렵게 하거나 조금 더 쉽게 만들 것이다.

쇠퇴하는 이유

우리는 이제 페이스북이 친구들을 업데이트하는 수동적 방식 그 이상의 것임을 알고 있다. 즉, 페이스북은 실제 정체성과 바라는 정체성을 만들어내는 도구인 것이다(당신은 정말 아웃도어를 즐기는 캠핑러인가 아니면 페이스북에 올린 휴가 사진이 당신의 첫 캠핑인가?). 페이스북은 다른 사람들의 잘 짜인 삶의 형태로 계속해서 모델을 제공해준다. 그 모델들을 보며 우리는 양가적 감정을 느낄 뿐 아니라 이것은 또 우리를 유혹하는 근원이 된다. 페이스북은 전 세계가 프레시매니스탄에 진입하는 것을 상징한다. 우리는 그곳에서 대부분의 시간을 화면을 내려다보며 보내는데 이는 이웃을 곁눈질한다는 의미다.

페이스북이 이러한 변화의 출발을 알린 것은 아니다. 인터넷이 세계를 연결시켜 엄청난 경제적 가치를 창출하였음에도 불구하고 모방적 경쟁을 가속화시켰고 다른 분야에서의 혁신으로부터 관심을 돌리게 만들었다. 몇몇 인터넷 기업들이 놀라운 성공을 거두면서 다른 분야에서는 핵심 돌파구가 없다는 당혹스러운 사실을 감추었다.

85세 이상 미국인 3분의 1가량이 걸리는 알츠하이머 치매의 치료법은 전혀 진전이 이뤄지지 않고 있다. 암 치료법도 마찬가지다. 세계 많은 나라에서 기대수명이 낮아지고 있고, 삶의 질 또한 마찬가지다. 기차, 비행기, 그리고 자동차의 속도는 50년 전과 다를 바 없다. 대부분의 미국인들이 받는 실질임금은 1960년대 초부터 정체되었다.[5]

나는 요리하는 것을 좋아해서 비 오는 토요일 오후에는 요리 프로그램을 본다. 하지만 이러한 수천 개의 요리 프로그램이 문화적 정체나 쇠퇴를 보여주는 징후라는 생각을 하지 않을 수 없다. 우리는 초월적인 것을 상상할 수 없기 때문에 계란을 자르는 새로운 방법을 찾거나 유명 셰프 데이비드 장이 국수를 먹는 것을 시청할 뿐이다.

기술의 영역에서도 사람들이 기대하는 것에 비해 혁신의 속도는 더디기만 했다. 이 글을 쓰는 현재 아이폰은 2007년 출시 이후 하드웨어와 소프트웨어는 바뀌었을지라도 여전히 같은 느낌이다. 비즈니스 피치는 진정한 혁신을 발견하는 과정이라기보다 통과 의례나 절차상의 의식에 가깝다. 이 시점에서 우리는 그저 하향세를 탈 뿐이다.

같은 기간 동안 영적으로 침체가 있었다. 1960년대부터 오늘날까지 미국과 유럽에서는 조직적 종교로부터의 이탈이 계속되고 있다.[6]

일부 종교 지도자들이 정치나 문화 전쟁에 휘말리게 된 반면, 수많은 사람들은 성직자나 수도자들보다 구글 검색창에 선뜻 두터운 욕망을 맡겼다. 구글은 익명으로 나타나 개인적 판단을 내리지 않고 또 지적인 답변을 제공하며 하루 종일 항상 그곳에 있다.

뉴욕대 스턴경영대학원의 스콧 갤러웨이Scott Galloway 교수는 4대 빅테크 기업이 인류의 고질적 욕구를 건드렸다고 생각했다.[7] 구글은 우리의 질문에 대답해주는 신과 같다. 페이스북은 사랑과 소속에 대한 필요를 만족시켰다. 아마존은 풍요 속에 생존에 필요한 물품들을 바로 가져갈 수 있게 해줌으로써 안전에 대한 욕구를 충족시켰다(코로나19 기간 동안 이 회사는 우리를 위해 그곳에 있었다). 애플은 혁신적이고 진취적이며 많은 비용을 지분해야 하는 브랜드와 제휴함으로써 파트너로서 매력을 드러내 우리의 성욕과 지위에 따른 욕구에 호소했다. 여러 면에서 4대 빅테크 기업들은 교회보다 더 사람들의 필요를 잘 충족시키고 있다.[8]

그들은 욕구도 잘 다룬다. 대다수의 사람들은 단순히 생존만을 생각하지 않는다. 그들은 다음에 무엇을 원할지, 그리고 어떻게 그것을 얻을 수 있는지 알아내려고 노력한다. 4대 빅테크 기업은 두 가지 모두에 대한 답을 제공한다.

로스 두닷Ross Douthat은 《쇠퇴하는 사회The Decadent Society》에서 다음과 같이 말하고 있다. "우주 시대의 종말은 선진국 내부로의 낙관론의 약화, 제도에 대한 신뢰 상실, 치료 철학과 시뮬레이션 기술로의 전환, 이념적 야망과 종교적 희망 포기 등과 동시에 일어난 우연이 아니다."[9] 우리는 경제 침체, 정치적 정체, 그리고 문화적 고갈 등 수렁에 빠져 있다. 우리는 핼러윈 사탕을 다 먹고 난 후 바닥에 멍하니 앉아 "이제 뭘 하지?"라고 묻는 아이들 같다.

두닷이 미메시스라고 명시적으로 말하지는 않았지만 우리가 정체되고 쇠퇴하는 주된 이유를 미메시스에서 찾은 것 같다. 우리는 시스템 외부에 대한 초월적 판단 기준을 갖추지 못했다. 게다가 모두가 다른 사람들을 크고 작게 모방하고 있다. 바다 옆 수영장을 두고 싸우기 때문에 우리 문화는 고착되어 있다. 하지만 누구도 이 미메시스를 공개적으로 거론할 수 없다. 이는 마치 모든 사람들이 중력의 존재를 부정하고 사람들이 왜 계속 떨어지는지 궁금해하는 것과 같다.[10] 감히 자신들을 모방적이라고 말하거나 미메시스가 자신의 결정이나 신념 또는 집단 내 행동을 이끈다고 지적하지 못한다.

미국의 연대기를 기록한 알렉시스 드 토크빌Alexis de Tocqueville은 1835년에 쓴《미국의 민주주의》에서 동일성의 모방 위기처럼 들리는 것에 관해 설명했다. 그는 순진한 생각으로 그려본 독립이 얼마나 위험한지를 보았다. 자유주의와 개인주의가 점차 커지고 더 높은 수준의 평등성을 이뤘지만 사람들 간의 차이가 두드러진 사회에서는 어떤 일이 일어날까? 덜 평등한 사회에서보다 사람들 간 반목이 훨씬 더 커지는 위험을 감수해야 할 것이다. 토크빌은 말한다. "모든 조건이 불평등하다면 눈에 거슬릴 만큼 위대한 평등은 존재하지 않는다. 획일성이 일반화된 곳에서는 극미한 차이가 충격적으로 나타나고 획일성이 보편화될수록 점점 더 견딜 수 없게 된다."[11]

우리는 기본적인 인권과 시민권을 위해 또는 자신의 두터운 욕망을 추구할(미국에서는 이를 '행복 추구'라고 한다) 자유를 위해 중요한 영역에서 평등을 위해 싸운다. 동시에 우리는 중요하지 않은 영역, 즉 지구상 80억 명에 가까운 모델들 중에서 누군가 만큼 많은 돈을 벌기 위해, 다른 사람의 인스타그램 팔로워 수에 도달하기 위해, 같은 수준의 지위나 존경, 직업적 명성을 얻으려는 등 얕은 욕망에서의 평등을 위해 싸우기 시작한다.

모방 욕망이 경계를 모호하게 만드는 효과가 있기 때문에 중요한 것에 대한 싸움이 중요하지 않은 것에 대한 싸움과 서로 교차하며 상호작용한다. 그것은 우리의 주의를 두터운 욕망에서 얕은 욕망으로 돌린다. 평등을 향한 욕망이 모방 욕망에 의해 이용당하게 되면 우리는 그저 상상적이거나 피상적인 차이만 보게 된다.[12]

우리는 파괴적인 욕망 사이클에 빠져 있는 자신을 발견한다. 그 자체로는 치명적인 일이 되지 않는다. 사람들이 대안이 없다고 생각하기 때문에 치명적인 것이다. 우리 사회는 희망을 품지 않기 때문에 타락하고 정체되었다. 희망은 (1) 미래 (2) 선 (3) 성취하기 어려운 것 (4) 가능한 것에 대한 욕망이다. 네 번째가 중요한데, 욕망을 성취할 수 있다는 확신이 없다면 희망을 품을 수 없다. 따라서 욕망할 수도 없다. 희망은 두터운 욕망이 자라는 토양이다. 비전을 품지 않았기 때문에 사람들은 소멸되어 간다.

이러한 모방 사이클에서 벗어나기 위해서 우리는 희망할 만한 가치가 있는 것을 찾아야 한다.

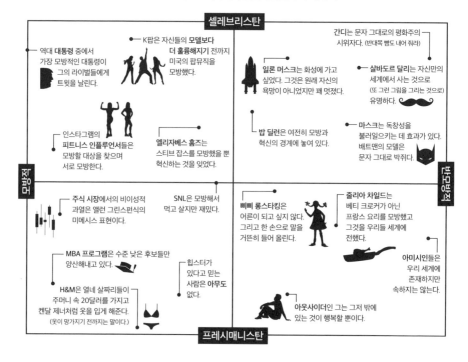

모방 매트릭스
(미메시스로 이끄는 지나치게 단순화된 문화 속 가이드)

셀레브리스탄

K팝은 자신들의 모델보다 더 훌륭해지기 전까지 미국의 팝뮤직을 모방했다.

간디는 문자 그대로의 평화주의 시위자다. (반대쪽 뺨도 내어 줘라)

역대 대통령 중에서 가장 모방적인 대통령이 그의 라이벌들에게 트윗을 날린다.

일론 머스크는 화성에 가고 싶었다. 그것은 원래 자신의 욕망이 아니었지만 꽤 멋졌다.

살바도르 달리는 자신만의 세계에서 사는 것으로 (또 그런 그림을 그리는 것으로) 유명하다.

인스타그램의 피트니스 인플루언서들은 모방할 대상을 찾으며 서로 모방한다.

엘리자베스 홈즈는 스티브 잡스를 모방했을 뿐 혁신하는 것을 잊었다.

밥 딜런은 여전히 모방과 혁신의 경계에 놓여 있다.

마스크는 독창성을 불러일으키는 데 효과가 있다. 배트맨의 모델은 문자 그대로 박쥐다.

모방적 / **반모방적**

주식 시장에서의 비이성적 과열은 앨런 그린스펀식의 미메시스 표현이다.

SNL은 모방해서 먹고 살지만 재밌다.

삐삐 롱스타킹은 어른이 되고 싶지 않다. 그리고 한 손으로 말을 거뜬히 들어 올린다.

줄리아 차일드는 베티 크로커가 아닌 프랑스 요리를 모방했고 그것을 우리들 세계에 전했다.

MBA 프로그램은 수준 낮은 후보들만 양산해내고 있다.

힙스터가 있다고 믿는 사람은 아무도 없다.

아미시인들은 우리 세계에 존재하지만 속하지는 않는다.

H&M은 열네 살짜리들이 주머니 속 20달러를 가지고 켄달 제너처럼 옷을 입게 해준다. (옷이 망가지기 전까지는 말이다.)

아웃사이더인 그는 그저 밖에 있는 것이 행복할 뿐이다.

프레시매니스탄

파괴적 사이클에서 벗어나기 위해 사람들이 흔히 취하는 두 가지 접근법이 있다.

첫 번째는 조작적 욕망engineering desire으로, 실리콘밸리, 권위적 정부, 그리고 전문가 숭배 방식의 접근법이다. 앞의 두 가지는 지능과 데이터를 가지고 중앙에서 한 시스템을 계획하는 것이다. 여기에선 사람들이 다른 사람들이 그들이 원하길 바라는 것, 즉 특정 집단의 사람들에게 혜택이 돌아가는 것을 원하게 된다. 이러한 접근은 인간 조직에 심각한 위협이 된다. 또한 자신과 자신이 사랑하는 사람들의 최선의 것을 자유롭게 구할 능력을 존중하지 않게 된다. 행복하려면 '다음 다섯 단계를 따르라' 식으로 이뤄지는 전문가 숭배는 인간 본성의 복잡다단한 면을 존중하지 않는다.

그 대안이 욕망의 전환이다. 조작적 접근법은 농약을 사용하고 대형 기계로 밭을 간 다음 계절별 수확량, 유통기한, 균질성 등으로 풍년을 가늠하는 추출적 산업형 농업과 같다. 반면에 전환적 접근은 생태계 법칙과 역학에 따라 척박한 땅을 비옥토로 바꾸는 재생 농업과도 같다. 우리의 경우 생태계는 인간 생태환경이고 욕망은 혈액이 된다.

전환적 욕망은 관계를 통해 일어난다. 조작적 욕망은 차갑고 생명력이 없는 기구를 사용하는 실험실에서 생긴다.

조작적 욕망

테크기업은 사람과 그들이 원하는 사물 사이에 중재자로 활약하게 됨으로써 욕망을 조작할 수 있는 힘을 지니게 되었다. 그것이 모방 모델의 정의다. 아마존은 사물에 대한 욕구를 중재한다. 구글은 정보 자체에 대한 욕망을 중재한다. 구글은 사람들이 인터넷에서 웹페이지를 찾고 접속하는 것을 돕는 검색회사로 출발했다. 그런데 몇 년 만에 이 회사는 검색 결과가 사람들이 언제든지 찾으려고 하는 것에 관한 데이터일 뿐만 아니라 사람들이 무엇을 원하는지, 즉 사람들의 욕망에 관한 정보를 보여주는 초기 지표라는 사실을 깨닫게 되었다. 여기서 구글은 그 누구보다 먼저 그 지표에 접근할 수 있었다. 구글은 쇼샤나 주보프Shoshana Zuboff 하버드대 교수가 '감시 자본주의surveillance capitalism'라고 부른 것의 개척자가 되었다. 이 모델에 따라 운영되는 기업들은 인간의 개인적 경험을 행동 데이터로 변환해 사람들의 욕망을 조작하거나 적어도 회사의 이윤 창출을 위해 이용했다.[13]

구글의 공동 창업자 래리 페이지Larry Page는 2011년 기업실적을 발표하면서 검색에서 만족으로 전환하는 것이 구글의 새 임무라고 설명했다. "우리는 궁극적으로 모든 구글 경험을 단순화하고 거의 자동화시키겠다는 포부를 가지고 있다. 우리는 당신이 원하는 것을 이해하고 즉시 제공할 수 있기 때문이다."[14]

쇼샤나 주보프는《감시 자본주의 시대The Age of Surveillance Capitalism》에서 자신의 경험을 나누었다. 2002년 어느 날 아침 구글 엔지니어팀은 '캐롤 브래디의 결혼 전 이름'이라는 이상한 문구가 전 세계 검색어 상위권에 올라간 것을 발견했다. 1970년대 시트콤에 나오는 주인공의 집안 배경에 왜 갑자기 관심이 쏠린 것일까? 그 검색어는 48분부터 검색량이 폭발적으로 늘어나기 시작해 5시간 연속 급증했다.

구글 엔지니어들이 그 이유를 알아차리기까지 오랜 시간이 걸리지 않았다. 수백만 명이 시청하는 예능 프로그램인 〈누가 백만장자가 되고 싶은가?〉는 전날 밤 참가자 중 한 명에게 캐롤 브래디의 결혼 전 이름에 관한 질문을 던졌다. 프로그램이 다른 시간대에도 방영되면서 그 질문은 매시 48분마다 반복되었다.

구글이 사람들의 욕망에 대한 선행 지표에 접근할 수 있기 때문에 그들은 내부 정보를 대부분 거래하고 있었다. 기술 전문가인 조지 길더George Gilder는 2018년에 나온 책《구글의 종말》에서 "구글은 충분한 데이터와 충분한 프로세서를 통해 우리의 갈망을 만족시키는 법에 대해 우리보다 더 잘 알 수 있기 때문에 부자가 될 수 있다"라고 썼다.[15] 우리의 욕망이 상상력이 부재하고 예측 가능한 한 그것은 사실이다.

혹시 아직도 궁금해할까 봐 말해준다면, 캐롤 브래디의 결혼 전 성은 마틴이다. 구글에서 2초만 검색해도 무료로 알 수 있다. 하지만 사실상 공짜가 아니다. 우리가 검색창에 무언가를 입력할 때마다 우리는 구글에 우리가 원하는 것을 말하는 셈이다. 가끔 우리는 아무에게도 말하지 않은 것들을 공개하기도 한다. 구글은 0.59초 만에 약 2,830,000개의 결과를 도출해내는 것으로 반응을 보인다(적어도 방금 저녁 식사로 '리몬첼로 치킨'을 검색했을 때 그렇게 나왔다). 그리고 그 0.59초 동안 우리는 구글에게 우리의 욕망을 알려준다. 그것은 매우 값비싼 대가다.

중앙집중식으로 계획된 욕구

어느 선까지 욕망을 조작해야 하는지에 대한 정치적 논쟁은 아직도 현재진행형이다. 단지 그런 식으로 말한 적이 없을 뿐이다.

이 책에서는 욕망과 정치에 대해 깊이 탐구할 생각이 없다. 하지만 정치적 질문을 검토할 때 과소평가된 한 가지 방법을 제안해보고자 한다. 즉, 정치 시스템이나 정책이 사람들이 원하는 것에 어떤 영향을 미칠까? 욕망에 어떤 영향을 미칠까?

권위주의 체제는 사람들이 원하는 것을 통제할 수 있을 때에만 존속할 수 있다. 우리는 보통 이러한 체제가 법률, 규정, 치안, 처벌 등을 통해 사람들이 할 수 있는 것과 할 수 없는 것을 통제하는 역할을 한다고 생각한다. 그러나 그 정권은 사람들의 행동에 권위를 가지고 있을 때가 아니라, 사람들의 욕망에 권위를 가지고 있을 때 진정한 승리자가 된다. 그들은 죄수들을 감방에 가두어 놓기를 원하지 않는다. 죄수들이 감방을 사랑하는 법을 배우길 원한다. 변화에 대한 욕구가 없을 때 정권의 권위가 완성된다.

작가 로이 메드베데프Roy Medvedev는 소련의 강제수용소 굴라크에서 석방된 한 여성의 경험담을 얘기했다. "나는 모든 것에 실망했고 더 이상 아무것도 믿지 않았다. 그렇지만 나에겐 한 가지 욕망이 있었다. 아름다움도 사랑도 아니라 매일 아이스크림을 먹고 싶었다."[16] 아이스크림 그 이상의 욕망은 파괴되었다. 이제 항상 아이스크림을 먹을 수 있는 냉장고와 경제적 안정이 그녀에게 필요했다. 그녀는 자신을 수용소로 보냈던 바로 그 정당을 지지하기에 이르렀다. 왜냐하면 그들이 그녀에게 심어준 결핍된 욕망을 충족시켜주겠다고 약속한 유일한 정당이었기 때문이다.[17]

제2차 세계대전 당시 옌칭대학에서 근무하던 젊은 미국인 교사 랭던 길키Langdon Gilkey는 체포되어 중국 산둥성 웨이팡 시에 있는 일본의 수용소에 수감됐다. 그는 그곳에서 2년 반 동안 사업가, 선교사, 교사, 변호사, 의사, 어린이, 매춘부 등 다양한 인간 군상들과 함께 억류

되었다. 길키는 억류 생활이 자신의 욕망에 영향을 주었음을 느꼈다. 그는 1966년에 나온 그의 책《산둥 수용소Shantung Compound》에서 다음과 같이 썼다. "나는 우리가 스스로를 속이는 방식에 경탄했다. 우리는 진정한 욕망과 욕구를 감추기 위해 직업적 또는 도덕적 옷을 입는다. 그다음 우리는 우리가 실제로 느끼는 자신에 대한 걱정 대신에 세상에 객관성과 정직의 파사드façade를 제시한다."[18] 산둥 수용소는 모든 이들의 욕구가 방향감각을 상실하도록 만드는 효과가 있었다. 그러다 보니 책임자들이 그들을 몰래 조종하는 것이 훨씬 쉬워졌다.

이데올로기는 욕망의 폐쇄 시스템이다. 그것은 정당의 공약이든, 기업의 지도 이념이든, 가족 체제를 구성하는 이데올로기이든 어떤 욕구가 수용될 수 있는지 여부에 관해 명확한 제약을 제공한다.

이데올로기의 가장 두드러진 특징은 은폐하고 제약하려는 폭력이다. 즉, 이데올로기는 한 집단을 생각을 물들일 수 있는 침입자로부터 '안전'하게 지켜준다. 반대할 여지가 없다. 지라르는 한때 이데올로기를 "모든 것이 좋거나 나쁘다는 생각"이라고 정의했다.[19]

전술 13 상반된 것과 공존할 수 있는 방안 찾기

이데올로기를 끊으려면 라틴어로 반대의 일치coincidentia oppositorum, 즉 역설적 인물, 모순된 행동 등 상반된 것과의 공존이나 일치에 관심을 기울이면 도움이 된다. 온순함과 대범함, 겸손함과 자신감을 동시에 갖고 있는 사람 또는 예상을 완전히 뒤엎는 사람들처럼 말이다. 우리는 그런 사람이나 사물, 경험들을 만나게 되면 머리를 긁적이며 '잠깐, 공존하면 안 되는 것들이야'라고 말하게 된다.

상반된 것과의 공존은 초월적인 어떤 것을 가리킨다. 그들이 공존하면 안 될 것처럼 보이는 이유는 어떻게 세상을 경험할지 그 길을 보여주지 않았기 때문이다. 그들은 의미의 지도, 세상이 돌아가는 방식에 대한 정신적 모델에 있어 제자리를 차지하지 못했다. 그들은 내가 더 나아가서 재평가하고 더 깊이 들어가야 한다는 신호다. 현재 내가 있는 곳 너머의 무언가를 가리킨다.

현명한 사람들은 오늘 다른 사람과 비교하기보다 오늘의 나를 어제의 나 자신과 비교하는 것이 가장 좋다고 말한다. 이는 비교와 평가의 늪에서 빠져나오는 좋은 출발점이다.

하지만 그것만으로 충분하지 않다. 어제의 나는 모방할 수 있는 모델이 될 수 없다. 그저 돌아볼 뿐이다(그리고 내 경우엔 항상 머리를 가로젓곤 한다). 미래의 모델이 필요하다. 내 욕망이 해결될 수 없는 긴장 속에 계속 잠겨 있지 않는, 더 이상의 모순이 존재하지 않는, 더 이상 상반된 역설이 존재하지 않는 미래의 모델이 필요하다. 우리 모두가 그렇다.

상반된 것과의 공존은 종종 우리에게 올바른 방향을 알려주는 신호가 된다.

신중한 분별의 시간을 갖기에 앞서 어느 한쪽을 즉시 거부하지 않고 두 가지 상충되는 욕망 또는 두 가지 상반된 생각을 동시에 가져갈 수 있다는 것은 성숙함의 증거다. 욕망과 더불어 사는 것은 긴장을 안고 사는 것이다.

쉬운 길

1930년 폴란드 작가 스타니스와프 비트케비치는《탐욕Insatiability》이라는 제목의 풍자소설을 출판했다. 이 소설에서 중앙아시아 유목 부족의 흉포한 왕, 무르티 빙은 자신에게 항복하지 않으면 그 나라 백성을 몰살하고, 항복하면 노예로 만들었다. 그의 다음 목표가 자신임을 알

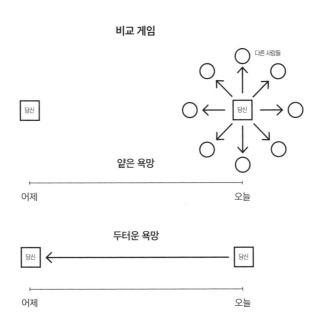

게 된 동유럽 작은 나라의 왕은 망연자실하게 된다. 이때 무르티 빙이 한 알약을 그에게 건네며 이 약을 먹으면 수치심을 느끼지 않게 된다고 전한다.

무르티 빙은 그 나라의 사람들에게 이 알약을 던졌고, 그들은 이 약에 푹 빠졌다. 이 알약은 사람들의 욕망을 조작할 수 있었기 때문에 이들은 새로운 환경을 쉽게 받아들였다. 하지만 그 알약이 생각과 욕망을 유기적으로 발달시키지 않았기 때문에 그 약을 먹은 사람들은 정신분열증을 앓게 되었다. 그렇게 그들은 미쳐갔다.

무르티 빙의 알약은 영화 〈매트릭스〉의 선구자 격이며, 올더스 헉슬리Aldous Huxley의 《멋진 신세계》에 나오는 소마soma라는 마약과 일정 부분 유사하다. 사람들의 욕망은 외부적 힘에 의해 인위적으로 형성된다. 우리는 이제 곧 또는 이미 무르티 빙의 알약을 먹게 될 실제 가능성에 직면해야 한다.

당신은 약을 먹을 것인가?

전환적 욕망

욕망 조작과 변화에 각기 다르게 대응하는 두 가지 사고방식이 있다. 계산적 사고와 명상적 사고다. 철학자 마르틴 하이데거의 작품에서 이러한 차이를 어느 정도 발견할 수 있다.[20]

계산적 사고는 A지점에서 B지점으로 이동, 주식으로 돈 벌기, 좋은 성적 받기, 논쟁에서 이기기 등 목표 지점에 어떻게 도달할지 끊임없이 검색하고 찾으며 계획하는 것이다. 정신과 의사인 이언 맥길크리스트Iain Mc-Gilchrist에 따르면 계산적 사고는 우리 기술 문화를 지배하는 사고 형태다. 일반적으로 대상이 해볼 만한 가치가 있는지 여부를 분석하지 않고 대상을 끊임없이 추구하게 된다.[21]

한 수도원에서 수련 수사 교육을 담당한 한 수도사는 최근 수년간 수도사 지망자들이 예배실에서 기도할 때 책을 한 꾸러미 가지고 오는 것을 발견했다. 그들은 '입력' 없이는 '출력'도 없다고 생각하는 것에 익숙해진 것이다. 계산적 사고가 팽배해진 것은 인간이 기계를 모방하는 기술 발전의 산물이 되었다.

또한 계산은 조작적 사고방식을 반영한다. 계산적 리더들은 욕망을 더 잘 예측할 수 있는 알고리즘을 구축하거나, 이런저런 방향으로 유도할 수 있는 앱을 만들거나, 욕망을 형성하기 위해 비유기적인 '회사 문화'를 구축함으로써 욕망을 처리한다. 조작 자체를 비판하는 것이 아니다. 하지만 어떤 것들은 조작할 수 있는 반면(오토바이), 다른 것들은 그렇지 않다(인간 본성).

계산적 사고는 종종 명상적 사고를 배제한 주요 사고방식으로 자리 잡았고 그 결과 사회적 조작, 기술적 처리, 그리고 공감 상실의 형태로 이어졌다. 지라르는 말한다. "아르메니아인들의 학살에서부터 쇼아와 캄보디아의 참상, 그리고 르완다에서의 범죄에 이르기까지 모든 민족이 냉혹하게, 때때로 관료주의적 열정에 의해 살해당했다."[22] 계산적 사고방식은 희생양 메커니즘이 번성할 수 있는 기반이 된다.

전술 14 명상적 사고 훈련

작가 어거스트 투락August Turak은 1980년대 초 MTV 네트워크가 막 시작되었을 당시 그곳의 영업부 임원으로 일하고 있었다. 내가 노스캐롤라이나에 있는 그의 목장을 방문했을 때 그는 내게 다음과 같은 이야기를 전해줬다.

투락은 MTV 동료 임원과 함께 뉴욕 지하철을 타고 이동 중이었다. 그 임원은 친구들이나 동료들에게 수수께끼 내는 것을 좋아했는데 그날은 투락에게 이런 문제를 냈다. "다음 일련의 숫자들 다음에 올 숫자를 말해봐. 14, 18, 23, 28, 34."

그는 자신이 수수께끼를 아주 잘 푼다고 자부했다. 투락은 내게 말했다. "머리를 쥐어짰죠. 18에서 14를 빼면 4가 남습니다. 23에서 18을 빼면 5가 되고. 이런 식으로요. 그런데 다음 숫자가 도무지 연상이 되질 않았습니다." 그래서 결국 포기했다.

그러자 동료가 열차가 막 정차한 42번가 지하철역 벽에 커다랗게 붙어 있는 숫자 '42'를 가리켰다. 그 숫자는 열차가 정차한 역의 번호인 14번가, 18번가, 23번가를 나타낸 것이었다. 투락은 말했다. "나는 큰 소리로 계산을 하고 있었죠. 수수께끼로 내준 숫자들이 적힌 이 표지판들을 내내 보고 있었는데도 보지 못한 것이죠."

그는 계산하느라 눈앞에 있는 것을 놓친 것이다. 명상적 사고는 하나로(수학 문제) 수렴하기보다 현실 속으로 깊이 들어가 다양한 가능

성을 발견하는 데 도움을 준다. 명상적 사고는 욕망을 분별할 때에도 반드시 필요한 과정이다.[23]

명상적 사고 훈련을 시작하기 가장 좋은 방법은 음료 한 잔을 들고 한 시간 동안 나무를 바라보는 것이다. 정확히 한 시간을 말이다. 이 훈련에서는 목표를 세우지 않는 법을 배우는 것 말고 다른 목표는 없다. 나무를 보면서 눈에 띄는 모든 것에 주의를 기울여라. 계산적 사고가 천천히 명상적 사고에 자리를 내어주는 것을 발견해야 한다. 만약 안 되면 필요에 따라 그 과정을 반복해보라.

반면에 명상적 사고는 인내심을 요한다. 이는 명상과 다르다. 명상적 사고는 느리고 비생산적인 사고로 뉴스를 듣거나 놀라운 일을 경험했을 때 즉시 해결책을 찾지 않는 식의 사고를 뜻한다. 또한 이 새로운 상황은 무엇일까? 그 뒤에 무엇이 있을까? 등 현실 속에 깊이 들어가도록 만드는 일련의 질문을 던지는 것이다. 이처럼 명상적 사고는 충분히 인내심을 갖고 진실이 스스로 드러날 때까지 기다린다.

명상적 사고는 변혁의 문을 연다. 우리 뇌에서 계산하고 처리하는 부분이 잠잠해지면 새로운 경험을 받아들이는 명상 부분이 활성화되면서 새로운 경험을 현실의 새로운 틀에 통합시키게 된다. 즉, 명상적 뇌는 새로운 모델을 발전시킨다.

명상적 사고는 두터운 욕망이 발달하기까지 충분한 시간을 허용해

주기 때문에 초고속의 미메시스 문화에 대한 해결책이 될 수 있다. 내가 가진 욕망이 무엇이고 그 욕망을 품고 살아갈 것인가를 알게 될 때까지 충분한 시간을 들일 때 전환이 일어난다.

욕망이 결정되는 장소

코치의 눈에 들기 위해 경쟁하는 선수들, 승진을 놓고 경쟁하는 동료, 이력을 더 많이 쌓으려는 교수들 등 많은 관계가 모방적인 유대감을 통해 유지된다. 심지어 배우자, 부모와 자녀, 또는 동료 등 대체로 건강한 관계에서도 모방적 긴장감이 존재한다. 가장 친한 친구와의 관계 역시 미메시스에 의해 변질될 수 있다. 관건은 모방적 경쟁으로 특징되는 관계를 인정하고 그것에 맞서는 것이다.

전환적 욕망에는 관계의 본질 자체를 바꾸는 것이 포함된다. 대부분 가장 많은 시간을 보내는 곳인 가정, 상상, 일 등 세 가지 장소에서부터 이 작업을 시작해보자.

가정

가정은 사람들이 무엇을 어떻게 원할지 가장 먼저 배우는 곳이다.

우리가 어렸을 때 주된 욕망(우리가 원하거나 원하지 않을 수 있었던 것)은 가족들이 제시한 대상과 역할로 대부분 제한되어 있었으며, 그다음 놀이라는 보상이 우리에게 주어졌다. 그러한 역할에는 정서적으로 안정적이지 않은 부모에게 순종적 아이가 되는 것, 손위 형제자매가 정해놓은 모델에 따라 사는 것, 훌륭한 자유주의자 또는 보수주의자가 되는 것, 종교론자 또는 무신론자가 되는 것, 혹은 가정 내 가치 시스템에 따라 만들어진 여러 가지 것들이 포함될 수 있다.

아이들이 아주 어렸을 때 부모는 그들의 유일한 모방 모델이다. 부모가 원하는 것을 아이도 원하게 된다. 하지만 보통 세 살쯤 되거나 부모가 신이 아니라는 사실을 깨닫는 시점이 되면, 다른 모델을 찾는다. 그리고 모델이 하는 행동을 따라 한다.

제이콥 거시맨Jacob Gershman이 2015년 〈월스트리트저널〉에 기고한 글에 따르면, 뉴올리언스에 사는 두 살 그레이슨 도브라는 상해전문 변호사 모리스 바트의 광고에 쏙 빠졌다. 그레이슨은 말을 하게 되자 "바트! 바트!"라는 말을 불쑥 내뱉었다. 그래서 그레이슨의 어머니는 아이의 두 살 생일 때 특별한 생일 파티를 열어줬다. 모리스 바트 케이크, 모리스 바트 피규어, 모리스 바트에서 영감을 받은 선물 등을 준비한 것이다. 그레이슨은 자신의 첫 번째 모델을 셀레브리스탄에서 찾았다.

10대가 된 아이들은 어린 시절의 모델을 뒤로하고 길을 떠난다. 청소년기에 아이들은 고도의 모방 단계로 접어든다. 각자 나는 누구일까? 나는 어떤 사람이 되고 싶은가? 등 근본적인 질문의 답을 찾고자 노력한다. 이 모든 것을 통해 부모는 자녀들이 어떤 욕망이 두텁고 어떤 욕망이 얕은지 인지하고 또 두터운 욕망을 키워가도록 격려할 수 있다. 그들은 성취로 이어지는 일들을 강조하거나(예를 들면, 작년에 열린 피아노 콘서트에서 아이가 놀라운 연주를 했다고 말해줌으로써 음악에 대한 사랑을 한 단계 더 끌어올릴 수 있다), 그렇지 않은 점은 강조하지 않음으로써(예를 들면, 가장 친한 친구가 A를 받는데 자신은 A-를 받은 것에 대한 염려를 올바른 관점에서 보게 할 수 있다) 아이들을 격려할 수 있다.

무엇보다 중요한 것은 건강한 관계를 모델링해줄 책임이 부모에게 있다는 것이다. 그것은 아이들의 모방적 충동에 세심한 관심을 기울이는 것을 의미한다. 순수하거나 별거 아닌 것처럼 보이는 부분에서도 말이다. 저녁 식사를 하던 중 나온 모든 정치 뉴스나 학교, 체육 시간에서 아이가 겪은 모든 사소한 불평등에 모방적으로 반응하고 또는 다른 부모와 경쟁 관계에 빠져 아이들을 이용하는 것(친구의 부모가 자기 아이에게 사줄 수 있는 것보다 더 좋은 차를 내 아이에게 사줌으로써 당신의 지위를 알려주는 것), 이 모든 것들이 모방적 행동이 학습되고 규범이 되는 분위기를 조성한다.

사람들 대부분은 주변 사람들을 모방하는 경향이 있다. 부모의 모방 행위는 자녀들에게 학습되고 그대로 흡수되는 경향이 있다. 희생양에 대해서도 종종 그렇다. 우리는 자녀들이 누구를 사랑하고 싫어하게 될지 유념해야 한다.

상상

시각장애우들은 무엇을 꿈꿀까? 이는 언제 시력을 잃어버렸는지에 따라 답이 달라진다. 여덟 살에 실명한 사람은 볼 수 있었을 당시 뇌가 받았던 모든 감각적 입력을 통해 꿈을 꿀 수 있다. 반면에 날 때부터 보지 못했던 사람은 그들의 뇌에 함께 작업할 이미지가 없기 때문에 이미지로 꿈을 꾸지 않는다. 대신 그들은 감각과 소리로 꿈을 꾼다 (맨홀에 빠지고 보이지 않는 차에 부딪히는 식이 일반적이다). 즉 우리는 우리에게 입력된 것을 통해서만 꿈을 꿀 수 있다.[24]

욕망에 관한 한 우리는 보통 장님인 것처럼 행동한다. 우리는 추구할 만한 가치가 있는 모델을 배우기 위해 우리 스스로 할 수 있는 것보다 더 잘 '볼' 수 있다고 생각되는 다른 사람을 기대의 눈초리로 바라본다. 우리 각자는 상상할 수 있는 범주에서의 욕망의 세계를 가지고 있다.

우리는 어떻게 상상할 수 있을까? 삶의 대부분은 철학자 마이클 폴라니Michael Polanyi가 '불분명한 이성inarticulate rationality'이라고 불렀던 암묵적 지식으로 이뤄져 있다. 이러한 것들은 우리가 알고 있지만 설명할 수 없는 것들이다. 우리는 다른 사람과, 심지어 우리 자신과 명확하게 소통하기 위해 노력하지만 이는 쉽지 않다.[25] 내가 아내에게 스노보드를 처음 가르치려고 했을 때가 생각난다.

우리는 초급 슬로프 꼭대기에서 헬멧을 썼다. 나는 껑충 뛰어올라 본능적으로 발뒤꿈치 끝부분에 무게를 실었다. 우리가 서 있던 곳이 살짝 경사져 미끄러지지 않기 위해서였다. "이렇게, 그냥 기대면…" 쾅. 내 말이 끝나기도 전에 몸을 일으키던 아내는 엉덩방아를 찧었다. 이후 한 시간 동안 내가 무엇을 하는지 설명하려고 애썼지만 아무런 효과가 없었다. 아내는 시행착오를 거친 끝에 무게중심을 옮기는 법을 스스로 깨달았다. 60분 동안 50번 넘어지는 것을 막기 위해 알려줄 수 있는 모든 팁들을 전해줬지만 사실상 나는 내가 무엇을 하는지 전혀 몰랐다. 처음 배울 때 어떻게 했는지 기억이 나질 않았다.

나는 지네 우화가 떠올랐다. 어느 날 지네를 지켜보던 거미는 그의 재주에 매료되었다. 거미는 지네에게 어떻게 100개의 다리를 동시에 움직일 수 있는지 물었다. 거미에겐 다리가 8개밖에 없으니 자신보다 92개나 더 많은 다리를 어떻게 움직이는지 상상할 수 없었다. 그러자 지네가 대답했다. "음… 어디 보자. 이걸 먼저 옮기고… 아니, 잠깐만, 이걸… 아니, 아마도 이거… 그다음 내가… 아니, 이게 아니지." 지네는 그걸 생각만 해도 머리가 터질 것 같았다. 그에겐 암묵적 지식이 있었다.

유창한 외국어 실력, 유머 감각, 감정 지능, 그리고 미적 감각 등은 우리 모두가 암묵적으로 알고 있긴 하지만 정확하게 표현할 수 없는 것들이다. 젊은 날 욕망의 모델로 채워진 활기찬 상상력이 그렇다.

동화를 들을 때부터 아이들의 상상력은 영웅주의, 희생, 아름다움, 사랑 등의 고귀한 이상과 모험의 환상적인 이미지에서 출발한다. 이 모든 것은 인간 기질 중심에 자리한 것으로 우리는 이러한 것들이 왜 중요한지 설명하기 어렵다.

문학은 상상력에 중요한 영향력을 준다. 문학은 젊은이들의 마음이 실제든 허구든 타인의 욕망이 들려주는 이야기 속으로 들어가도록 이끈다. 물론 그것은 아이들을 모방적 힘에 노출시켜 종종 그들 자신의 욕망을 키운다(해리포터를 읽은 아이는 하루 동안 마법사가 되는 것을 전혀 꺼리지 않는다). 그것을 욕망이 어디로 이끌고 가는지 다루고 분별하는 훈련장이라고 생각해라. 좋은 소설이라면 이야기 속에 언제나 그런 내용이 등장한다.

우리의 욕망은 우리가 노출된 모델의 크기에 따라 커지기도 작아지기도 한다. 거대하고 두터운 욕망을 모델로 삼은 허구의 인물은 약하고 얕은 현실적 모델에 대한 균형점이 될 수 있다.

교육은 기초 교양에서 벗어나 점점 더 전문화되고 기술적 지식, 즉 계산적 사고로 옮겨지고 있다. 이것이 미래 세대 욕망 형성에 어떤 영향을 미칠지 우리는 알지 못한다. 그러나 우리의 교육 체계가 아이들의 상상 세계, 나아가 욕망을 어떻게 형성하는지에 대해 진지하게 고민해봐야 한다.

일

일의 목적은 단순히 더 많이 만드는 것이 아니라 더 나아지는 것이라고 생각한다. 일의 가치는 단지 직장에서의 객관적인 산출물로만 측정될 수 없다. 일하는 사람의 주관적 변화 또한 고려해야 한다.

두 명의 의사가 같은 병원에서 정확히 똑같이 회진을 돈다고 가정해보자. 10년 후 한 명은 장시간 근무, 구내식당의 질 떨어진 음식, 무너진 보험 시스템, 그리고 배은망덕한 환자들로 인해 억울함과 분노를 키워갈 수 있다. 반면에 다른 한 명은 같은 것을 경험했지만 그것을 자양분 삼아 더 사려 깊고 이해심 있는 사람이 될 수 있다.

고용주들은 이러한 일이 개인에게 미치는 영향에 대해 생각할 책임이 있다. 회사와 일의 성격이 한 개인의 전반적인 발전에 어떻게 기여할까?

2015년, 그래비티 페이먼츠Gravity Payments의 설립자이자 CEO인 댄 프라이스Dan Price는 향후 3년간 회사의 최저 연봉을 7만 달러로 끌어올리기 위해 자기 연봉의 대부분인 약 100만 달러를 자발적으로 내놓았다. 그 결정을 내렸을 당시 회사의 평균 연봉이 4만 8,000달러였다. 이 급여는 경쟁사들과 비슷한 수준의 임금이었다. 하지만 물가가 비싼 시애틀에서는 그럭저럭 살아갈 수 있는 수준이었기에 많은 직원들이 가정을 꾸릴 만큼 안정감을 느끼지 못했다.

프라이스가 이 결정을 내린 5년 동안 회사는 번창했다. 거래 규모가 38억 달러에서 102억 달러로 증가했다. 더욱 중요한 사실은 직원들의 삶이 번창한 것이다. 인원은 2배 이상 늘었고 직원들은 아이 낳기 같은 두터운 욕망을 추구할 수 있었다. 최저임금이 조정되기 전 그래비티 직원들은 매년 0~2명의 아이를 출산했다. 조정이 이뤄진 후 그 숫자는 약 40명으로 늘었다.

현재 상황을 어설프게 바꾸어본다고 해서 일에서 전환적 욕망이 일어나는 것은 아니다. 누군가 모방 시스템 밖으로 발을 내디뎠을 때, 예를 들면 보상의 '산업 표준'에서 벗어나 인간과 삶에 대한 보다 포용력 있는 관점을 취했을 때 욕망의 전환이 가능해진다.

기업은 지속가능한 것을 더욱 바람직하게 만들 수 있는 힘이 있다. 안타깝게도 대부분의 회사는 이를 그들의 사명으로 생각하지 않는다. 그런데 지속가능한 기회를 창출하고 회사를 더욱 매력적으로 만드는 방법이 있다면 어떨까?

욜렐레 식품Yolélé Foods은 서아프리카의 식자재와 음식을 미국에서 수입해 소개하는 기업이다.[26] 주력 상품은 포니오로 수천 년 동안 사헬 지역에서 재배되어온 내건성작물이다. 하지만 세네갈과 서아프리카 다른 지역에 거주하는 많은 사람들은 포니오를 가치 있는 작물로 여기지 않았다.

욜렐레의 공동 창업자인 세네갈 출신의 셰프 피에르 티암Pierre Thiam은 '서구에서 온 것이 최고'라는 인식이 세네갈에 팽배해 있다고 전했다. 세네갈에서는 현지에서 생산되는 것은 무엇이든 가치가 떨어지는 것으로 인식했다. 내가 2019년 티암을 만났을 때 그는 내게 세네갈의 식민지 개척자들에 의해 어떻게 이 생각이 주입되었는지 설명해주었다. 세네갈인들은 일모작을 하기 때문에 수출용 땅콩이 지역 농작물을 대체하게 되었다. 그러자 프랑스는 현지에서 먹을 식량을 더 이상 재배하지 않게 된 세네갈인들을 먹여 살리기 위해 당시 인도차이나에서 싸라기를 수입해야 했다.

욜렐레 식품은 의도적으로 서아프리카 식자재와 음식을 미국에서 인기 있는 이미지로 만들어 서아프리카 사람들에게 새로운 욕망(금전적 인센티브)을 갖게 하려고 했다.

모든 기업은 자신의 임무가 욕망의 모델과 어떻게 일치하는지 진지하게 생각해봐야 한다.

새로운 대안

르네 지라르는 생의 마지막 무렵 끝없는 전쟁, 가장 모방적인 본능을 부추기는 기술, 모방 위기를 가속화하는 세계화 등 미메시스는 더욱 늘어나지만 갈등을 효과적으로 통제할 수단이 없는 미래의 상황을 점점 더 걱정했다.

역사적으로 모방 욕망의 부정적 결과를 완화시키기 위해 두 가지 주요한 사회적 발명이 있었다. 첫 번째가 희생양 메커니즘이고, 두 번째가 시장경제다. 그러나 어느 쪽도 앞으로 있을 모방 확대와 위기로부터 우리를 보호할 수 없을 것이다. 그렇다면 세 번째는 무엇이 될 수 있을까?

인간은 생산적이고 비폭력적인 방법으로 욕망을 전달하는 새로운 방법을 찾아야 한다. 그렇지 않다면 모방 욕망이 걷잡을 수 없을 정도로 퍼져나갈 것이다. 이 새로운 사회 메커니즘이 무엇인지 아는 것은

욕망의 진화

불가능하지만 내 생각에 살짝 짐작해보자면 다음과 같다.

인간은 고대 종교가 희생양으로 삼았던 것과 같은 역할을 하는 기술적 상부 구조를 만들 수 있다. 즉, 비트와 바이트를 통해 대기로 폭력을 확산시키는 것이다. 개인 차원에서 가치 창출을 측정하고 보상하기 쉽도록 화폐의 진화를 가져오는 발명일 수 있다. 인간이 완전히 새로운 우주 공간을 탐험하도록 우주 탐사와 식민지화가 가속화되고, 이에 따라 서로를 파괴하는 데 덜 집중하게 되는 발명일 수도 있다. 또는 교육 분야에서 각자 자신의 길을 더 쉽게 개척하도록 해주는 발명일 수도 있다.

인터넷의 출현과 더불어 이미 혁신이 일어났을 수도 있을까? 무언가 잘못되면 사람들은 본능적으로 구글에서 답을 찾는다. 군중 폭력을 대변하는 인터넷이 판결을 내리고 사람들을 수천 개의 다른 장소, 즉 레딧 포럼Reddit forum이든 페이스북 게시물이든 각자 자신만의 방식으로 카타르시스를 발산할 수 있는 곳으로 안내한다. 이러한 인터넷이 세 번째 발명품이 될 수 있는지 의심스럽다. 내가 보기엔 폭력 사태가 진압되기보다 더 악화되는 것 같다.

새로운 사회적 발명이 부재한 상황에서 우리는 우리가 할 수 있는 일을 할 뿐이다. 그것은 우리가 자신의 욕망을 만들고 관리하는 방법에서 시작된다.

압도적인 것을 선택하라

〈월스트리트저널〉이 '합리적 불교'라는 개인 철학을 가지고 있다고 평가한 앤젤리스트AngelList 설립자 나발 라비칸트Naval Ravikant는 많은 기업인들에게 깊은 성찰을 주고 있다. 비즈니스와 삶에서 욕망의 역할에 대해 그보다 더 직접적으로 언급한 기술 기업 CEO는 드물다.

라비칸트는 "욕망은 자신이 원하는 것을 얻을 때까지 행복하지 않기로 스스로와 맺는 계약"이라고 말한다.[27] 그는 욕망과 고통 사이의 연관성에 대해 수많은 영적 전통을 이해하도록 이끌고 있다. 즉, 욕망은 항상 우리가 부족하다고 느끼는 어떤 대상에 대한 것으로 우리를 고통스럽게 만드는 것이다.

모방 욕망은 우리가 다른 누군가 또는 다른 어떤 것(형이상학적 욕망이라고 부르는 것)이 되고 싶은 끊임없는 갈망의 형태로 발현된다. 사람들은 자신이 찾던 것으로 인도하는 문의 열쇠를 쥐고 있다고 생각되는 모델을 선택한다. 하지만 앞서 보았듯이 이런 형이상학적 욕망은 끝나지 않을 게임이다. 모델을 통해 순환하는 것이 옷보다 더 빠르다. 모델을 통해 우리가 원하게 된 것을 소유하게 된 승리의 행위는 애초에 잘못된 모델을 선택했다는 확신을 준다. 그래서 우리는 다른 모델을 찾아 나서게 된다.

모방 욕망은 역설적인 게임이다. 이기는 것이 지는 방법이 된다. 모든 승리는 피로스의 승리Pyrrhic victory*일 뿐이다.

세상은 모델들로 가득하다. 특히 비즈니스 분야는 모델을 선호한다. 성공으로 이끄는 길을 알려준다고 주장하는 모범 사례, 가이드북, 템플릿, 데일리 블로그 등이 있다. 〈월스트리트저널〉과 같은 경제지나 서적에도 모델이 등장한다. 모든 사람이 모델이 되거나 자신들이 그래야 한다는 신호를 보낸다.

그들은 모두 욕망의 외부적 틀이나 도식을 제공한다. 이는 사람들이 찾고 있는 것들로 보인다. 제자들이 어떻게 살아야 하는지 내게 물을 때마다 그들은 항상 내가 그들에게 각본을 건네주길 원한다. 그들은 로드맵을 원한다. 나는 그들에게 데이브 로메로가 라스베이거스에 있는 내 집 현관에 나타났다고 말해줬다. 나는 스턴경영대학원이 그를 다루는 법에 대해 가르쳐주지 않았으니 학비를 반납 받아야 하는지 그들에게 물었다.

결국 스키마schema에는 한계가 있다. 인생은 불확실한 미래를 항해하는 것으로 현재 우리가 지닌 모든 스키마는 불충분하다. '스키마'는 그리스어에서 유래됐는데, 이는 '순응하다'는 뜻의 현대 그리스어 'suschématizó'에서 온 단어다. 예를 들어 그리스어로 "Me syschematizesthe!"는 "순응하지 마!"라는 뜻이 된다. 더 구체적으로 설명하자면, "어떤 외부 모델의 패턴에 자신을 맞추지 말라"는 것을 의미한다.

정의하자면 조작적 욕망은 항상 모델에 따른 것이다. 전체 윤곽을

• 많은 희생을 대가로 치른, 패전이나 다름없는 의미 없는 승리.

설계하지 않고 청사진을 그리는 건축가는 없다. 반면에 욕망의 전환은 역동적인 과정이다. 그리스어에는 내부로부터의 완전한 전환을 전혀 다르게 표현하는 단어가 있다. 어떤 특정 모델에 완전히 형식화되지 않은 것을 뜻하는 메타모포시스metamorphosis 즉, 탈바꿈이라는 단어다.

이와 같은 실질적 변화, 즉 근본적인 욕망의 전환은 고통스러운 일이다. 모든 종교적 전통은 적어도 긍정적인 방식으로 욕망하는 방식을 바꾸는 데에는 고통이 따른다는 점을 분명히 알고 있다. 얕은 욕망을 버리고 싶은 사람은 아무도 없다.

세계적인 엔젤투자가 나발 라비칸트는 조 로건Joe Rogan의 팟캐스트에 출연해 "압도적 욕망을 선택하라. 그 문제로 씨름하는 것은 괜찮다"라고 말했다. 다른 욕망은 버려야 한다.[28]

내게 가장 큰 욕망 하나를 꼽으라고 한다면 내가 가장 좋아하는 미국 작가 애니 딜라드Annie Dillard가 떠오른다. 딜라드는 수필 모음집 《돌에게 말하는 법 가르치기Teaching a Stone to Talk》에서 자기중심적인 어린 시절에서 벗어나 자신을 둘러싼 더 큰 세계 속에서 현재의 순간에 몰입하는 것에 대해 말하고 있다. 나중에 그녀는 《족제비처럼 살기Living Like Weasels》라는 시적인 작품을 썼다. 자연에서 만난 족제비(그렇다, 족제비가 맞다)와의 이야기를 담은 글이다. 딜라드가 표현한 언어의 아름다움과 족제비가 우리에게 얼마나 많은 것을 가르쳐줄 수 있는지를 통찰한 그녀의 세심함 때문에 나는 종종 딜라드의 이 글을 언급하곤 한다.

애니 딜라드는 하늘을 나는 독수리를 쏜 한 남자의 이야기를 들려준다. 독수리의 몸을 살펴본 남자는 목에 단단히 고정된 족제비의 턱뼈가 있음을 알아차렸다. 독수리가 족제비를 낚아채려고 위에서 덮쳤던 게 틀림없었다. 그러나 족제비는 타이밍을 잘 맞춰 마지막 순간에 고개를 돌려 그대로 독수리의 목에 이빨을 박아 넣었다.

독수리가 하늘 높이 날아오르는 동안 족제비는 그의 목을 �꽉 붙잡았고 결국(그 족제비가 얼마나 오랫동안 독수리의 목에 매달려 있었는지 누가 알겠는가?) 독수리나 바람이 족제비의 마른 뼈를 쪼개서 그곳에는 이제 턱뼈 쪼가리만 남아 있을 뿐이었다.

족제비가 맥박에 이빨을 박았던 것과 같은 본능만이 우리를 전적으로 인도하는 것은 아니다. 하지만 우리는 깊이 파고들 가치가 있는 것이 무엇인지 결정을 내릴 수 있어야 한다. 그렇지 않으면 우리의 뼈는 우리 존재의 깊숙한 곳에서 우리를 건드리는 어떤 것에 주장하지 못한 채 모방의 형태로 몰아치는 바람에 의해 말라비틀어질 것이다.

당신의 가장 큰 욕망을 붙잡는다는 것은 필연적으로 모델을 붙잡는다는 뜻이 된다. 우리는 모델 없이는 욕망에 접근할 수 없다. 그리고 우리는 항상 우리에게 가장 실제적인 모델들, 즉, 우리가 자신의 것을 초월한다고 느끼는 삶의 질을 가진 모델들을 따르게 된다. 따라서 가장 높고 숭고한 욕망을 좇아라. 하지만 모델의 형태에서 그 욕망을 찾아야만 한다. 어떤 날 이런 글들을 읽었을 때, 이는 책 속 등장인물, 리더, 운동선수, 성인, 죄인, 명예 훈장 수상자, 사랑, 결혼, 영웅적 행동 등 당신이 상상할 수 있는 가장 위대한 이상일 것이다.

하지만 그 모델이 끝이 아니다. 외부의 것이기 때문에 모델을 초월하기 위해 당신의 내부에서 일어나야 하는 전환에 자동으로 영향을 미칠 수 없다. 만약 내적 전환이 일어나지 않는다면 모델과 욕망에 관한 한 두더지 잡기 식의 끝없는 게임 속에 갇히게 될 것이다. 내적 전환이 일어나면 얕은 욕망은 사라지고 두터운 욕망이 뿌리를 내리도록 만드는 재귀적 과정이 진행된다.

외적 모델 또는 스키마와 내적 전환 또는 탈바꿈 간에는 아무런 대립이 없다. 어떤 모델을 추구할 때 새롭고 더 나은 모델을 선택하도록 도와주는 내적 변화에 영향을 미치도록 하는 것이 중요하다.

얕은 모방 욕망이 도처에 존재한다. 우리는 매일 순간순간 얕은 욕망에 노출된다. 우리는 그것들을 물어뜯을 수도 있고 심지어 우리의 이를 그것들에 박을 수도 있지만, 그것들은 우리가 가고 싶은 곳으로 우리를 데려가지 않을 것이다.

우리는 의도치 않게 모방적 삶을 사는 것과 두터운 욕망을 키워가는 힘든 일을 하는 것 사이에서 하나를 선택해야 한다. 후자를 선택하게 되면 주위의 반짝이는 모방 대상을 놓칠까 두려워하게 된다.

내 인생의 마지막이 되었을 때 놓쳤을까 봐 가장 두려운 것은 두터운 욕망 중에 있으리라 생각된다. 나 자신을 쏟아부었을 때 만족감을 느끼게 될 욕망들 말이다. 내가 지쳐 죽는다면, 그리고 궁극적으로 우리 모두가 그렇게 될 것이지만, 그것은 얕은 욕망을 좇는 데에서 오는 결과가 아닐 것이다. 그것은 두터운 욕망을 움켜쥐고 아무것도 남지 않을 때까지 버티는 데에서 올 것이다.

파괴적 모방 사이클은 사람들이 자신의 욕망의 절대적 우월성을 확신했을 때 작동한다. 그들은 심지어 자신을 충족시키기 위해 기꺼이 다른 사람을 희생시킨다. 하지만 욕망의 긍정적 사이클에서는 사람들이 다른 사람들의 욕망을 그들 자신의 것을 대하듯 존중한다. 게다가 그들은 다른 사람들의 가장 큰 욕망을 성취하도록 돕기 위해 협력하는 데 적극적이다. 긍정적 사이클에서 우리 모두는 어떤 의미에서 우리 이웃들의 두터운 욕망의 산파가 된다.

사랑에 관한 가장 간단한 정의는 다른 사람에게 좋은 것을 바라는 것이다. 이탈리아인들은 사랑을 고백하는 특별히 유용한 방법이 있다. 그들은 '나는 당신의 선을 원해요Ti voglio bene'라고 말한다. 즉, 당신에게 가장 좋은 것을 원한다는 뜻이다.

전술 15 다른 사람이 원하는 것에 책임이 있는 것처럼 살자

우리는 관계 속에서 다른 사람이 원하는 것을 다음 세 가지 방법 중 하나를 통해 돕는다. 그들이 더 많이 원하도록 돕거나 덜 원하도록 돕고 또는 그들이 다르게 원하도록 돕는다.

현재 가장 재미없는 교류에서조차 우리가 이 세 가지 방법 중 하나로 상대의 욕망을 돕지 않는 경우는 없다. 그 변화는 대개 감지할 수 있다. 하지만 거대한 플라이휠처럼 우리는 다른 사람의 욕망을 한 방향 또는 다른 방향으로 부드럽게 밀어내고 있다.

모방 욕망을 인식하며 살아가는 삶에는 경쟁심을 없애고 매일 소소한 방식으로 긍정적인 욕망을 모델링하는 책임이 수반된다.

우리가 자신의 욕망 충족에 덜 관심을 갖고 타인의 충족에 더 관심을 쏟을 때 욕망의 전환이 일어난다. 역설적으로 그렇게 살아가는 것이 바로 우리 자신의 욕망을 충족시키는 길임을 발견한다. 주로 모방되는 것이 자신의 재능이기 때문에 욕망의 긍정적 사이클이 작동하게 된다. 이것이 결혼, 우정, 그리고 자선 행위 등 모든 아름다운 행위 뒤에 숨겨진 모방 욕망의 긍정적인 힘이다. 결국 원한다는 건 사랑의 다른 말이다. 그리고 이는 역시 모방적이다.

딜라드는 수필의 마지막 부분에서 이렇게 말했다. "우리는 우리가 원하는 방식대로 살아갈 수 있다. 사람들은 가난, 정절, 그리고 복종(심지어 침묵)의 서약을 선택한다." 그녀는 자신과 족제비 사이의 분명한 차이점을 발견했다. "족제비는 궁핍 속에 살아가고, 우리는 궁핍을 싫어하고 마지막 순간 발톱에 찢겨 비열하게 죽는 선택 속에 살아간다."[29]

우리는 매 순간 자신의 욕망을 주장하는 모방적 힘에 굴복하거나 가장 위대한 욕망이 주는 자유에 굴복하는 것을 선택할 수 있다. 우리 인생을 걸 만큼 두터운 욕망을 개발할 때까지 우리에게 주어진 일을 항상, 반복해서 계속하는 것이다. 그러는 동안, 그리고 아마도 항상 우리는 우리의 이를 박을 무언가를 갖고 있을 것이다. 우리가 이미 가진 것을 원하며 말이다.

후기

르네 지라르는 "작가의 초고가 자기 합리화를 위한 시도"라고 말했다. 책이나 회사, 관계 또는 인생 계획 등 어떤 것이든 초안은 우리가 무엇을 원하는지 파악하는 것에서 시작된다.[1]

지라르는 초고를 읽고 그것들을 꿰뚫어 보는 사람이 최고의 소설가라고 생각했다. 그들은 초고가 '미리 짜고 치는 고스톱'처럼, 독자와 자기 자신을 대상으로 욕망의 복잡성을 속이려는 무의식적인 시도로 보았다(스티븐 킹은 그가 쓴 첫 번째 공포 소설의 주인공인 캐리 화이트에게서 "등장인물이나 등장인물에 대한 작가의 본래 인식이 독자들과 다를 수 있다"라는 중요한 점을 배울 수 있었다고 썼다).[2]

초고를 읽으며 충격을 받은 작가는 자존심과 허영심에 타격을 입고 망연자실한다. 지라르는 "그리고 이러한 존재론적 몰락이 위대한 예술 작품을 탄생하게 하는 역할을 한다"라고 말했다.[3] 작가는 다시 시작한다. 하지만 이제는 낭만적 거짓에 빠져 자신만의 미메시스에 눈이 멀고 그러지는 않는다.

그 이전에 작가의 손에서 만들어진 등장인물은 선 또는 악으로 구분됐다. 이후에는 미묘한 변화가 발견된다. 등장인물들이 모방 욕망과 경쟁 심리와 씨름하게 된 것이다. 작가는 삶이 끊임없이 진화하는 욕망의 과정으로 보았다.

만일 내가 이 책에서 당신의 이름을 거론했다면 당신은 아마 내게 긍정적이든 부정적이든 일종의 모델이 되었을 것이다. 당신이 모방 욕망에 대한 책을 쓰려는 내 욕망에 영향을 주었듯이 내가 더 나은 책을 쓰려는 다른 사람의 욕망에 영향을 줄 수 있기를 바란다.

난 당신과 경쟁하며 열심히 일하고 있을 것이다.

감사의 글

이 책은 르네 지라르의 우뚝 솟은 넓은 어깨 위에 세워졌다. 하지만 그 외에도 많은 사람들이 자신들의 눈과 귀, 그리고 어떤 경우에는 그들의 욕망마저도 내게 빌려줬다. 그들이 없었다면 나는 결승선에 도달하지 못했을 것이다.

내 아내 클레어는 지난 1년 동안 한 사람이 5년 동안 듣게 될 횟수보다 더 많이 '모방'이라는 말을 들어야만 했다. 나의 다듬어지지 않은 생각을 들어준 그녀는 그 누구보다 중요한 자문역을 맡아주었다. 내 생각 중 몇 가지는 감사하게도 여기에 실리지 않았다. 모두 내 아내 덕분이다. 그녀는 또 지칠 줄 모르는 똑똑한 편집자이자 대화상대가 되어 나를 격려해주었고 이 프로젝트를 완성하는 데 누구보다 많은 기여를 했다.

책을 쓰는 모든 과정을 지원해준 짐 레빈에게 감사드린다. 그는 내가 그토록 만나고 싶었던 최고의 문학 에이전트로, 나를 그에게 소개해준 애덤 그랜트에게도 감사를 표하고 싶다. 짐은 글로벌 팬데믹 속에서도 현명한 멘토로 전혀 흔들리지 않고 한결같은 모습을 보여줬다.

세인트 마틴St. Martin출판사의 팀 바틀릿은 훌륭한 스포츠 감독과도 같았다. 그는 내가 최선을 다할 수 있도록 적절한 시기에 내게 필요한 사인을 주었다. 그는 이 책의 중요성을 알고 처음부터 끝까지 능숙하게 내용을 손봐주었다. 이 책을 끝내기까지 중요한 역할을 담당해주신 (일일이 호명하기엔 너무 많은) 세인트 마틴 출판사의 다른 모든 분들께 감사드린다. 여러분의 작가가 될 수 있어 자랑스럽다.

메건 허스터드는 원고 구성과 통찰력에 있어 탁월한 능력을 드러냈다. 내 동료 레베카 테티는 매일매일 우아하고 지혜로우며 강인한 면모를 보여주었다. 내 생각을 다듬는 데 도움을 준 동료, 파트너, 친구들에게 감사드린다. 또 이 책의 아이디어를 얻게 도와주고 인터뷰에 응해준 모든 분들께 고마움을 전한다.

마지막으로 내게 생명을 주고 믿음과 소망, 그리고 사랑을 선물해준 나의 부모님 리, 이다 버기스, 내 할머니 베르나 바트닉께 감사드린다.

하나님께 영광드린다.

추천 도서

나는 개인의 지적 여정이 각자 걸어온 길에 따라 달라진다고 생각한다. 모방 이론으로 추천하는 책들이 많이 있다. 하지만 사람마다 자신의 흥미와 동기에 따라 다양한 곳에서 출발해 다른 여정을 밟아가야 한다. 어떤 사람들은 분명 지라르의 대표작인《세상이 만들어질 때부터 숨겨온 것들Things Hidden Since the Foundation of the World》에서 바로 시작하길 원할 수 있다. 다음 목록은 대충 순차적으로 나열한 것으로, 내가 1년 동안 모방 이론 관련 세미나를 진행했을 경우를 가정해 과정을 짜보았다.

1. Deceit, Desire, and the Novel: Self and Other in Literary Structure, René Girard (1961)

2. I See Satan Fall Like Lightning, René Girard (1999)

3. René Girard's Mimetic Theory, Wolfgang Palaver (2013)

4. Things Hidden Since the Foundation of the World, René Girard (1978)

5. Evolution of Desire: A Life of René Girard, Cynthia L. Haven (2018)

6. Violence Unveiled: Humanity at the Crossroads, Gil Bailie (1995)

7. Mimesis and Science: Empirical Research on Imitation and the Mimetic Theory of Culture and Religion, Scott R. Garrels, editor (2011)

8. Evolution and Conversion: Dialogues on the Origins of Culture, René Girard (2000)

9. Resurrection from the Underground: Feodor Dostoevsky, René Girard (1989)

10. Battling to the End: Conversations with Benoît Chantre, René Girard (2009)

다음은 동기부여 능력 식별 시스템the System for Identifying Motivated Abilities, SIMA에서 확인된 27가지 동기부여 패턴 주제들이다. 동기부여 코드 MCODE는 SIMA에 기반한 온라인 검사다. 서술적 스토리텔링 과정으로 이뤄지며 평가를 마치는 데 45분 정도 시간이 소요된다. 검사를 받고 싶다면 https://lukeburgis.com/motivation/을 방문하라.

- **잠재력 실현(Achieve Potential)** 잠재력을 발굴하고 실현시키는 것에 계속 집중하며 활동한다.
- **발전(Advance)** 일련의 목표를 달성하면서 성과를 이루는 경험을 좋아한다.
- **독특함(Be Unique)** 독특하고 특별한 재능이나 자질 또는 일면을 보여

줌으로써 자신을 다른 사람과 구별시키기를 원한다.

- **중심 인물(Be Central)** 모든 것을 하나로 묶고 의미나 방향을 제시해주는 중요한 사람이 되고자 한다.

- **제어(Bring Control)** 자신의 운명을 책임지고 통제하기를 원한다.

- **완수(Bring to Completion)** 완성품이나 최종 결과물을 볼 때 또는 계획한 목표를 달성했음을 알았을 때 동기요인이 충족된다.

- **이해 및 표현(Comprehend and Express)** 통찰력을 이해하고 정의한 다음 전달하는 데 동기부여된다.

- **협업(Collaborate)** 사람들과 공동의 목표를 향해 함께 노력하며 일하는 것을 즐긴다.

- **새로운 학습 시연(Demonstrate New Learning)** 새로운 것을 배우고 그것을 어떻게 하는지 보여주는 일에 동기부여된다.

- **개발(Develop)** 시작부터 끝까지 구축하고 발전시키는 과정에 동기부여된다.

- **인정(Evoke Recognition)** 다른 사람들의 관심과 이목을 끄는 일에 동기부여된다.

- **이상적인 경험(Experience the Idea)** 당신에게 중요한 특정 개념, 비전 또는 가치를 구체적으로 표현하는 일에 동기부여된다.

- **확립(Establish)** 안정된 기반을 마련하고 그것이 확립되는 것에 동기부여된다.

- **탐험(Explore)** 기존의 지식 또는 경험의 한계를 넘어서는 일을 선호하고 알려지지 않았거나 신비로운 것을 탐험한다.

- **탁월성(Excel)** 주변인들의 성과나 기대를 뛰어넘기 위해 최선을 다한다.
- **소유권 획득(Gain Ownership)** 원하는 것을 얻고 소유권을 행사하거나 당신의 소유에 대한 통제권을 행사하려는 노력을 통해 동기부여된다.
- **개선(Improve)** 상황을 더 좋게 만들기 위해 능력을 사용할 때 가장 행복하다.
- **영향력 행사(Influence Behavior)** 다른 사람들의 사고나 감정, 행동에 영향을 미치는 일에 동기부여된다.
- **존재감(Make an Impact)** 주변 세상에 영향을 주거나 개인적 흔적을 남기고자 노력한다.
- **옳은 방향으로 나아가기(Make It Right)** 당신이 '옳다'고 믿는 표준, 절차, 원칙을 일관되게 정하고 따른다.
- **작동시키기(Make It Work)** 고장 났거나 제대로 작동하지 않은 것을 고치는 일에 동기부여된다.
- **등급 매기기(Make the Grade)** 등급을 매기고 회원이나 참가자가 되고 싶은 집단에 합류하는 일에 동기부여된다.
- **마스터(Master)** 기술, 주제, 절차, 기법 또는 과정을 완전히 숙달하는 것에 동기부여된다.
- **난관 해결(Meet the Challenge)** 봉착한 난관을 해결하거나 테스트에 통과했을 때 성취감을 느낀다.
- **조직(Organize)** 단체가 원활하게 굴러가도록 조직하고 이를 잘 유지하고 싶다.
- **극복(Overcome)** 어려움, 단점 또는 반대를 극복하고 이기는 것에서 동

기부여된다.

- **서비스(Serve)** 수요, 요구사항, 기대치를 인식하고 충족하는 일에 동기

  부여된다.

주

독자에게 드리는 글

1 "Peter Thiel on Rene Girard," ImitatioVideo, YouTube, 2011.

프롤로그

1 Tony Hsieh, Delivering Happiness: A Path to Profits, Passion and Purpose, 191, Grand
Central Publishing, 2010.

2 이것을 지라르의 절친한 친구인 심리학자 장 미셸 우구를리앙에게서 배웠다. 그는 주로
모방 욕망을 사람들이 서로 끌어당기고 그런 다음 또 멀리 밀어내는 욕망의 움직임으로
묘사한다.

서론

1 Peter Thiel and Blake Masters, Zero to One: Notes on Startups, or How to Build the Future,
Crown Business, 2014.

2 Paul J. Nuechterlein, Rene Girard: The Anthropology of the Cross as Alternative to Post-
Modern Literary Criticism, Girardian Lectionary, October 2002.

3 James Alison, The Joy of Being Wrong: Original Sin Through Easter Eyes, Crossroad, 1998.

4 Sandor Goodhart, In Tribute: Rene Girard, 1923-2015, Religious Studies News, December
21, 2015.

5 Haven, Evolution of Desire, 288.

6 Thiel and Masters, Zero to One, 41.

Chapter 1

1 James Warren, Compassion or Apocalypse: A Comprehensible Guide to the Thought of Rene
Girard, Christian Alternative, 2013.

2 Jean-Michel Oughourlian, The Genesis of Desire, Michigan State University Press, 2010.

3 Francys Subiaul, What's Special About Human Imitation? A Comparison with Enculturated Apes, Behavioral Sciences 6, no. 3, 2016.

4 Sophie Hardach, Do Babies Cry in Different Languages?, New York Times, November 14, 2019. Birgit Mampe, Angela D. Friederici, Anne Christophe, and Kathleen Wermke, Newborns' Cry Melody Is Shaped by Their Native Language, Current Biology 19, no. 23, 2009.

5 Andrew Meltzoff, "Out of the Mouths of Babes: Imitation, Gaze, and Intentions in Infant Research-the 'Like Me' Framework," in Mimesis and Science: Empirical Research on Imitation and the Mimetic Theory of Culture and Religion, ed. Scott R. Garrels, Michigan State University Press, 2011.

6 A. N. Meltzoff and M. K. Moore, Newborn Infants Imitate Adult Facial Gestures, Child Development 54, 1983, 70209. Photo credit: A. N. Meltzoff and M. K. Moore, "Newborn Infants Imitate Adult Facial Gestures," Science 198, 1977, 75-78.

7 A. N. Meltzoff, "Out of the Mouths of Babes," in Mimesis and Science, 70.

8 A. N. Meltzoff, "Understanding the Intentions of Others: Re-enactment of Intended Acts by 18-Month-Old Children," Developmental Psychology 31, no. 5, 1995, 838-50.

9 Rodolfo Cortes Barragan, Rechele Brooks, and Andrew Meltzoff, "Altruistic Food Sharing Behavior by Human Infants After a Hunger Manipulation," Nature Research, February 2020.

10 A. N. Meltzoff, R. R. Ramírez, J. N. Saby, E. Larson, S. Taulu, and P. J. Marshall, "Infant Brain Responses to Felt and Observed Touch of Hands and Feet: A MEG Study," Developmental Science 21, 2018, e12651.

11 Eric Jaffe, "Mirror Neurons: How We Reflect on Behavior," Observer, May 2007.

12 Sue Shellenbarger, "Use Mirroring to Connect with Others," Wall Street Journal, September 20, 2016.

13 Larry Tye, The Father of Spin: Edward L. Bernays and the Birth of Public Relations, Henry Holt, 2002.

14 Adam Curtis, director, The Century of the Self, BBC Two, March 2002.

15 Tye, The Father of Spin, 23.

16 Tye, The Father of Spin, 30.

17 팟캐스트 〈Entitled Opinions〉에서 2005년 9월 17일 방송분 중 15:00경 나누어진 내용.

18 Adam M. Grant, Give and Take, 1-3, Viking, 2013.

19 The BBC Business Daily podcast, "Tesla: To Infinity and Beyond," February 12, 2020.

20 Jason Zweig, "From 1720 to Tesla, FOMO Never Sleeps," Wall Street Journal, June 17, 2020.

Chapter 2

1 Walter Isaacson, Steve Jobs, Simon & Schuster, 2011.

2 Walter Isaacson, Steve Jobs, Simon & Schuster, 2011.

3 Michael Balter, "Strongest Evidence of Animal Culture Seen in Monkeys and Whales," Science Magazine, April 2013.

4 모델과 중재자는 같은 것이다. 중재는 모델이 하는 것이다. 그들은 그들의 대상에게 새로운 시각에서 사물을 보고 가치를 판단할 수 있도록 해준다.

5 Tobias Huber and Byrne Hobart, "Manias and Mimesis: Applying Rene Girard's Mimetic Theory to Financial Bubbles," SSRN, 24.

6 Rene Girard, Deceit, Desire, and the Novel, 53 – 82, trans. Yvonne Freccero, Johns Hopkins University Press, 1976.

7 Rene Girard and Mark Rogin Anspach, Oedipus Unbound, 1, Stanford University Press, 2004.

8 Rene Girard, Anorexia and Mimetic Desire, Michigan State University Press, 2013.

9 THR Staff, "Fortnite, Twitch…Will Smith? 10 Digital Players Disrupting Traditional Hollywood," Hollywood Reporter, November 2018.

10 Rene Girard, Resurrection from the Underground: Feodor Dostoevsky, trans. James G. Williams, Michigan State University Press, 2012.

11 Virginia Woolf, Orlando, Edhasa, 2002.

12 House of Lords, October 28, 1943. 하원이 1941년 5월에 폭격을 당하자 처칠은 이전 과 똑같이 재건할 것을 요구했다. Randal O'Toole's "The Best-Laid Plans," 161, Cato Institute, 2007.

13 Rene Girard, Deceit, Desire, and the Novel.

14 출처가 불분명하다. Marx가 자신이 속한 클럽에 사임서를 보내며 이런 글을 쓴 것 같다.

Chapter 3

1 Tribune Media Wire, "Man in Coma After Dispute over Towel Sparks Massive Brawl at California Water Park," Fox31 Denver, August 26, 2019.

2 Tonino Lamborghini, Ferruccio Lamborghini: La Storia Ufficiale by Tonino Lamborghini, Minerva, 2016.

3 Lamborghini, Ferruccio Lamborghini.

4 "The Argument Between Lamborghini and Ferrari," WebMotorMuseum .it. https://www. motorwebmuseum.it/en/places/cento/the-argument-between-lamborghini-and-ferrari/.

5 Nick Kurczewski, "Lamborghini Supercars Exist Because of a 10-Lira Tractor Clutch," Car and Driver, November 2018.

6 Lamborghini, Ferruccio Lamborghini.

7 Austin Kleon, Steal Like an Artist: 10 Things Nobody Told You About Being Creative, 8, Workman, 2012.

8 대중의 믿음과 달리 황소는 붉은색을 싫어해서 돌진하는 것이 아니다. 황소는 색맹이다. 그들은 그저 흔들리는 움직임이 짜증 날 뿐이다.

9 Girard, Deceit, Desire, and the Novel, 176.

10 Lamborghini, Ferruccio Lamborghini.

11 Susan Blackmore, The Meme Machine, Oxford University Press, 2000.)

12 리처드 도킨스는 밈 이론을 설명할 때 특정 밈이 왜 처음부터 모방을 위해 선택되는지 에 대해서는 거의 언급하지 않았다. 그는 밈이 "무작위적 변화와 다윈적 선택의 형태

에 의해" 변이된다고 말했다. Olivia Solon, Richard Dawkins on the Internet's Hijacking of the Word 'Meme,' Wired UK, June 20, 2013. 모방 이론에서 대상은 모방 선택을 통해 선택된다. 즉, 모델이 먼저 대상을 선택했기 때문에 대상이 선택된 것이다.

13 James C. Collins, Good to Great, 164, Harper Business, 2001.

14 James C. Collins, Turning the Flywheel, 9-11, Random House Business Books, 2019.

15 James C. Collins, Turning the Flywheel, 11.

16 Tony Hsieh, Delivering Happiness: A Path to Profit, Passion, and Purpose. 58.

17 토니는 2000년 10월 자포스 모든 직원에게 총 수익에 초점을 맞추고 웹사이트 신규 회원수를 늘리며 재방문 고객 비율을 늘리는 것이 중요하다는 이메일을 보냈다는 내용을 자신의 책에서 소개했다. 그의 이메일에는 다음과 같은 권고가 담겨 있었다. "향후 9개월 동안 총 수익을 어떻게 늘릴지에 대해 모든 방안을 생각해봐야 합니다. 이 말은 정상적으로 추진해왔던 몇몇 프로젝트들이 수익구조가 개선될 때까지 보류되어야 한다는 의미입니다. 일단 수익성이 확보되면 장기적으로 더 큰 그림을 그리고 어떻게 세계를 지배할지에 대해 더 많은 꿈을 꿀 수 있게 됩니다."

18 Tony Hsieh, Delivering Happiness: A Path to Profit, Passion, and Purpose. 121. "점심식사가 끝날 무렵 우리는 자포스 브랜드를 최고의 고객 서비스를 갖춘 기업으로 만드는 것이 가장 큰 비전이 되어야 함을 깨달았다."

19 이것은 폐장 당일 거래값이었다. 주식 전량 거래였기 때문에(자포스는 현금 대신 아마존 주식을 받았다), 거래 가격은 아마존 주가에 따라 달라졌다. 2009년 10월 30일 아마존 주가는 117.30달러에 마감했다. 이 글을 쓴 시점의 주가는 약 3,423이었다. 자포스가 주식 전량 거래를 요구한 것은 현명한 판단이었다.

20 Nellie Bowles, "he Downtown Project Suicides: Can the Pursuit of Happiness Kill You?," Vox, October 1, 2014.

21 Tony Hsieh's "Rule for Success: Maximize Serendipity," Inc.com, January 25, 2013.

22 Brian J. Robertson, Holacracy: The New Management System for a Rapidly Changing World, Henry Holt, 2015.

23 C. S. Lewis, "he Inner Ring," para. 16, Memorial Lecture at King' College, University of

London, 1944. https://www.lewissociety.org/innerring/.

24 성 아우구스티누스는 자신의 저서 《하나님의 도성(The City of God)》에서 '사랑의 질서 (ordo amoris)는 "미덕의 간단하고도 진정한 정의"라고 썼다.

25 Bailey Schulz and Richard Velotta, "appos CEO Tony Hsieh, Champion of Downtown LasVegas, Retires," Las Vegas Review-Journal, August 24, 2020.

26 Aimee Groth, "Five Years In, Tony Hsieh' Downtown Project Is Hardly Any Closer to Being a Real City," Quartz, January 4, 2017.

Chapter 4

1 - 2020 Jenny Holzer, member Artists Rights Society (ARS), New York.

2 Rene Girard, The One by Whom Scandal Comes, 8, trans. M. B. DeBevoise, Michigan State University Press, 2014.

3 Rene Girard, The One by Whom Scandal Comes, 7.

4 Carl Von Clausewitz, On War, 83, ed. and trans. Michael Howard and Peter Paret, Everyman's Library, 1993.

5 Rene Girard, Violence and the Sacred, trans. Patrick Gregory, Johns Hopkins University Press, 1979.

6 Rene Girard, I See Satan Fall Like Lightning, Orbis Books, 2001.

7 Todd M. Compton, Victim of the Muses: Poet as Scapegoat, Warrior and Hero in Greco-Roman and Indo-European Myth and History, Center for Hellenic Studies, 2006.

8 디오니소스적 축제에 대한 르네 지라르의 고찰에서 영감을 받아 파티에 대한 아이디어를 얻게 됐다.

9 Ta-Nehisi Coates, "The Cancellation of Colin Kaepernick," New York Times, November 22, 2019.

10 Girard, I See Satan Fall Like Lightning.

11 Flavius Philostratus, The Life of Apollonius of Tyana, the Epistles of Apollonius and the Treatise of Eusebius, trans. F. C. Conybeare, Loeb Classical Library, 2 vols., Harvard

University Press, 1912.

12 Girard, Violence and the Sacred, 79.

13 Christian Borch, Social Avalanche: Crowds, Cities, and Financial Markets, Cambridge University Press, 2020

14 Yun Li, "'Hell Is Coming'-Bill Ackman Has Dire Warning for Trump, CEOs if Drastic Measures Aren't Taken Now," CNBC, March 18, 2020.

15 John Waller, The Dancing Plague: The Strange, True Story of an Extraordinary Illness, 1, Sourcebooks, 2009.

16 Ernesto De Martino and Dorothy Louise Zinn, The Land of Remorse: A Study of Southern Italian Tarantism, Free Association Books, 2005.

17 Rui Fan, Jichang Zhao, Yan Chen, and Ke Xu, "Anger Is More Influential Than Joy: Sentiment Correlation in Weibo," PLOS ONE, October 2014.

18 Stephen King, On Writing: A Memoir of the Craft, 76, Scribner, 2010. See also Stephen King, "Stephen King: How I Wrote Carrie," Guardian, April 4, 2014, para. 6.

19 Rene Girard, The Scapegoat, 113, Johns Hopkins University Press, 1996.

20 요한복음 11:49-50.

21 Rene Girard and Chantre Benoit, Battling to the End: Conversations with Benoit Chantre, xiv, Michigan State University Press, 2009.

22 Rene Girard, Violence and the Sacred, 33.

23 Rene Girard, I See Satan Fall Like Lightning.

24 지라르는 이 글들을 박해라고 불렀다. 그것들은 가해자가 쓴 글로 범죄를 은폐하거나 발생한 일에 대한 진실을 숨긴다. Girard, The Scapegoat.

25 Rene Girard, I See Satan Fall Like Lightning. 지라르는 이 책에서 자신의 관점을 매우 단호하게 밝혔다.

26 Rene Girard, I See Satan Fall Like Lightning, 161.

27 첫 번째 병원은 카이사리아의 바실레이오스(Saint Basil of Caesarea)가 오늘날 터키에 지은 것으로 알려졌다.

28 Rene Girard, I See Satan Fall Like Lightning, foreword

29 예수가 바리새인들을 만나 이 위선을 꾸짖었다. "만일 우리가 조상 때에 있었더라면 우리는 그들이 선지자의 피를 흘리는 데 참여하지 아니하였으리라 하니"(마태복음 23:30)

30 Aleksandr Solzhenitsyn, The Gulag Archipelago 1918-1956, HarperCollins, 1974, 168.

31 Ursula K. Le Guin, The Ones Who Walk Away from Omelas: A Story, 262, Harper Perennial, 2017.

32 Rene Girard, The Scapegoat, 41, Johns Hopkins University Press, 1996.

Chapter 5

1 James Clear, Atomic Habits: An Easy and Proven Way to Build Good Habits and Break Bad Ones, 27, Random House Business, 2019.

2 George T. Doran, "There's a S.M.A.R.T. Way to Write Management's Goals and Objectives," Management Review, November 1981.

3 Donald Sull and Charles Sull, "With Goals, FAST Beats SMART," MIT Sloan Management Review, June 5, 2018.

4 John Doerr, Measure What Matters: How Google, Bono, and the Gates Foundation Rock the World with OKRs, Penguin, 2018.

5 Lisa D. Ordonez, Maurice E. Schweitzer, Adam D. Galinsky, and Max H. Bazerman, Goals Gone Wild: The Systematic Side Effects of Over-Prescribing Goal Setting, Harvard Business School, 2009.

6 Eric Weinstein, interview with Peter Thiel, The Portal, podcast audio, July 17, 2019.

7 Mark Granovetter, "Economic Action and Social Structure: The Problem of Embeddedness," American Journal of Sociology, November 1985, 481-510.

8 Orson Scott Card, Unaccompanied Sonata, Pulphouse, 1992.

9 Mark Lewis, "Marco Pierre White on Why He's Back Behind the Stove for TV's Hell's Kitchen," The Caterer, April 2007.

10 Marc Andreessen, "It's Time to Build," Andreessen Horowitz. https://a16oz.

com/2020/04/18/its-time-to-build/.

11 이 글을 작성할 당시 2020년 가이드에서 르 쉬케는 여전히 2스타 레스토랑이었다.

Chapter 6

1 와해적 공감(Disruptive Empathy)은 길 베일리(Gil Bailie)의 책 《Violence Unveiled: Humanity, Crossroads, Crossroad》(2004)의 소제목에서 가져왔다.

2 Rene Girard, The One by Whom Scandal Comes, 8, trans. M. B. DeBevoise, Michigan State University Press, 2014.

3 Thomas Merton, New Seeds of Contemplation, 38, New Directions Books, 2007.

4 Rene Girard, Robert Pogue Harrison, and Cynthia Haven, "Shakespeare: Mimesis and Desire," Standpoint, March 12, 2018.

5 Parker Palmer, Let Your Life Speak: Listening for the Voice of Vocation, Jossey-Bass, 1999.

6 Jonathan Sacks, "Introduction to Covenant and Conversation 5776 on Spirituality," October 7, 2015. https://rabbisacks.org.

7 Todd Henry, Rod Penner, Todd W. Hall, Joshua Miller, The Motivation Code: Discover the Hidden Forces That Drive Your Best Work, Penguin Random House, 2020.

Chapter 7

1 Whitney Wolfe Herd in an interview with CNN Business on December 13, 2019. Sara Ashley O'Brien

2 Byung-Chul Han, The Burnout Society, Stanford University Press, 2015. 나는 이 용어를 한 병철의 저서 《피로사회》에서 각색했다.

3 S. Peter Warren, "On Self-Licking Ice Cream Cones," Cool Stars, Stellar Systems, and the Sun: Proceedings of the 7th Cambridge Workshop, ASP Conference Series, vol. 26.

4 John F. Kennedy Presidential Library and Museum archives. https://www.jfklibrary.org/archives/other-resources/john-f-kennedy-speeches/rice-university-19620912.

5 Abraham M. Nussbaum, The Finest Traditions of My Calling, Yale University Press, 2017,

254.

6 Maria Montessori, The Secret of Childhood, Ballantine Books, 1982.

7 Maria Montessori et al., The Secret of Childhood (Vol. 22 of the Montessori Series), 119

8 Marc Andreessen, "It's Time to Build." Andreessen Horowitz.

9 첫 번째 인용문은 다음 번역본에서 인용했다. Anne Everett George, Frederick A. Stokes
  Company, 1912. 두 번째 인용문은 다음 번역본에서 가져왔다. The Montessori Method,
  41, Anne E. George, CreateSpace Independent Publishing Platform, 2008.

10 The Montessori Method, 2008 edition, 92.

11 CBS News, 2008년 8월 14일. https://gigaom.com/2008/08/14/419-interview-
  blockbuster-ceo-dazed-and-confused-but-confident-of-physicals/.

12 Austin Carr, "Is a Brash Management Style Behind Blockbuster's $65.4M Quarterly Loss?,"
  Fast Company, May 2010.

13 Zachary Sexton, "Burn the Boats," Medium, August 12, 2014.

14 Steve Blank, "Why the Lean Start-Up Changes Everything," Harvard Business Review, May
  2013

15 http://www.startuplessonslearned.com/2009/08/minimum-viable-product-guide.html

16 "Writing, Editing, and Teaching," Alumnae Bulletin of Bryn Mawr College, Spring 1980.

17 Sam Walker, "Elon Musk and the Dying Art of the Big Bet," Wall Street Journal, 2019년 11
  월 30일.

18 Peter J. Boettke와 Frederic E. Sautet, "The Genius of Mises and the Brilliance of Kirzner,"
  GMU Working Paper in Economics No. 11-05, 2011년 2월 1일.

Chapter 8

1 Christianna Reedy, "Kurzweil Claims That the Singularity Will Happen by 2045," Futurism,
  October 5, 2017.

2 Ian Pearson, "The Future of Sex Report: The Rise of the Robosexuals," Bondara, September
  2015.

3 2007년 인공지능 애니메이션 영화 〈베오울프〉는 애니메이션 기법이 실사 영화보다 더 사실적이어서 '소름 끼친다'는 평을 들었다. 그 뒤로 영화사들은 좀 더 부자연스럽게 만들어 덜 인간적으로 보이게 했다.

4 Heather Long, "Where Are All the Startups? U.S. Entrepreneurship Near 40-Year Low," CNN Business, September 2016.

5 Drew Desilver, "For Most U.S. Workers, Real Wages Have Barely Budged in Decades," Pew Research Center, August 2018.

6 로마 가톨릭 교회에서는 보통 1965년에 끝났던 제2차 바티칸 공의회와 관련해 이 기간이 시작됐다. 수십만 명의 사제들과 독실한 형제자매들이 서약을 뒤로 한 채 떠났고 수백만 명의 평신도들이 어깨를 으쓱였다. 이와 같은 일이 이슬람교를 제외하고 거의 모든 주류 개신교 종파와 비기독교 종교에서 일어났다.

7 Scott Galloway, The Four: The Hidden DNA of Amazon, Apple, Facebook, and Google, Portfolio/Penguin, 2017. 여기서는 그의 주요 논점을 간략히 요약했다.

8 Eric Johnson, Vox, June 2017. "브랜드 전략 전문가 스콧 갤러웨이는 구글은 신이고 페이스북은 사랑이며 우버는 '프랫 록(Frat Rock)'이라고 말했다." "구글은 신이다. 구글이 우리에게 하나님을 대신하는 것 같다. 사회가 더 부유해지고 교육 수준이 높아질수록 사람들의 삶에서 종교 기관의 역할이 축소되는 경향이 있다. 하지만 현대 사회의 불안과 의문은 커지고 있다. 신의 개입에 있어 엄청난 영적 공백이 존재한다… 구글에 올라온 다섯 개 질문 중 하나는 인류 역사상 한 번도 제기된 적이 없는 것이다. 깊은 신뢰를 받는 성직자, 랍비, 신부, 교사, 감독을 생각해보라. 그들 각자에게 다섯 개 질문이 주어졌는데 그중 하나가 지금까지 한 번도 제기된 적이 없는 질문인지 말이다."

9 Ross Douthat, The Decadent Society: How We Became the Victims of Our Own Success, 5, Avid Reader Press, 2020.

10 이 글을 쓸 당시인 2020년 중반, 코로나19 감염을 부정하면서 왜 사람들이 계속 죽는지 궁금해하는 사람의 예도 이에 속한다.

11 Alexis de Tocqueville, Democracy in America, 644, trans., ed. Harvey C. Mansfield and Delba Winthrop, University of Chicago Press, 2000.

12 이러한 상상의 차이점은 모방 욕망이 야기한 현실 왜곡에 따른 오인(misrecognition)의 산물일 것이다. 오인은 집단이 희생양을 기괴하고 위험한 것으로 잘못 보게 되는 원인이 된다.

13 Shoshana Zuboff, The Age of Surveillance Capitalism: The Fight for a Human Future at the New Frontier of Power, PublicAffairs, 2020.

14 Matt Rosoff, "Here's What Larry Page Said on Today's Earnings Call," Business Insider, October 13, 2011.

15 George Gilder, Life After Google: The Fall of Big Data and the Rise of the Blockchain Economy, 21, Regnery Gateway, 2018.

16 Nanci Adler, Keeping Faith with the Party: Communist Believers Return from the Gulag, 20, Indiana University Press, 2012.

17 Nanci Adler, "Enduring Repression: Narratives of Loyalty to the Party Before, During and After the Gulag," Europe-Asia Studies 62, no. 2, 2010, 211-34.

18 Langdon Gilkey, Shantung Compound: The Story of Men and Women Under Pressure, 108, HarperOne, 1966.

19 Girard, The One by Whom Scandal Comes, 74.

20 Martin Heidegger, Discourse on Thinking: A Translation of Gelassenheit, Harper & Row, 1966.

21 Iain McGilchrist, The Master and His Emissary: The Divided Brain and the Making of the Western World, Yale University Press, 2019.

22 Rene Girard와 Chantre Benoit, Battling to the End: Conversations with Benoit Chantre, Michigan State University Press, 2009.

23 Daniel Kahneman의 Thinking, Fast and Slow (Farrar, Straus and Giroux, 2015.

24 Virginia Hughes, "How the Blind Dream," National Geographic, February 2014.

25 Michael Polanyi와 Mary Jo Nye, Personal Knowledge: Towards a Post-Critical Philosophy, University of Chicago Press, 2015.

26 솔직히 말하면 내 아내 클레어가 2018년 이 회사의 첫 번째 직원이었고 그 이후 사업

개발 책임자가 되었다.

27 "Naval Ravikant-The Person I Call Most for Startup Advice," episode 97, The Tim Ferriss Show podcast, August 18, 2015.

28 Episode 1309, The Joe Rogan Experience podcast, June 5, 2019.

29 Annie Dillard, The Abundance: Narrative Essays Old and New, 36, Ecco, 2016.

후기

1 "Anthropology of the Cross," 283-86, The Girard Reader, ed. James G. Williams, Crossroad, 1996.

2 Stephen King, On Writing: A Memoir of the Craft, 77, Scribner, 2000.

3 Cynthia Haven, "Rene Girard: Stanford's Provocative Immortel Is a One-Man Institution," Stanford News, June 11, 2008.

옮긴이 최지희

고려대학교 중어중문학과와 이화여자대학교 통번역대학원 한중 통역학과를 졸업했다. NH증권, 21세기 한중교류협회, 금융연수원, KDI 정책대학원 등에서 강의했으며 다양한 기업체와 정부기관에서 동시통역 및 번역을 진행했다. 최근에는 영어와 중국어전문번역가로 활동하며 외서를 번역하고 있다. 옮긴 책으로는 《나는 짧게 일하고 길게 번다》《네이비씰 승리의 리더십》《하버드 경제학》《금의 귀환》《마윈, 내가 본 미래》《중국의 미래》 등이 있다.

너 자신의 이유로 살라

1판 1쇄 발행 2022년 7월 14일
1판 2쇄 발행 2022년 7월 29일

지은이 루크 버기스
옮긴이 최지희
발행인 오영진 김진갑
발행처 토네이도미디어그룹(주)

책임편집 박민희
기획편집 박수진 박은화
디자인팀 안윤민 김현주
마케팅 박시현 박준서 김예은 조성은
경영지원 이혜선 임지우

출판등록 2006년 1월 11일 제313-2006-15호
주소 서울시 마포구 월드컵북로5가길 12 서교빌딩 2층
원고 투고 및 독자 문의 midnightbookstore@naver.com
전화 02-332-3310 팩스 02-332-7741
블로그 blog.naver.com/midnightbookstore
페이스북 www.facebook.com/tornadobook

ISBN 979-11-5851-123-4 (03190)

토네이도는 토네이도미디어그룹(주)의 자기계발/경제경영 브랜드입니다.